杏坛学术论丛

丛书主编 姜红

中国古近代新闻出版史论

孔正毅 著

中国传媒大学出版社
·北京·

图书在版编目（CIP）数据

中国古近代新闻出版史论/孔正毅著. --北京：中国传媒大学出版社，2020.9
（杏坛学术论丛/姜红主编）
ISBN 978-7-5657-2774-0

Ⅰ.①中… Ⅱ.①孔… Ⅲ.①新闻事业史—中国—古代—近代②出版事业—文化史—中国—古代—近代 Ⅳ.①G219.29②G239.29

中国版本图书馆 CIP 数据核字（2020）第 168722 号

杏林学术论丛
中国古近代新闻出版史论
ZHONGGUO GUJINDAI XINWEN CHUBAN SHILUN

著　　者 孔正毅
责任编辑 张莉莉
特约编辑 张金来
封面设计 拓美设计
责任印制 李志鹏

出版发行 中国传媒大学出版社
社　　址 北京市朝阳区定福庄东街 1 号　　邮编：100024
电　　话 86-10-65450532 或 65450528　　传真：65779405
网　　址 http://cucp.cuc.edu.cn
经　　销 全国新华书店

印　　刷 北京玺诚印务有限公司
开　　本 787 mm×1092 mm　1/16
印　　张 19.5
字　　数 250 千字
版　　次 2020 年 9 月第 1 版
印　　次 2020 年 9 月第 1 次印刷

书　　号 ISBN 978-7-5657-2774-0/G·2774　**定　　价** 80.00 元

本社法律顾问：北京李伟斌律师事务所　郭建平

总　序

新媒介形态下新闻传播学话语体系的转型

2015年5月，习近平总书记在哲学社会科学工作座谈会上的讲话中指出："发挥我国哲学社会科学作用，要注意加强话语体系建设。"而关于如何建设哲学社会科学的话语体系，习总书记强调："要善于提炼标识性概念，打造易于为国际社会所理解和接受的新概念、新范畴、新表述，引导国际学术界展开研究和讨论。"

马克思在《资本论》中说过，"手推磨产生的是封建主为首的社会，蒸汽机产生的是工业资本家为首的社会"。表达的是技术自主性的思想，显示了技术造就社会制度变革的伟大力量。今天，技术正在改变时代和社会。在一浪赶一浪的新技术浪潮中，互联网无疑是当今时代最耀眼的明星。马化腾称："今天我们把互联网定义为一种信息能源，就像当时的蒸汽机和电力一样。"①

传统新闻传播学所使用的很多概念，大多是现代性背景下结构功能主义研究范式的产物。在后现代背景中，尤其是在互联网造就的"媒介化社会"中，已经越来越脱离今天的媒介实践，越来越缺乏对媒介现象的解释力。当下中国的新闻传播学，亟须进行一场话语革命和范式革命。

---

① 选自马化腾在"2015'互联网＋中国'峰会"上的演讲，见http://www.tmtpost.com/229957.html。

一、学科视野的调整：从“内卷”到“开放”的新闻传播学话语体系

新闻传播学的话语体系重构，首先需要调整研究视野，从传统相对封闭的视野转向开放的视野。这种视野的开放包括三个层面的含义：跨学科、本土化和创新。

第一，跨学科的研究视野。李金铨教授在《传播研究的典范与认同》一文中，提醒新闻传播学研究应警惕“学术内卷化”（involution）。在他看来，所谓“学术内卷化”是指“学者抱住一个小题目在技术上愈求愈精，眼光愈向内看，问题愈分愈细，仿佛躲进自筑的一道墙，得到心理安全，拒绝与外界来往的压力，其结果是不但忘记更大的关怀，更阻碍思想的创新”。这导致传播学研究成果丧失了“公共性”，而成为学苑内部的嬉戏。为此，李金铨特别告诫中国传播学研究者：“中国在引进传播学的过程中应该以开放的视野取精用宏，而不是出于短视或无知，只局限在简单的层次和粗糙的面向。”[①] 而沃勒斯坦早就提出“开放社会科学”的命题，他认为“对社会科学知识所做的鲜明的制度性区分具有相当大的人为性”[②]。

开放社会科学带来学科的多元化和包容性。并没有画地为牢的“新闻学”“传播学”，新闻传播学科必须与其他学科交融互动。此外，学科也要有一定的边界，只不过这个边界是流动的，动态发展的。互联网的精神是开放、沟通、连接一切。因此，今天的传媒研究绝不可能偏居一隅，在狭小的空间中做孤芳自赏式的研究。其他学科的视角不断给新闻传播学提供新鲜的话语资源。比如对技术的认识，从技术哲学的视角，能看到更深刻的东西；对网络空间、网络事件的认识，社会学和政治学

---

① 李金铨．传播研究的典范与认同［J］．书城，2014（2）：51－63.

② 华勒斯坦，等．开放社会科学［M］．刘锋，译．北京：生活·读书·新知三联书店，1997：41.

的视角必不可少；而舆论和舆情的研究，通过计算机的大数据挖掘则可以更加准确地把握。

第二，学科话语的本土化视野也是学科开放性的应有之义。沃勒斯坦发现："十九世纪在欧洲和北美建立起来的社会科学是欧洲中心主义的。"① "这种发源于英、法、德、意和美国的 19 世纪社会科学学科的知识范式，是与欧美势力在世界扩张的同时发展起来的。特别是在战后初期美国霸权宰制和世界经济急促增长之下，这种带欧洲中心视点的社会科学学科范式更大规模地在世界各地扩散，成为欠发达国家的学术体制正统模式。"② 不仅社会科学的学科范式带有欧洲中心主义的视点，新闻传播学的学科范式也打下了鲜明的西方烙印，特别是美国烙印。以实证主义经验研究为特色的美国传播研究话语体系在输入中国后影响甚广，议程设置（agenda setting）、知识沟（knowledge gap）、使用与满足（uses and gratifications）、沉默的螺旋（spiral silence）、涵化（cultivation）、创新扩散（diffusion of innovation）等概念，构成了传播学科知识地图上的主流话语。

但是，任何一种话语、概念、理论，从一种文化背景进入另一种文化，都要经历一个注定要投"第二胎"的过程，一定会产生"话语折变"。比如"舆情"这个概念就比"舆论"（public opinion）带有更浓厚的中国特色和问题意识；"新闻舆论"也比"新闻宣传"更适合描述当下以互联网为主要阵地的话语场。本土化的概念转换，恰恰是从问题出发，针对本土问题进行学术回应的方式。

第三，构建开放的新闻传播学话语体系，还需要有创新的视野，有

---

① 华勒斯坦，等．开放社会科学［M］．刘锋，译．北京：生活·读书·新知三联书店，1997：55.

② 华勒斯坦，等．学科·知识·权力［M］．刘健芝，等编译．北京：生活·读书·新知三联书店，1999：3.

对新语词、新概念的宽容和接纳。旧话语无法命名新事物和新现象，这种命名的痛苦，往往发生在范式转换的过程中。所以，海德格尔创造出“座架”这个词来命名和隐喻现代技术。当下的新闻传播实践比学术界更直接面对新技术革命和新传播革命，很多新概念是他们创造出来的。有些概念经过积淀，进入新闻传播学的话语体系，比如“民生新闻”是电视工作者命名的概念，经过十多年的实践操作和理论研讨，早已被学界普遍认可。今天的“自媒”“融媒”“浸媒”“智媒”等，只要不是概念炒作，即使不严谨不准确，学术界也应该宽容以对。因为，这些新词是创造严谨的学术话语的源头活水。

二、研究领域的拓展：从“事”到“人”的新闻传播学话语体系

中国新闻传播学科早在20世纪70年代末就有过“人学”与“事学”的讨论，这场讨论的热度仅次于“新闻有学无学”的论争。传统的新闻传播学的话语体系，的确是以“事”（信息）为中心的，而非以“人”（关系）为核心的。在这个“事学”系统中出现的“人”，往往只见组织不见个人，只见共性不见个性。互联网将个性化的人的自由表达空间充分展现，人的身份认同、自我展演、网络增权等都成为可能，而学界似乎还没有适应这种骤然而来的“人的解放”。

马克思将社会形态的演进即人的解放进程，概括为从“人的依赖关系”到“以物的依赖性为基础的人的独立性”、再达到“自由个性”的辩证历史过程。[①] 所谓以“人”为中心的话语体系，应该是研究新闻传播如何促进人的“自由个性”的实现，将“为人”视为一切行动的出发点和归宿，尊重人的价值，维护人的权利，实现人的全面发展。

---

① 马克思．经济学手稿［M］//马克思恩格斯全集：第46卷上，北京：人民出版社，1979：104.

在这一条件下，首先需要重新思考媒介与人的关系。喻国明教授认为，对于“个人”为基本社会传播单位的赋权与“激活”是互联网对于我们这个社会的最大改变。① 从组织化、机构化的专业媒体在传播场域中的一家独大，到如今个体化和组织化并存的传媒格局，组织在逐渐坍塌，个人在不断崛起。这个过程虽然还有待进一步观察，但“人”的命题被凸显出来，人与媒介的关系成为我们这个学科回避不了的中心问题。

出现在传统新闻传播话语体系中的人，要么是组织化的人、职业的人，由此而生成的研究是有关记者的研究，新闻专业的研究，职业伦理研究，等等；要么是被动的人，比如受众的研究，离不开一个“受”字；要么是理性的人，有关“公众”“公共领域”的研究常常言必称哈贝马斯……可是，在网络空间里出现的人，可能是非职业化、非组织化、非理性化的个人。在网络中“可见”的不仅是大多数人的理性观点，也可以是每个人的“自由言说”和情感表达；不仅是触及社会群体利益的“公共事务”，也可以是基于个体利益诉求的“个人事务”；不仅是大众媒介的“专业表演”，也可以是个人充分设计的“自我展演”；不仅是某种明确的话语表达，也可以是难以名状的情感、情绪和态度。我们常常引用麦克卢汉的经典论述“媒介是人的延伸”，在今天的时代，更需要探讨另一个命题，即“人是媒介的延伸”，以及“人如何成为媒介的延伸”。

此外，需要重思人与人的关系。由于机构化、组织化的媒体太过引人注目，人的交往和沟通在传统的新闻传播学科体系中不占主流，网络让个体化的人重新被发现。让·吕克·南希在《无用的共通体》一书中

---

① 喻国明，等．互联网是高维媒介：一种社会传播构造的全新范式——关于现阶段传媒发展若干理论与实践问题的辨正［J］．编辑学刊，2015（4）：6－12.

对我们过去一直使用的“community”一词进行解构，所谓“community”，过去一直被翻译成“共同体”，而南希认为，“共同体”的前提是要有一个“基础或者本原：一个上帝，一种自然本性，一种天分，一个帝国统治权，一个天国，一个民族，一个国家，所有这些‘东西’都自为地预设了‘一’，统一和坚固，都实体化地能够对次级事物进行规定”①。共同体的预设是基于存在某种所谓的一致性的前提，当这种一致性的前提丧失或不那么稳固之后，共同体很难维系。在反基础主义的前提下，南希提出了“共与”的思想，即“在共通之中存在”，他认为“共通体是对分离（或削减）的呈现，是对这种区别的呈现，而这种区别则不是个体化，而是在共显着的有限性”。②

意大利哲学家埃斯波西托在《共通体：共同体的起源与归宿》一书中，从词源学意义上考察了共同体的概念，认为共同体与个体之间是一种互相给予的关系。古代共同体被认为是人追求更好生活的方式，现代意义上的共同体则成为通过契约形成的人工构建物。③ 人们在交流中获取信息的同时，更多的是体认和共享一种生活方式、一种仪式、一种文化、一种与族群、社区、共同体的精神沟通。

这种关于人的关系的研究，虽然还刚刚开始进入新闻传播学科，但扩大了新闻传播学的研究版图，丰富了学科内涵，更为人文社会科学的研究贡献了有价值的问题。

三、话语模式的转换：从“线”到“网”的新闻传播学话语体系

新闻传播学的话语体系创新，需要话语模式的转换。从传统的以

---

① 南希．无用的共通体［M］．郭建玲，等译，郑州：河南大学出版社，2016：9.

② 南希．解构的共通体［M］．郭建玲，等译，上海：上海世纪出版集团，2007：53.

③ ESPOSITO. Communitas ：the origin and destiny of community［M］. translated by Timothy Campbell，San Francisco：Stanford University Press，2010.

“报学”为中心的理论体系，转向以“网学”为中心的体系；从“线性”的话语模式转向“网状”的模式。

报纸是现代性背景下的典型产物，因为办报纸的人拥有对信息的独占性和垄断性，所以报纸是传播媒介，不断地进行一点向多点、组织向个人的信息撒播。此后的广播和电视虽然分别诉诸听觉和视觉，但并没有改变这种一点传向多点、组织传向个人的传播格局。这种格局和媒介本身与现代性的高度理性化、制度化、精英化的时代特征是联系在一起的。报纸的使命是启蒙，自上而下呈现的是被办报的精英们把关过的，处理过的完整的世界。在报纸的时代，信息是稀缺资源，掌握信息就能把控世界。

这种线性传播体系为新闻传播研究展开的问题域就是：如何传播信息以让受众接受。切特罗姆发现，20 世纪 40 年代，不同研究团体所做的“大众传播研究”备忘录提出的“四个询问性的题目——谁，说了什么，对谁说，产生什么效果——变成界定美国传播研究的范围和问题的主导范畴。”“传播的行为科学限制在一个相当狭窄的模式里，它把传播解释为基本上是个说服的过程。”① 在此种问题域中，新闻传播学的话语体系最典型的就是拉斯韦尔的“5W”模式：谁，传什么，对谁，通过什么媒介，取得什么效果。“传者”“信息”“受众”“效果”等关键词基本上构成了新闻传播学教科书的经典模式。

网络的出现，尤其是移动互联网的普及，带来了革命性的变化。移动互联网本身已经成为一种生活方式，而不仅仅是一种媒体。无论微博、微信、直播、弹幕，移动互联网的信息方式是碎片化的，即时性的，充分交互的，没有报纸那般严整的集纳性。这是典型的后现代生活

① 切特罗姆．传播媒介与美国人的思想——从莫尔斯到麦克卢汉［M］．曹静生，黄艾禾，译，北京：中国广播电视出版社，1991：142.

方式：去中心化、多元、小社区、互动。互联网技术的逻辑是一个网状信息系统的展开，个人可以和机构一样，平等参与分配信息，共同分享信息，实时交互讨论。

“网”的话语系统和“线”的话语系统的重要区别在于：线性模式是相对中心化的叙事，媒介与受众并非平等的关系，媒介对受众进行信息传播的目的是控制。而网状模式则在某种程度上颠覆了“传”和“受”的关系，强调的是沟通、互动、协商、共享，话语结构日益多元化。

从过去以信息为主导的单向度的话语模式，进入当下以生活方式为主导的多向度的结构模式，随之而来的是一系列的变化：传者的角色，从记录转向参与；新闻生产的过程，从专业化、封闭、后台化，走向去专业化、开放、前台化；新闻传播的文本，从静态的、完整的大叙事，裂变成动态的、多方参与的、碎片化的小叙事；媒介本身，从精英化的，似乎需要正襟危坐进行阅读的纸媒，迅速替换成无处不在、无时不在、移动互联的手机；受众，从过去的“受”众，到“参”众，再到“用户”……这一切，都有待我们进一步展开深入的研究。

四、研究进路的探索：从“文本”到“实践”的新闻传播学话语体系

曾几何时，新闻传播学科的研究中，“文本”分析、内容分析占了上风，我们学科发表的不少论文都是针对静态的内容和文本的研究。媒介呈现、框架分析、话语分析、叙事研究等成为大量硕、博士论文的选题和研究方法。而与此同时，当代社会科学正在悄悄发生着一场“实践转向”。

美国社会学家西奥多·夏兹金认为：“当命名最为一般的社会事物时，思想家过去所谈论的就是‘结构’‘系统’‘意义’‘生活世界’‘事件’和‘行动’。如今，许多理论家给予‘实践’以可相提并论的荣耀。

实践的不同所指有待于当代不同学科的学者去研究。”① 而作为一场“确定的思想运动”，“实践领域是一个研究诸如力量、知识、语言、伦理、权力和科学这类现象的场所”。②

从马克思的实践观，到布尔迪厄的实践社会理论，再到当下的“实践社会学”，实践进路是一个打破主客两分二元对立的思维方式，以及超越静态的结构—制度分析的重要途径。

静态的文本研究，比较适合针对传统媒体所生产的内容进行研究。因为在传统媒体时代，新闻报道对社会的影响不是明显的、即刻的、变动的，封闭的报道体系对事件和社会的影响可能要很长时间才能看到，而且，被精心选择过的新闻内容很难马上与社会之间形成互动。所以，新闻文本是以相对静止、孤立和断裂的形态呈现。新媒体时代，静态的文本变成流动的文本，不仅网络媒体和传统媒体之间不断形成互动关系，而且，网络这个虚拟空间也不断和现实空间形成互动关系，传播实践和社会实践也会发生互动，常常让一件小事从线上走到线下，变成一场“社会运动”。我们无法再用以往静态的、封闭的观念来看待媒体事件与媒介文本。正如詹姆斯·凯瑞所说：“从仪式的角度看，新闻不是信息，而是戏剧（drama）。它并不是对世界的记述，而是描绘戏剧性力量与行动的舞台；它只存在于历史性的时间中，在我们假定的、常常是替代式的社会角色基础上，邀请我们参与其中。”③

以传统新闻学的关键词“事实”为例，报纸这种媒体的性质决定了报纸上的新闻是一次性的、线性传播的、偏于静态的，报纸的版面有限，决定了新闻的呈现更多是“事实”而非事件发展过程。而互联网所

---

① 夏兹金，等．当代理论的实践转向［M］．柯文，石诚，译，苏州：苏州大学出版社，2010：1.

② 夏兹金，等．当代理论的实践转向［M］．柯文，石诚，译，苏州：苏州大学出版社，2010：16.

③ 凯瑞．作为文化的传播［M］．丁未，译，北京：华夏出版社，2005：10.

呈现的新闻很少是一次性的、单一视角的、静态的。互联网上的新闻是动态发展的，事件的后续进展如何、公众的关注如何、社会情绪如何，共同推动事件向前发展。所以，作为“事件”的新闻，而不是作为“事实”的新闻，更加接近当下社会的新闻生产实践和话语实践。

结 语

格尔茨在《文化的解释》中曾经引用马克斯·韦伯的比喻“人是悬在由他自己所编织的意义之网中的动物”，说明“所谓文化就是这样一些由人自己编织的意义之网。因此，对文化的分析不是一种寻求规律的实验科学，而是一种探求意义的解释科学”。① 所谓语言也是人自己所编织的意义之网。如果把话语、概念看作意义之网的网结，那么，对事物的“命名”就是至关重要的，这件事情直接关系到让事物“是其所是”。就像海德格尔说的，不是人在说话，而是话在说人。② 话语体系之所以重要，因为不同的话语体系会敞开不同的研究“视界”。

今天，我们对新闻传播学话语体系的反思与重构，某种程度上来自互联网带来的“新传播革命”的倒逼，当互联网这张“人类之网”让所有人都身处其中无法逃脱的时候，当我们认识到互联网“是一种重新构造世界的结构性力量”③ 的时候，重新思考人的生存处境，学科的生存处境，就不是一件无足轻重的事情。

本套丛书命名为“杏坛学术论丛”，其立意有二：一者安徽大学新闻传播学院门前有一个“杏坛广场”，每年三月杏花如雪，六月杏儿满

---

① 格尔茨．文化的解释［M］．韩莉，译，南京：译林出版社，1999：5.

② 海德格尔．语言［M］//海德格尔选集：下，孙周兴，选编，上海：上海三联书店，1996：983.

③ 喻国明．互联网是一种高维媒介［J］．南方电视学刊，2015（1）：15－17.

枝，是学校的一道风景；二者杏坛是传说中孔子聚徒讲学之地，也是道家修炼之所。杏坛之谓，既是自喻，也是自勉，希望我的同事们择定自己的学术之路精进向前，希望安徽大学新闻传播学院的学术之树繁茂丰盛，成为中国新闻传播学研究的一道风景。

姜 红

（安徽大学新闻传播学院院长，

教授，博士生导师）

自　序

中国古代的新闻出版活动，历史悠久，源远流长。相对于出版史来说，中国古代的新闻史算是小字辈。无论其产生的时长、管理机构的完整性、常规性、重要性，还是保留下来的成果、产生的社会影响，都无法与出版史相提并论。

任何一种事物的萌生，追根究源都是起于观念层面的。中国古代的新闻传播活动也不例外，新闻传播观念是新闻传播活动产生的前提和思想基础。本书首先从理论层面探究中国古代的新闻传播观念及其演变的历史脉络，着重探讨了新闻传播学的两个重要范畴："消息"和"新闻"，考察其在中国古代文化史上是如何发展嬗变的，这是揭示中国古代新闻传播活动的两把钥匙。然后，再按照时间维度，逐一考察古代社会不同历史时期新闻传播活动及其相关要素。

中国古代的新闻史应该从何时算起？说法不同。就新闻的舆论宣传功能来看，至少春秋时期的史官采风活动就具有新闻属性了。摇着木铎的"遒人"就像今天采风的记者。《诗经》《春秋》就属于广义上的新闻作品集。甚至，一部《春秋》还被王安石等人称之为"断烂朝报"。而汉代史学巨著《史记》更被称为著名的"新闻集"，司马迁被称为中国古代"伟大的记者"。（缪雨：《史记与新闻学》）隋唐以降，文人墨客留下的各类"笔记小说"，就是一部部"林林总总的新闻大世界"。（李彬：《唐代文明与新闻传播》）当然，以上是就广义的新闻传播而言的。

狭义上说，中国古代新闻活动，当从邸报开始，换言之，邸报是中国古代新闻事业的标志性名称。邸报为中国古代报纸的总称，也是中国古代报刊的代名词。邸报究竟产生于何朝何代？这是长期以来新闻史学者探讨的焦点问题。前贤学者留下了诸多论述。形成了汉代说、魏晋说、唐代说、宋代说等多个说法。

尤其是关于汉代的邸报问题，一直存在着争论。以戈公振为代表的“肯定派”和当代学人主张的“否定派”最为著名。当代著名新闻史学者方汉奇先生则主张邸报源于唐代。更有学者认为汉代无邸报！然而，问题并不是那么简单，笔者在总结现有成果的基础上，爬梳整理，寻得一系列旁证，对“否定派”提出质疑。

中国古代新闻史研究的另一个争论焦点是元代有无邸报的问题。自从20世纪20年代戈公振提出元代有邸报的论题之后，后代学者经过缜密的考证，否定了戈氏的观点，得出元代无邸报的结论。然而，我们在广泛搜集文献的基础上，依据元代的相关资料，详细考证，论证了元代存在邸报的可能性，并且进一步延伸考察出元代尚存的其他类型的新闻传播媒介。

明清时期，中国古代的新闻传播业已经较为发达，机构完整，管理严密，制作规范，抄传广泛，可供研究的资料亦十分丰富。但是，由此带来的学术疑点，亦更加复杂。尚有诸多的新闻史难题至今未能厘清，如明代的京报及其性质问题、明清时期的公私“报房”问题、清代的“报案”问题、京报与邸报的关系问题、清代邸报的文献及版本问题、清代京报的发行问题等，都是古代新闻史学值得探究的有趣题目。凡此种种，皆为中国古代新闻史研究的薄弱环节。

中国古代的出版活动比新闻活动时间更为久远，内容更加丰富，影响更为深远。

中国古代并无“出版”一词，只有板、版、镂版、龟板、刻板等称谓。据考，“出版”一词来源于19世纪的日本语。广义上说，镂于金石、书于竹帛，即为出版，而甲骨文、钟鼎文、石鼓文就是最古老的出版物了。

就载体而言，纸张的发明是出版业重要的物质基础。造纸术本身虽不属于出版活动，但与出版业的关系极其密切，不可或缺。造纸术被称为中国古代的“四大发明”之一，关于造纸术发明的时间等问题，至今众说纷纭，值得深入研究。

出版的原始含义是图文的复制，中国古代的印章术就是最早的复制技术，由此推究，我国商代就存在复制术，因为，20 世纪 30 年代，在殷墟出土了三枚铜质的“商玺”。春秋战国时期，摩崖刻石、山石拓片开始出现。魏晋以降，出现了拓印术，应用十分广泛，复制技术进一步发展。

隋唐时期，复制技术发生了质的飞跃——雕版印刷术创生了，狭义上的出版物开始出现。雕版印刷术的发明是出版史上的大事件，也是中华民族对于人类文化的巨大贡献，在世界文明史上具有里程碑意义。

关于雕版印刷术的发明时间，有西汉说、东汉说、魏晋南北朝说、隋代说、唐代说、五代说、宋代说等。至今还是聚讼纷纭，莫衷一是。自古以来，不同历史时期的学者，或搜得文献证据，或挖出考古实物，进行研究，撰写出大量的论文专著，成为中国古代出版史研究的富矿区。关于雕版印刷术的发明时间，本书从宏观层面进行总结，意在综述最新的研究成果，展示不同时期学者的观点和证据。

到了北宋时期，毕昇发明了活字印刷术。改变了整版印刷的诸多不便，实现了真正意义上印刷术的质变。自北宋至近代，中国人始终在寻找一种质地坚硬、制作方便的活字材料，然而，这一关键性技术难题终究未能彻底解决。从宋代的泥活字到明清时期的木活字、铜活字、铅活字、锡活字、瓷活字等，都只是昙花一现，除了像武英殿刻本等少数的活字印刷物之外，几乎没有留下多少活字版的印刷物。因此，可以说，北宋毕昇活字印刷术的发明，基本上仅具有理论意义，缺乏广泛的推广价值。直到近代，德国人古登堡机械铅活字引入后，活字印刷才开始大规模地推广应用，从而在根本上改变了出版业的生产形态，开启了印刷业的现代化历史。

雕版印刷术发明之后，出版史的研究领域开始逐步拓宽。教育、宗教与图书复制的关系，图书盗版与版权保护等，都是出版史研究的新领域、新课题。

目　录

上编

新闻史论

中国古代的新闻事业虽不甚发达，但却颇有特色，值得充分探讨和研究。

首先，中国古代的新闻传播活动有自己独特的观念范式，形成一系列特有的传播物质形态和传播术语，包括：木铎、烽燧、旗鼓、邸、传递、邮驿、诏谕、表奏、讽谏、采风、榜示、露布、飞书、布告、进奏院、进奏院状、邸报、朝报、除目、除书、小报、塘报、揭帖、京报、辕门抄、消息、新闻、中和、资治等。

本编从"消息"的内涵考察入手，探讨中国古代的新闻传播观。本编结尾以一短章，引出现代新闻史研究的观念和范式问题，形成从古代至现代新闻传播观念研究的前后呼应。

其次，中国古代的新闻传播活动，历史悠久。且不说先秦时期的信息传播，就政府的官方新闻传播活动而言，至少在汉代就已经存在。本编按照历史分期的顺序，逐一研究汉、唐、元、明、清时期的新闻传播现象及其特点，尤以元代和清代新闻传播研究，用功较深，笔墨最多。

最后，本编关注古代新闻传播的研究热点，发微新说。本编的中国古代新闻史探索，多关注新闻史学界研究的热点或难点，集中笔力，探赜钩玄，提出一得之见，试图成一家之言。关于汉代邸报的有无，元代邸报的新材料，清代京报的版本问题，清代京报的抄传问题等，多是述前人所未说。即使是对唐代人际传播的研究，笔者也尝试运用拉斯韦尔的5W理论来加以阐释，试图通过他山之石以攻唐人新闻传播之玉。

一、试论中国古代新闻观念的历史嬗变

——以“消息”内涵变化为中心

“消息”一词作为当今新闻界使用频度最高的学术话语，活跃于日常的新闻业务和学术研究之中。但是从词源学的角度来看，“消息”的内涵至少经历过三次历史性转变，才逐渐定格为今天的新闻学意义，这一点却少为人知，而且其语义的转变与我国古代新闻观念的近代转型又有着密切的联系。换言之，考察“消息”一词的内涵变化可以从一个侧面窥见我国古代新闻观念的历史嬗变。笔者拟对“消息”的内涵作一次历时考察，以期对我国古代新闻观念的嬗变过程有一个宏观的认识。

“消息”——盛衰、消长，休息、休养

秦汉以前，“消息”的内涵多指人物或事物的盛衰消长。“消息”一词最早见于《周易》。《周易》载：“观象也，君子尚消息盈虚。”① 此处“消息”意为消长。又如“天地盈虚，与时消息，而况人乎”②，意思是说，天地阴阳盛衰，因时而变，何况人呢。《庄子·秋水》有：“年不可举，时不可止；消息盈虚，终则有始。”③ “消息”也即盛衰消长之义。直到汉代，“消息”的含义仍无多大变化。贾谊《鹏鸟赋》云：“合散消

---

① 栾贵明．十三经逐字索引：第1册周易卷［M］．北京：群言出版社，2006：8.
② 栾贵明．十三经逐字索引：第1册周易卷［M］．北京：群言出版社，2006：19.
③ 陆永品．庄子通释［M］．北京：中国社会科学出版社，2006：252.

息兮，安有常则。"[①] 意思是说人、事、物的聚散消长，因时而变，哪有恒定的规则呢。"消息"的用法与先秦没什么不同。

魏晋时期，"消息"一词开始衍生出休息、休养、问疾、调养等义。这些用法在《全晋文》《魏书》等典籍中，曾屡见不鲜。

《全晋文》王羲之卷载："令知问，可令谢长史且消息。""希故病笃无复他治，为消息耳。""叔夷子前恨不见，可令熊知消息。""羸甚好消息。""愁增患耶？善消息。""一善消息，值周转胜也。"[②] 此处"消息""好消息""善消息"，不是今天意义上的好消息，而是好好休息等义。又如王献之《杂帖》云："兄熹患散，辄发痈热积，乃不易，愿复更思，唯赖消息。"[③] 这里的"唯赖消息"，就是"只有依靠休养、休息"的意思。

《魏书·献文六王传》中记载："勰以高祖神力虚弱，唯令以食味消息……宴于禁中，至夜皆醉，各就别所消息。"[④] 此二处"消息"作为"休息"的意思十分明确。魏晋南北朝时期，"消息"一词释作休息、休养、问疾、调养等义是较为普遍的，此种含义与今天作为新闻学的消息概念是风马牛不相及的。

可见，至此，我国古人的新闻意识仍处于沉睡阶段，在他们的头脑中根本不存在新闻这一概念。今天的新闻学者在研究秦汉时期的新闻传播活动时，运用阐释学的方法，用今天的新闻传播理论去烛照过去的史实材料，得出诸如西汉时期就存在"报纸"的论断。[⑤] 其实，汉魏以前的古人是不可能有新闻意识的。因此，我们在研究中国古代新闻传播

---

① 贾谊．贾谊集［M］．上海：上海人民出版社，1976：211.

② 严可均．全晋文［M］．何宛屏，等，审订．北京：商务印书馆，1999：211、212、217、224、242、248.

③ 严可均．全晋文［M］．何宛屏，等，审订．北京：商务印书馆，1999：265.

④ 魏收．魏书［M］．北京：中华书局，1974：575、582.

⑤ 张涛．论西汉"木简报"［J］．新闻与传播研究，2001（2）：67－71＋96.

时，首先必须分清两个基本概念：即古人的新闻传播观和古代史料的新闻传播观。这是两个完全不同的概念。“我国古人的新闻真实观与古代史料的新闻真实观”，两者有很大不同。[①] 这个问题比较重要也比较复杂，它涉及研究视角、研究方法等多方面的问题，容另文讨论。

值得注意的是，魏晋时期，“消息”作为“信息”解的个案渐多起来。这在中国新闻传播范畴史上具有特别重要的意义。《魏书·裴叔业传》记载：“每出返，家人或问，有何消息，答云：‘无所闻，纵闻亦不解’。”[②]《周书·裴宽传》载：“永业有计谋，……秋乃出兵，掩蔽消息，倏忽而至。”[③]《宋书·毛脩之传》也载：“经年不忍问家消息。”[④]《语林·东晋人》也有：“有人从长安来，元帝问洛下消息，潸然流涕。”[⑤] 在这里，“消息”指的是“信息”或“讯息”等义。据尹韵公先生的研究统计，《三国志》中，“消息”作为“信息”“讯息”解约有20多处。[⑥] 汉末到魏晋时期，“消息”的两种含义同时并存，其意义呈现出明显的过渡性特点。

“消息”——信息、音讯、讯息

隋唐时期，“消息”作为“信息”“音讯”“讯息”含义解，开始大量出现。“消息”的内涵正在发生根本性的变化，这一变化标志着我国古代新闻意识的真正觉醒。一般认为，唐代是中国古代新闻观念形成的重要时期，中晚唐时期新闻观念觉醒的特点尤为明显。

① 姚福申．解读古代新闻的真实性观念［J］．新闻大学，2000（4）：57－60．
② 魏收．魏书［M］．北京：中华书局，1974：1577．
③ 令狐德棻．周书［M］．北京：中华书局，1971：596．
④ 沈约．宋书［M］．北京：中华书局，1974：1429．
⑤ 裴启．语林［M］．周楞伽，辑注．上海：文化艺术出版社，1988：50．
⑥ 尹韵公．三国时代与新闻信息传播［J］．中国文化研究，1997（1）：33－40＋148．

隋唐时期，“消息”普遍表示“信息”“音讯”“讯息”等义。据笔者检索，唐人诗中使用“消息”一词的有不少，仅《全唐诗》就有229首，共计出现“消息”一词233处。[①] 如杜甫的《无家别》诗云：“存者无消息，死者为尘泥。”《梦李白二首》云：“江南瘴疠地，逐客无消息。”《送路六侍御入朝》云：“童稚情亲四十年，中间消息两茫然。”李白的《早春寄王汉阳》诗云：“闻道春还未相识，走傍寒梅访消息。”刘禹锡的《杨柳枝》诗云：“春江一曲柳千条，二十年前旧板桥。曾与美人桥上别，恨无消息到今朝。”施肩吾的《望夫词》诗云：“手爇寒灯向影频，回文机上暗生尘。自家夫婿无消息，却恨桥头卖卜人。”李贺的《昆仑使者》云：“昆仑使者无消息，茂陵烟树生愁色。”李商隐的《无题二首》云：“曾是寂寥金烬暗，断无消息石榴红。”韩偓的《新上头》云：“学梳松鬓试新裙，消息佳期在此春。”鱼玄机的《和新及弟悼亡诗二首》云：“彩云一去无消息，潘岳多情欲白头。”等等。

此处的“消息”均为“音讯”“讯息”之义。唐人还有以“新闻”入诗的，如权德舆的《奉送孔十兄宾客承恩致政归东都旧居》诗云：“乞身已见抗疏频，优礼新闻诏书许。”李商隐的《木兰》诗云：“愁绝更倾国，惊新闻远书。”姚合的《裴大夫见过》云：“解下佩刀无所惜，新闻天子付三刀。”陈陶的《题僧院紫竹》云：“新闻赤帝种，子落毛人谷。”李咸用的《春日喜逢乡人刘松》云：“旧业久抛耕钓侣，新闻多说战争功。”另一首《冬夕喜友生至》云：“多少新闻见，应须语到明。”当然，此处的新闻与今天的新闻含义是有很大不同的。至此，作为“消长”“盛衰”“休息”“休养”之义的“消息”内涵已很难见到，“消息”的内涵已经向近代新闻学意义迈进。

就中国古代新闻传播实践来看，唐代作为我国新闻观念的萌发时

---

① 全唐诗［DB/OL］. 国学网，http：//www. chinapoesy. com/poesysearch. aspx.

期，还可以从以下几个方面得到证明：

第一，近代以来，新闻传播中的重要概念话语，大多源于唐代。如“新闻”“采访”“编辑”“传播”等新闻事业中的常用术语，多出自唐人之手。① 尽管，这些概念与今天的新闻概念不尽相同，但它们的同时出现就别有一番意味。这种巧合绝不是偶然的，它是新闻观念觉醒的重要征兆。

“邸报”一词是否也在唐代出现，目前尚有争议，但是，像“留邸状报”“邸吏状”这样的称呼，和“邸报”已经十分接近了。② 近代意义上的新闻观念已经是呼之欲出。

第二，从现有文献来看，我国古代的报纸也滥觞于唐代。唐代出现的“进奏院状”“留邸状报”“开元杂报”，就是最为原始的古代报纸雏形。目前存有的唐代敦煌进奏院状据说是世界上最古老的报纸。方汉奇先生认为，中国的报纸开始出现于唐代，唐代的进奏院状已经具有一定的报纸的作用，它是一种原始状态的报纸。③ 中唐被认为是中国古代新闻传播的一道分水岭：“之前如干旱少雨的荒漠，之后若雨水充沛的草原；之前的新闻传播处于无序懵懂之中，之后则渐入有序之境；之前只能称新闻活动，之后才始有新闻事业。”④

由此可见，隋唐时期，古人的新闻意识已经觉醒，我国古代的新闻观念正处于酝酿时期，这不仅有大量的新闻传播史实为证，而且“消息”一词的内涵演变也清楚地显示出这一特点。

---

① “新闻”一词见于唐人孙处玄所说的“尝恨天下无书以广新闻”。(《旧唐书·隐逸传》)“采访”一词始见于唐人房玄龄著的《晋书·干宝传》：“若使采访近世之事……”唐代开元年间设立“采（採）访使”官职。“编辑”一词始见于唐人李延寿著的《南史·刘苞传》：“家有旧书，例皆残蠹，手自编辑，筐箧盈满。”“传播”一词最早见于李延寿的《北史·突厥传》：“宜传播天下，咸使知闻。”

② 方汉奇．中国新闻事业通史：第1卷［M］．北京：中国人民大学出版社，1992：41.

③ 方汉奇．中国新闻事业通史：第1卷［M］．北京：中国人民大学出版社，1992：45.

④ 李彬．唐代文明与新闻传播［M］．北京：新华出版社，1999：255.

“消息”——新闻

两宋以后，我国古代的新闻观念产生了质的飞跃，基本上进入了新闻事业的全面自觉时代。这一点，在“消息”“新闻”的含义解释和使用频度上看得尤为清楚。

两宋至明清，“消息”的意义相当固定而且使用数量大增。宋代文献中，已经很难找到魏晋以前“消息”的诸种意义。尽管“新闻”一词出现于宋代以前，但出现频率不高，真正广泛使用“消息”“新闻”概念的还是在宋代以后。据笔者统计，仅《全宋词》出现“消息”一词就达313首、314处之多。[①] 到了明代，“新闻”“消息”“消耗”“音耗”“讯息”“信息”等词汇，在当时社会中已是大量地经常地使用了。[②] 以金圣叹评点明代贯华堂本《水浒传》为例，笔者作了如下统计：

一回：且教小喽啰再去探听消息。

九回：林冲自回天王堂，过了一夜。街上寻了三五日，不见消耗。

十六回：若有些动静消息，下官亲到相府回话。……太守问我贼人消息。

十七回：何涛禀道：略有些消息了。……只怕走透了消息。

二十二回：武松道：小弟因哥哥多时不通信息，只得去望他。

三十八回：如是迟缓，诚恐走透了消息。

四十回：宋江便问江州消息。

① 全宋词［DB/OL］. 国学网，http：//www. chinapoesy. com/poesysearch. aspx.

② 徐培汀. 20世纪新闻学与传播学：新闻史学史卷［M］. 上海：复旦大学出版社，2001：42.

四十四回：那时小可初闻这个消息，好不惊恐。

四十二回：差我来打听消息。

四十三回：晁、宋二头领又差我两个下山来探听你消息。……差遣来蓟州探听消息。

四十八回：暗通消息解珍解宝得知。

四十九回：暗地使人常常去探听祝家庄消息。

五十五回：并不知兄弟信息，一向正在何处？

五十六回：一面使人下山探听前路消息。……备问桃花山消息。

五十七回：因通得了消息。

五十八回：小喽啰得了这个消息……下山去远近打听消息。

六十一回：传个消息与他。……你可自去北京打听消息。

六十三回：报说这个消息。

六十四回：梁中书听得这个消息，……便问宋公明哥哥消息。

六十五回：使人去大名府探听消息，……得了这个消息。

六十七回：可去探听消息一遭。①

全书出现“消息”“消耗”“信息”词条共29处。可见，使用率是相当高的。而且，意思基本一致，很接近今天新闻学意义上的“消息”概念。这说明，明清时期，古人的新闻意识已经高度自觉，新闻观念开始向近代转变。另据尹韵公先生统计，明清时期不少文学作品中曾经常使用“新闻”和“消息”词条：②

此时，把这种事当作新闻，哄满一城。

① 金圣叹．金圣叹全集：第1、2卷［M］．曹方人，周锡山，点校．南京：江苏古籍出版社，1985：60－483.

② 尹韵公．中国明代新闻传播史［M］．重庆：重庆出版社，1990：17.

——华阳散人《鸳鸯针》

黎青回到家中，甘颐接着就问道："贤卿去了这大半日，有些消息么？"黎青笑道："好消息虽有一半，不好消息也有一半。"

——天花藏主人《两交婚》

何内相道是何旺能干事，心中喜他，问道："一路行来，有什么新闻么？"何旺道："路上平静，并没有闻见……"

——长安道人国清《警世阴阳梦》

静真听说，吃这一惊，却也不小，说道：蒯匠昨日也在这里做生活，如何今日便引人来，却又知得恁般详细，必定是有人走漏消息，这奴狗方才去报新闻，不然，何由得我们的隐事。

——《醒世恒言·郝大卿遗恨鸳鸯丝》

以上引文中，"消息"与"新闻"是一个意思，两者完全可以互换。其意义已与今天的新闻概念没什么两样。从两宋到明清，不仅"消息"和"新闻"的词汇使用率很高，而且其含义也完全一致。

近代新闻观念的诞生

两宋以后，我国古代的新闻观念开始向近代转变，这种转变除了表现在"消息"和"新闻"的含义演变中，还大量地表现在这一时期的新闻传播实践之中。

（一）新闻机构的系统化

宋代的官报——邸报，机构完整，管理严密，采、写、编、发，一应俱全，有条不紊。邸报管理部门是"都进奏院"，直属门下省，由进奏官们编辑，中书、门下省负责检正。而且发报制度虽有变化却也很完整，如，从宋初太平兴国年间到神宗熙宁初年，主要发报程序是："每五日进奏官一名，于阁门抄劄报状，申枢密院呈定，录供逐处。”① 明清时期，新闻管理机构更加完善。明清邸报的发布与抄传机构十分接近，主要通过三个环节——通政（使）司、六科和提塘来进行。三者分工明确，各司其职，共同控制官报——邸报的运行。

（二）新闻的内容日趋广泛，对新闻的性质开始有所认识

1. 新闻的内容

北宋时期，邸报的内容主要以皇室及朝廷、边机政事为主。南宋时，“小报”数量激增，社会新闻开始出现，新闻内容也日见多样化起来。光宗绍熙四年（1193 年）十月四日臣僚言：“……访闻有一使臣及阁门院子，专以探报此等事为生。或得之于省院之泄漏，或得之于街市之剽闻，又或意见之撰造。”② 可见，这一时期“小报”消息的来源是十分广泛的。当然，作为官报的邸报也不甘示弱，其内容也日见多样化，正如宋人薛季宣《浪语集》卷五《读邸报》（二首）诗云：

> 大漠烟尘静，三公计划奇。定安唐庙貌，行复汉宫仪。捷奏腾千里，除书满四维。自然禽颉利，蚤晚赞无为。
>
> 世味刀头蜜，人情屋上乌。荣华叶子格，升黜选仙图。豺祭知生兽，蛇衔欲报珠。不将魂梦到，反是忆莼鲈。③

边疆战事、捷报除书、自然风物、世味人情、荣华升黜、神话传说都可以在邸报中看得到。足见，当时报纸的内容已相当丰富多彩了，可惜宋代邸报实物今天已不可得矣。

明清时期，邸报的内容越来越表现出淡化宫廷、强化社会、增加内容可读性和吸引力的趋势，“社会新闻”已是邸报的重要内容，它主要

---

① 方汉奇．中国新闻事业通史：第 1 卷［M］．北京：中国人民大学出版社，1992：70.

② 徐松辑．宋会要辑稿：刑法二［M］．北京：中华书局，1957：6558.

③ 永瑢．四库全书：第 1159 册，集部·别集类［M］．上海：上海古籍出版社，1987：185.

报道社会怪异现象、地震火灾等具有突发性、异常性的社会事件。陆粲《庚巳编》记载："弘治末，随州应山县女子生髭，长三寸余，见于邸报。"[①] 李日华《味水轩日记》载称："四月十七日，雨，阅邸报：本年二月二十二日河南卫辉府获嘉县南门里街东住人王守己家黑牸一只，产犊未落，死后剥出犍牛一身两颈两头四眼四耳两口一尾四足。"[②] 再如，明代的《万历邸钞》就有大量这类社会新闻事件的记载。这一时期，新闻的趣味性明显增强，社会新闻开始追求新奇性和可读性，人们已经意识到新闻的某些特殊属性。

2. 新闻的性质

关于新闻的性质，早在南宋时期就已经有人开始意识到。《朝野类要》中把"内探、省探、衙探"们所从事的"小报"事业"隐而号之曰新闻"，[③] 就是第一次把报纸与新闻联系起来，"为新闻纸、新闻记者、新闻学与新闻事业有关的现代词汇提供了语源"[④]，值得重视。明朝中叶，也有学者对新闻的性质进行过思考，如明代著名出版家、学者胡应麟就曾编辑过两本小书——《隆万新闻》和《隆万杂闻》。[⑤] 显然，在他的心目中"新闻"是不同于"杂闻"的，胡应麟已经认识到"新闻"和"杂闻"的性质有根本的区别，但究竟有何不同，因两书早已亡佚而不可知，有待我们继续考证。明代沈周编过《客坐新闻》一书，在当时影响也颇大。

（三）新闻写作方式的近代化趋势

---

① 尹韵公．中国明代新闻传播史［M］．重庆：重庆出版社，1990：168.

② 方汉奇．中国新闻事业通史：第1卷［M］．北京：中国人民大学出版社，1992：135－136.

③ 赵升．朝野类要［M］．王瑞来，校注．北京：中华书局，2007：88.

④ 方汉奇．中国新闻事业通史：第1卷［M］．北京：中国人民大学出版社，1992：104.

⑤ 曹之．中国古籍编撰史［M］．武汉：武汉大学出版社，1999：288. 笔者曾就此二书存佚情况专门请教过武汉大学信息管理学院的曹之教授，曹先生说："二书久已亡佚，不可得矣。"

1.5W、“倒金字塔”写作模式

两宋时期，“消息”的写作已经具备了今天的所谓5W因素。南宋周密有一部著名的笔记作品《武林旧事》，记载了南宋都城临安色彩斑斓的社会生活。其中很多篇目类似今天的新闻报道。如卷七有一则新闻，全文如下：

> 淳熙十年八月十八日，上诣德寿宫恭请两殿往浙江亭观潮。
>
> 进早膳讫，御辇檐儿及内人车马，并出候潮门，先命修内司于浙江亭两旁抓缚席屋五十间，至是并用彩缬幕帘。得旨从驾百官，各赐酒食，并侍班，从便观看。
>
> 先是澉浦金山都统司水军五千人抵江下，至是又命殿司新刺防江水军并行阅试军船，摆布西兴、龙山两岸，近千只。管军官于江面分布五阵，乘骑弄旗，标枪舞刀，如履平地，点放五彩烟炮满江，及烟收炮息，则诸船尽藏，不见一只。奉圣旨自管军官已下，并行支犒一次。自龙山已下，贵邸豪民，彩幕凡二十余里，车马骈阗，几无行路。西兴一带，亦抓缚幕次，彩绣照江，有如铺锦。市井弄水人，有如僧儿、留住等凡百余人，皆手持十幅彩旗，踏浪争呈伎艺，并有支赐。太上喜见颜色，曰：“钱塘形胜，东南所无。”上起奏曰：“钱塘江潮，亦天下所无有也。”太上宣谕侍宴官，令各赋《酹江月》一曲，至晚进呈，太上以吴琚为第一，……两宫并有宣赐。
>
> 至月上还内。①

这则消息，报道的是南宋皇室钱塘江观潮的情景。

时间——淳熙十年8月18日，从“早膳”后到“月上”为止，一

① 孟元老，等．东京梦华录（外四种）［M］．北京：文化艺术出版社，1998：430－431.

天时间。

地点——浙江亭。

人物——太上皇、皇上、百官、市井百姓。

事件——观钱塘潮。

全文写作方式基本上运用了“混合式结构法”。第一部分是消息的导语，交代主要新闻事实。第二部分为消息的主体，按时间顺序客观记述事情的全过程：

先命彩缬幕帘；

后命水军江面布阵；

再点放五彩烟炮；

接着太上皇、皇上点评、赏赐臣僚填词；

最后“至月上还内”。

整个消息结构井然，有全景鸟瞰，有中景叙述，也有近景特写，俨然是一则标准的现代意义上的新闻报道。

明代，消息写作方式又有了新的发展，出现了与现代消息十分相似的“倒金字塔式”结构和连续跟踪报道的写作方式，如《万历邸钞》刊载的一条消息：

> 山东青州、安丘城陷群盗并起。本月十五日，强盗千余，攻陷安丘，劫库焚狱。巡抚钱士完报：强盗梁闯子等数百余人，横行青兖济南诸郡，蒙阴、昌乐、费县、沂州等乡村，劫掠几遍，杀人拒捕，僭号称王云。①

消息开头一句“本月十五日，强盗千余，攻陷安丘，劫库焚狱”就是把事件的结果和重要事实提到文首，引起读者的注意，然后再叙述事

① 转引自尹韵公．中国明代新闻传播史［M］．重庆：重庆出版社，1990：89.

件的原委细节，运用“倒金字塔式”结构。而明代著名邸报《天变邸钞》，全文2 000多字，叙述时间和地区，由近及远，基本上也是“倒金字塔式”结构。

2. 连续报道方式出现

明中叶后，邸报的报道出现连续性、跟踪式报道方式。据尹韵公先生研究，明万历二十五年，邸报曾连续、跟踪报道了中国应朝鲜国王李日公之请出兵抗倭、最后凯旋的完整过程。这一连续追踪报道时间长达一年之久，[①] 相当于今天战地记者从前方发回的连续报道，时间之长，即使在当代报业史上也是不多见的。明清时期的报纸与近代报纸之间的距离是越来越近了。

（四）新闻的职业化和商业化趋势

两宋时期，新闻职业化开始出现。据宋西湖老人《繁胜录》记载，南宋都城临安有“行市”几百家，其中就有“卖朝报”“消息子”两个行当。[②] 同时，记者的职业化也开始出现，宋代的“小报”记者有所谓“内探、省探、衙探”之分，都属于为小报提供消息的职业人群。《武林旧事》就载有现知最早的有名姓的两名职业新闻工作者：陆眼子、高道。[③]

明代，新闻的职业化、商业化更加明显。明中叶，民间报业昌盛，民间报房的新闻活动，分工协作，各司其职，形成一个有机的整体，如，采访员——文人秀才，专事新闻采访；发行员——被称为报子、走报人、报房人，专司报纸传送。

---

① 尹韵公．中国明代新闻传播史［M］．重庆：重庆出版社，1990：91－94.

② 孟元老，等．东京梦华录（外四种）［M］．北京：文化艺术出版社，1998：111. 尹韵公先生对此有过专论，见尹韵公．南宋都城临安的“卖朝报”与“消息子”［J］．新闻与传播研究，1998（3）：52－53.

③ 周密．武林旧事：第6卷［M］//孟元老，等．东京梦华录（外四种）．北京：文化艺术出版社，1998：421.

到了清代，报人数量大增。送报人之间划分势力范围，而且子承父业，或沿街兜售，或摆摊设点，或送报上门，或批发外省，而且根据距离远近，收费标准也不一样，经营方式可谓灵活多样。

从新闻事业的经营管理以及职业化、商业化和专业化进程来看，自宋代开始，我国古代的新闻观念开启了近代化进程。近代意义上的新闻观念由此诞生。

综上所述，“消息”的内涵在语言学史上经历了三次变化。这三次变化正与我国古代新闻观念的历史嬗变相一致，两者之间存在着必然联系。

（本文首发于《新闻与传播研究》，2009 年第 4 期。）

二、“新闻”一词的出现及其内涵的演变

学科范畴是学科发展的基本概念，也是学科的元概念。学科范畴史是每一个学科必须探讨的基本主题。新闻传播学科的基本范畴包括新闻、传播、编辑、记者等，这些范畴都值得深入探究。笔者就“新闻”的出现及其内涵的变化，作一系统考察，以期发现“新闻”作为古代中国的一项信息传播活动，是如何迈向今天的大众传播事业的。

魏晋南北朝时期，“新闻”一词的出现

关于“新闻”一词的语源问题，20 世纪 80 年代就有人关注。一般认为，“新闻”一词首见于唐代，其中以姚福申先生的考证最为深入。他通过版本研究，较为详细地考证了“新闻”一词最早见于唐代[①]。主要依据是《旧唐书·孙处玄传》的记载：

> 孙处玄，长安中征为左拾遗。颇善属文，尝恨天下无书以广新闻。神龙初，功臣桓彦范等用事，处玄遗彦范书，论时事得失，彦范竟不用其言，乃去官还乡里。以病卒。（史部·正史类·旧唐书·卷一百九十二）[②]

---

① 姚福申．唐代孙处玄使用“新闻”一语的考辨［J］．新闻大学，1989（1）：44－46.

② 永瑢．四库全书［M/CD］．上海：上海人民出版社、迪志文化出版有限公司，1999. 说明：“经、史、子、集”未注明出处者，均见该《四库全书》电子版。

一般认为这是中国现存文献中“新闻”二字的最早记录。[①]“长安”“神龙”分别是武则天和中宗李显的年号，在701—707年之间，由此判定“新闻”一词出现于初唐。此外，姚先生又从唐代文献中考出有关“新闻”一语的三条史料：

其一，唐代诗人李咸用的诗《春日喜逢乡人刘松》：“旧业久抛耕钓侣，新闻多说战争功。”以及《冬夕喜友生至》：“多少新闻见，应须语到明。”其二，尉迟枢的《南楚新闻》。其三，段成式的《锦里新闻》。

至此，有关“新闻”一词的语源研究似乎已成定论。最近，笔者通过考察发现，就词语发生而言，“新闻”一语似可继续上溯至魏晋南北朝时期。梁代释僧佑有一部著名的佛学著作《弘明集》，卷七载有南朝宋代人朱昭之的《难顾道士夷夏论》：

> 圣道弥纶，天运远被，玄化东流，以慈系世，仁众生民，黩所先习，欣所新闻，革面从和，精义复兴。故微言之室，在在并建，玄咏之宾，处处而有。

这是一篇关于“夷夏之辨”的专论，文中“新闻”一词是“新近听到或发现”之义。这是目前见到的“新闻”一词的最早语源。虽然其含义与今天的新闻概念区别明显，但从语源发生学角度来看就具有特别的意义。朱昭之是南朝时宋代人，具体生卒年不详，大约生活在宋、齐之间，即420—502年之间。由此判断，“新闻”一词的起源要比“唐代说”早了近300年之久。

唐代，“新闻”普遍有“新近听到、发现”之义

“新闻”一词出现以后，经过几百年的沉寂，至唐代开始勃兴，出

---

① 方汉奇，李矗．中国新闻学之最［M］．北京：新华出版社，2005：7.

现的数量较前代明显增加。在唐代，除了上文姚福申先生列举的四条史料外，尚有如下几条：

权德舆的诗《奉送孔十兄宾客承恩致政归东都旧居》：“乞身已见抗疏频，优礼新闻诏书许。”① 韩愈的诗《木芙蓉》：“新闻寒露丛，远比水间红。”姚合的诗《裴大夫见过》：“解下佩刀无所惜，新闻天子付三刀。”② 李商隐的诗《木兰》：“愁绝更倾国，惊新闻远书。”③ 陈陶的诗《题僧院紫竹》：“新闻赤帝种，子落毛人谷。”④ 朱庆馀的诗《和刘补阙秋园寓兴之什》：“几许新闻菊，闲从落叶和。”

权德舆、韩愈、姚合为中唐人，陈陶、朱庆馀、李商隐属中晚唐人。他们在诗歌创作中都有意无意使用了“新闻”一词，虽然其意义不尽相同，但基本上可以理解为“新近听到或发现”之义，与今天的新闻学概念相去较远。

可以说，除了李咸用的“新闻多说战争功”中“新闻”一词稍有“信息”含义外，其他各处都没有这种含义。这也从一个侧面透视出唐代以前，我国古人的“新闻”意识还比较淡漠，处于不自觉状态。

宋代，“新闻”出现信息、消息等内涵

宋代以后，使用“新闻”一词的频度大大增加，宋人使用“新闻”一语的数量远比唐代以前要多。笔者通检文渊阁电子版《四库全书》发现，《四库全书》中“新闻”一词总计出现 369 频次，去除复见部分，得新出词 151 个。其中，宋代文献中首创“新闻”新词达 39 处，比例

① 全唐诗［DB/OL］. 国学网，http：//www. chinapoesy. com/poesysearch. aspx.
② 全唐诗［DB/OL］. 国学网，http：//www. chinapoesy. com/poesysearch. aspx.
③ 全唐诗［DB/OL］. 国学网，http：//www. chinapoesy. com/poesysearch. aspx.
④ 全唐诗［DB/OL］. 国学网，http：//www. chinapoesy. com/poesysearch. aspx.

超过四分之一。宋代文献中，使用“新闻”一词，不仅数量较多，而且范围亦广，遍及经、史、子、集四部，其中集部出现最为频繁。

就“新闻”一词的内涵来看，主要有两大类：其一，沿用唐代以来的普遍内涵——新近听到、发现之义；其二，“新闻”一词出现了“信息、消息”等含义。

作为第一种内涵使用的“新闻”占据多数。但是，宋代出现了向今天新闻学意义转变的标志性话语，即赵升《朝野类要》中所载：“朝报。日出事宜也。每日门下后省编定，请给事判报，方行下都进奏院，报行天下。其有所谓内探、省探、衙探之类，皆衷私小报，率有漏泄之禁，故隐而号之曰新闻。”[①] 此处所使用的“新闻”一词最接近于今天的新闻内涵。这类含义的出现在“新闻”内涵的演变方面具有突破性意义，标志着我国古人新闻意识的真正觉醒。这里集中阐述“新闻”的第二种内涵。

第一，宋人认识到新闻事实的新颖性。从宋代文献中可以看出宋人已经充分认识到“新闻”的新鲜性和新颖性。陈文蔚的诗《右梅窗》写道：“黄卷与晤对，日日有新闻。青山不世情，时时有佳宾。”（集部·别集类·南宋建炎至德佑·克斋集·卷十四）赵汝腾的诗《别伯舆新鄱阳广文》写道：“特为予来冬复春，重寻旧话续新闻。”（集部·别集类·南宋建炎至德佑·庸斋集·卷二）董嗣杲的诗《富池镇上感怀》写道：“僻处绝无佳客过，酒边安得有新闻。”（集部·别集类·南宋建炎至德佑·庐山集·卷四）王同祖的诗《送刘方石归盱江》写道：“昨日新闻未忍听，忧时赢得鬓毛星。”（集部·总集类·江湖小集·卷二十七）陈着的文《与史猷父节推（徽孙）》写道：“莫见遇用之日耳，尔来有何新闻？皆望密报。”（集部·别集类·南宋建炎至德佑·本堂集·卷七十七）以上都是在新闻事实的新颖性上来使用“新闻”一词的。

① 赵升．朝野类要［M］．王瑞来，校注．北京：中华书局，2007：88.

第二，宋人也意识到新闻的时空属性。吕祖谦的《左氏博议》中的“是近者之旧闻即远者之新闻”（经部·春秋类·左氏博议·卷十九）认识到新闻与距离的关系。王安中的诗《第二子赴河间诗人皆作诗送行读赵婿辟疆诗为次韵》中的“京华新闻勿用说，一时名士诗可夸”（集部·别集类·南宋建炎至德佑·初寮集·卷二）道出新闻的空间属性，新闻事业首先是在城市商业文明中兴起的。

第三，关于“新闻欲”，宋人也有涉及。李光《黎人二首》写道：“异境尽凭诗写去，郡僚争喜得新闻。”（集部·别集类·南宋建炎至德佑·庄简集·卷七）可见时人的新闻欲求非常强烈。张元干的诗《冬夜书怀呈富枢密》写道：“耳聋无用问新闻，矫首何妨目作昏。”（集部·别集类·南宋建炎至德佑·芦川归来集·卷三）诗句描述的是作者新闻不得的一种失望心情。

第四，对新闻的传播性有一定认识。吴潜《喜雪用禁物体》诗云：“休将入蔡功名诧，思播新闻却众狙。”（史部·地理类·都会郡县之属·开庆四明续志·卷九）作者对于新闻传播受阻现状表示不满。

由上可见，宋人使用的“新闻”一词含义明确，作信息、消息解。无论是“京华新闻”“密报新闻”，还是“未忍听”的“日日新闻”，都体现了宋代新闻内容的多样性以及人们广泛的新闻关注度，充分表明“新闻”一词的内涵开始向近代意义演变。

当然，这与宋代官报——邸报的出现具有一定关系。邸报的定期发行和民间新闻意识的双向互动，才使得赵升有可能将“新闻”与小报、邸报结合起来，从而揭橥中国古代新闻事业的真正历史。

元代，“新闻”意识进一步觉醒

一般认为，元代是我国古代新闻事业的荒漠期。就现有史料来看，元代留给我们的新闻材料非常缺乏，甚至，宋代的官报——邸报，也至此中断不续。

但是，元代人的新闻意识并没有因此停止不前，而是仍在缓缓进步之中。这一点可以从元人使用“新闻”一词的含义中获得证明。

第一，元代人意识到新闻的地域性特征。胡布的诗《次韵辅州尹长民得消息天使罹祸》写道：“塞上新闻轻使节，江南故老望征车。”（集部·总集类·元音遗响·卷六）谢应芳的诗《和许君善郊居》写道：“朝野新闻总阙如，经锄甘分老迂踈。”（集部·别集类·金至元·龟巢稿·卷四）以上说明新闻的内容可以根据新闻源，分成不同的类别，古代特别多的是军事新闻和朝野政治新闻。

第二，元代人对于新闻传播性有一定的认识。方回的诗《别后寄赵宾旸并杨华父二首》写道：“为报包山旧乔木，欲来系马说新闻。”（集部·别集类·金至元·桐江续集·卷十）他的另一首诗《寄伯宣尚书士常吏侍二首》写道：“林下休官已七年，新闻偶到白云边。”（集部·别集类·金至元·桐江续集·卷十二）以上诗句都极言新闻事实的传播属性。

第三，元代人对于新闻的新颖性认识与宋代一脉相承。方回的诗《次韵谢吕君见寄二首》写道：“向曾屡共阿戎语，今乃新闻俟喜声。”（集部·别集类·金至元·桐江续集·卷四）黄玠的诗《弁山小隐吟录》写道：“子今行矣快先睹，涉阅定有新闻知。”（集部·别集类·金至元·弁山小隐吟录·卷二）李继本的诗《寄思温尹》写道：“惠爱新闻行旅说，才名不媿史臣书。”（集部·别集类·金至元·一山文集·卷二）还有戴表元的《剡溪文集》写道：“庶几诸君愈益见厚，时时得新闻，以洗旧蔽。”（集部·别集类·金至元·剡源文集·卷八）以上都是对于新闻新鲜性、新颖性的充分认识。

由以上可见，元代文献也是在信息或消息的意义上来使用“新闻”

一词的。这表明元代并没有因为邸报的断代阙如而停止新闻意识觉醒的脚步。无论是“塞上新闻”“朝野新闻”，还是“时时”得到的“说新闻”，都能体现元代新闻意识蓬勃发展的延续性特征。

明清时期，“新闻”即“消息”

经过元代的短暂过渡与铺垫，明清时期，中国古代的新闻意识充分觉醒，“新闻”一词的近代内涵更加清晰，并且人们对“新闻”内涵的认识又有新的突破。

第一，人们认识到新闻的社会功能。程敏政的《答林谕德亨大书》写道：“屡获新闻，知圣政日新。”（集部·别集类·明洪武至崇祯·篁墩文集·卷五十四）诗句将新闻和政治相联系。宋荦的诗《腊月十六夜虎丘看月四绝句》写道：“一段新闻任传说，爱闲无过使君公”（集部·别集类·清代·西陂类稿·卷十四）诗句将新闻和人事变动相联系。

第二，新闻的商业化和记者的职业化进程开启。应该说，新闻的商业属性、职业化在南宋时期就已经产生。这一点前文已述。明清时期新闻的商业性更加明显。明清京报的出现就是新闻商业化的集中体现。这一时期的“新闻”文献也有记载。郑文康的诗《林东斋居》写道：“堪笑几人双健足，每于城市报新闻。”（集部·别集类·明洪武至崇祯·平桥稿·卷五）诗句描写送报人在城市中送报的情景，是新闻的职业化、商业化的形象描述。

第三，新闻信息量明显增多。程敏政的诗《雨晴》写道：“归从都下者，相遇说新闻。”（集部·总集类·新安文献志·卷五十三）李流芳的诗《寿金子鱼》写道：“经怀旧事惟供笑，入耳新闻不受惊。”（集部·别集类·明洪武至崇祯·檀园集·卷四）以上诗句描述的就是新闻传播的繁忙和普通景象。

无论是从“都下”回来，相遇传播新闻的路人，还是健步如飞，在城中传“报新闻”的报人，都被描绘得生动形象。这从一个侧面反映出明清时期，随着新闻事业的飞速发展，人们的新闻欲在不断增强。新闻的内容，上到朝廷“圣政”，下至“入耳”琐事，任凭“传说”，无所不包。

明清时期新闻量的增加还表现在“新闻作品集”的出现，这在前代是很难见到的。明代著名学者胡应麟有两部作品：《隆万新闻》（四卷）、《隆万杂闻》（六卷）。[①] 由于两书早已亡佚，内容不得而知，但仅从书名上看，至少可以推想，在胡应麟看来，“新闻”与“杂闻”是有本质区别的，不能混为一谈，否则他就没有必要用“新闻”和“杂闻”两个概念来区分。明代沈周的一本著名新闻作品集——《客坐新闻》，传播很广。清人魏裔介有《资麈新闻》，白孕谦有《辇下新闻》等作品，它们都近似于今天的“新闻作品集”。当然，我们必须清楚，明清时期的“新闻集”不可能完全等同于今天的新闻作品。

第四，明清时期，新闻意识的高度自觉还表现在“新闻”与“消息”概念的互用方面。清人赵执信《闻王南村于去年九月病亡》诗云：“一自掩山扉，山深断消息。……但有旧音书，那觅新闻问。”[②] 明清小说作品中也有类似的表达。《醒世恒言·郝大卿遗恨鸳鸯丝》载：“必定是我菴中有人走漏消息，这奴狗方才去报新闻。”[③] 可见，明清时期，人们对于新闻的认识高度自觉，“新闻”含义已经接近于今天的新闻含义。

---

① 曹之．中国古籍编撰史［M］．武汉：武汉大学出版社，1999：288.

② 永瑢．四库全书·集部·别集类·清代·因园集：第13卷［M/CD］．上海：上海人民出版社、迪志文化出版有限公司，1999.

③ 冯梦龙．醒世恒言［M］．顾学颉，校注．北京：人民文学出版社，1956：293.

结 语

概言之，通过对“新闻”一语的历时考察，基本可以得出如下结论：“新闻”一词诞生于魏晋南北朝时期；经过唐代的酝酿，萌生出第一层内涵——新近听到或发现之义；宋代以后，随着新闻意识的产生，创生出具有近代意义的第二层内涵——消息、信息，开始了古代新闻的自觉时代；明清以后，“新闻”一词基本上抛弃了原初内涵而逐步迈向具有真正新闻学意义的历史新阶段。

（本文首发于《国际新闻界》，2009年第9期。）

三、汉代无邸报乎？

——兼与黄春平先生商榷

近年来，黄春平先生发表了几篇关于汉代邸报问题的论文，经过研究，他得出结论：汉代无邸报。自戈公振以来这宗近百年的新闻史学悬案，似乎一朝得以解决。

但是，仔细研读黄先生的论文，结合查阅相关的文献史料，笔者认为：汉代是否存在邸报，仍然不能盖棺定论。因为，在黄春平先生诸多的考证材料中，最为重要的一则史料论证，值得怀疑。那就是：他认为南宋徐天麟《西汉会要》中的“注释”不是唐人颜师古所记载，而是徐氏自己主观添加上去的。下面笔者结合考证材料，略谈浅见，以就教于方家及黄春平博士。

汉代有无邸报诸说

（一）汉代有邸报说

提出汉代有邸报的是20世纪20年代著名新闻史学家戈公振。他在被称为中国新闻史学“开山”之作的《中国报学史》中，有“汉有‘邸报’乎”[①] 一节。

他的主要证据有四个。其一，汉代诸侯设邸于都城。其二，汉邸的功能有“通奏报，待朝宿”。其三，汉代定邮驿制度，信息交通有充分

---

① 戈公振．中国报学史［M］．北京：中国新闻出版社，1985：22.

的物质保障。其四，有“燕王告霍光谋反”的例证。[①]

后来，中国台湾学者赖光临、曾虚白都遵从此说。曾虚白就“确认汉代已有‘邸报’”[②]，他在《中国新闻史》中称：“至汉武帝在位时（前140—前87年），因为武帝之武功鼎盛，工商繁荣，文化发达，各藩王与汉武帝之间关系密切，对于京师的政治情报，必定有殷切的需要，而邸报自然应运而产生。”[③]

国外学者也赞同此说，日本学者楚人冠曾断定：中国古代的邸报始于汉代。他还说：“由汉朝以迄清季，初为诸侯所阅，继而民间亦阅。若从汉朝起，距今已有三千年，亦为世界最古老之新闻纸。”[④] 美国新闻学者白瑞华也有附会发挥：“传统上，新闻信总称邸报。在以后的几个世纪里，邸报等同于帝都报道或者都市报纸。但是，汉朝和唐朝，邸是省级大臣出差到京或者常驻京城的代理人的寓所或下榻之地。传统来讲，邸报因在这些地方传抄、编辑和发行新闻信而得名。”[⑤] 以上都是继戈公振之后，主张汉代邸报说的代表性人物和观点。

另外，当代大陆学者张涛先生在前人研究的基础上，利用近代以来的考古文献——汉简，进一步提出汉代存在“木简报”和“府报”[⑥] 的观点，是汉代有邸报说的新提法，令人耳目一新。当然，与其相反，主张汉代无邸报的，也大有人在。

（二）汉代无邸报说

当代学者黄卓明、方汉奇、姚福申等则持否定的观点。他们认为汉代存在邸报的可能性不大。汉邸的存在，不等于说汉代就有邸报的存在，

---

① 戈公振．中国报学史［M］．北京：中国新闻出版社，1985：22，

② 曾虚白．中国新闻史［M］．台北：国立政治大学新闻研究所，1982：64.

③ 曾虚白．中国新闻史［M］．台北：国立政治大学新闻研究所，1982：66.

④ 方汉奇．中国新闻事业通史：第1卷［M］．北京：中国人民大学出版社，1982：29.

⑤ 白瑞华．中国报纸（1800－1912）［M］．广州：暨南大学出版社，2011：10.

⑥ 张涛．论西汉的“木简报”［J］．新闻与传播研究．2001（2）：67－71＋96.

汉邸的功能主要是用于接待政府官员的，基本不具备通信息之功用。“汉朝虽然具备产生报纸的一定的客观条件，史传中也多次提到邸，但是还不曾有过关于‘邸报自然应运而生’的记载。现存的汉朝文献资料中，也没有看到‘邸报’字样。”[①] 因此，“还不能肯定汉代已有邸报”[②]。

汉代有无邸报，其中的关键点是汉邸有没有“通奏报”的功能。在主张汉代无邸报的学人中，黄春平先生的研究最具代表性，[③] 也代表“否定说”的最新成果。他从前、后《汉书》中列举了诸多的材料，对汉代邸报的有无进行了较为深入的探究。认为“汉代邸的主要功能是用来待朝宿”，不具有“通奏报”的功能，从而彻底否定了汉代有邸报说的前提和基础。

黄春平的主要根据有以下几点：其一，他认为戈公振所引的《西汉会要》中的材料是一则伪材料。其二，他通过对两汉书及汉代相关文献辨析得出：汉代的邸不具备通奏报的职能。其三，他从反面列举几例，反证汉代根本不存在邸报。最后，他得出结论：汉代传播朝政信息的媒介是“新闻信”，而不是邸报。

在黄春平提供的诸多论证中，其中最为重要而又富有个人独到见解的是他对徐天麟《西汉会要》“注释”的理解。如果真的如黄先生所言，此“注释”是一则伪材料的话，那么，戈公振的“汉代邸报说”乃至整个“肯定说”就会失去根基。

真如黄先生所言吗？笔者以为，问题并没有那么简单。黄春平先生认为：汉邸“通奏报”的功能是南宋徐天麟的主观发挥。这一推断值得怀疑。

---

① 方汉奇．中国新闻事业通史：第1卷［M］．北京：中国人民大学出版社，1992：33.

② 黄卓明．中国古代报纸探源［M］．北京：人民日报出版社，1983：11.

③ 黄春平．汉代邸报考．［J］．新闻与传播研究，2008（2）：25－34. 黄春平．汉代邸报问题辨析［J］．中国社会科学院研究生院学报．2009（4）：112－119.

“通奏报，待朝宿”的注释真伪辨析

黄春平认为：汉代的邸只有“待朝宿”的功能，而不具有“通奏报”的功能，汉邸的“通奏报”功能是南宋人徐天麟附会引申发挥的。果真如此吗？

先看《西汉会要·邸》的原文：

> 大鸿胪属官有郡邸长丞。师古曰：主诸郡之邸在京师者也。按郡国皆有邸，所以通奏报，待朝宿也。初，置郡国邸属少府，中属中尉，后属大鸿胪。①

黄先生认为这段文字中注释部分，即“按语”部分，不是出自唐代史学大家颜师古之手，而是出于南宋人徐天麟之手，“是徐天麟根据颜‘主诸郡之邸在京师者也’的解而作的发挥和引申”。“徐天麟在阐释颜注时可能受到了他本人生活时代的影响而想当然地推测汉代的邸与唐宋时期的一样具备通奏报的功能。”“徐注很可能是根据唐宋时期的邸制情况而对颜注作了发挥与推测，这种可能性很大。如此，‘通奏报’之说乃是宋人对汉邸功能的一种推测，根本不能成立。”②

关于《西汉会要·邸》这段话的注释，基本有两种理解：

其一，全部是唐代史学家颜师古的注释。如原文中非常明确地指出“师古曰”，意思是下面所述都是颜师古的解释，即都是颜师古的观点。也就是说，除了原文第一句，注释包括按语部分都是颜师古所作。这是在黄春平先生之前，学者们少有怀疑的理解。这种理解，黄先生显然是

---

① 永瑢．四库全书·史部·政书类·通制之属·西汉会要：第66卷［M/CD］．上海：上海人民出版社、迪志文化出版有限公司，1999.

② 黄春平．汉代邸报考［J］．新闻与传播研究，2008（2）：27.

不同意的。

其二，另外一种解读。注释的“主诸侯之邸在京师者也”是颜师古的注解，后面的按语部分则不是颜师古所写，而是徐天麟增加的。从黄先生在后文中列举的几例“师古曰”的例子，就可以知道，他是这样解读的。

那么，问题出来了，到底后文的按语部分是唐人颜师古说的呢？还是南宋人徐天麟发挥引申的呢？这是问题的关键所在，也是黄春平先生驳论能否成立的关键。如果能够证明“通奏报，待朝宿”并非徐天麟的发挥，而是原文就有，或者说是唐人颜师古的原注，那么，黄文的观点就不能成立，汉代无邸报的观点也就不能成为定论。换言之，戈公振的观点就没有被驳倒，汉代邸报说就仍然是个悬案。

笔者就新近发现的一些旁证材料，试图为徐天麟辩护，从而间接支持一下戈公振的汉代邸报说。

“通奏报，待朝宿”一语，并非徐天麟发明，也为其他学者所载录

南宋徐氏一族为史学世家，徐天麟的父亲徐梦莘（1126—1207 年）是当时著名的史学大家。他幼小聪慧，耽嗜经史，下至稗官小说，寓目成诵，著有《三朝北盟会编》二百五十卷。徐梦莘之弟徐得之，也是知名的史学家，著有《左氏国纪》《史记年纪》《具敞箧笔略》《鼓吹词》《郴江志》等作品。

徐天麟为徐梦莘次子（亦说是徐得之之子），生卒年不详，开禧元年（1205 年）进士，著有《西汉会要》《东汉会要》《汉兵本末》《西汉地理疏》《山经》等作品。

徐天麟是一位严谨的史学名家，他不仅秉承家学渊源，而且自己也有多部史学名著存世。从上文著述来看，徐天麟于两汉文史，情有独钟，可谓两汉史学大家。《两汉会要》（包括《西汉会要》《东汉会要》）

是其最有代表性的经典巨著。作为严谨的史学家，如果没有根据的话，是不会随意发挥的。徐天麟主要生活在南宋光宗、宁宗朝。他于南宋宁宗开禧元年（1205 年）高中进士。《西汉会要》成于嘉定四年（1211 年），当时徐天麟在抚州教授任上，宋本有徐天麟进书表，表末署嘉定四年九月十一。该书刊于嘉定乙亥，即嘉定八年（1215 年）。

据笔者考察，“郡国皆有邸，所以通奏报，待朝宿也”这句话，除了徐天麟的《西汉会要》记载之外，在徐氏同时或之前，至少有两位史学大家的著作中都有类似的著录。

（一）宋人王应麟（1223—1296 年）《玉海》载有“通奏报，待朝宿”之语

南宋著名史学家王应麟，在其《玉海·汉郡国邸》中，有如下记载：

> 黄香传。元和中，千乘王冠，帝会中山邸。诏香殿下谓诸侯王曰：此天下无双，江夏黄童也。何进传。引兵入屯百郡邸。陆机《洛阳记》：百郡邸在洛城中东城下步广里。所以通奏报，待朝宿。①

王应麟是南宋著名史学家、文献学家。他与徐天麟生活年代，几乎同时。王应麟一生治学严谨，言必有据，著述等身。《玉海》是一部规模宏大的类书，保存了大量前代史料文献，具有很高的历史文献价值。该著作也保留有“汉邸”功能的论述。这段话中，有几点值得注意：

其一，表述用语的一致性。王应麟关于汉邸功能的表述与徐天麟《西汉会要》中的表述几乎一模一样。为什么两位处于不同学术境遇的史学家，用语会如此一致？只有一种解释，那就是，他们的用语肯定都

---

① 永瑢．四库全书·子部·类书类·玉海：第 172 卷［M/CD］．上海：上海人民出版社、迪志文化出版有限公司，1999.

是有所本，有共同的史料依据，很可能就是按照颜师古的解释转抄而来的，否则不会如此相同。

其二，“郡国邸”在汉代京师大量存在。到东汉时期，“郡国邸”的数量多达一百处，号为“百郡邸”。数量之多说明当时邸的功能之重要和邸务之发达。

其三，汉代郡国邸似乎多集中于一处。东汉时期，京师“洛阳城中东城下步广里”为郡国邸的集中之地。魏晋南朝时期，陆机《洛阳记》中有明确记载。或出于管理方便，或出于历史沿革等原因，郡国邸多集中一处。

其四，还有一种情况需要分析。对于“这则史料”，王、徐二人会不会相互转抄，或者说，是徐天麟发明了此说，然后王应麟抄袭了徐天麟的说法。这种情况有无可能呢？

从两人的生卒年代来看，王、徐二位几乎生活在同一时代。虽然徐天麟的生卒年不详，但是他的父亲徐梦莘生活在1126—1207年之间，而已知徐天麟是1205年高中进士的，因此，大致可以判定，王、徐二人属于同时代的史学家，王应麟稍长。要知道，当时的信息传播条件远不像今天，学术信息的传播与交流是非常缓慢的，因此，相互转抄的可能性不大。如果说有转抄的话，我们宁愿相信他们都抄自唐代史学家颜师古的原始记载。同时，就“通奏报，待朝宿”的语句来看，对仗工整，表达严谨，似乎也不大像是随意发挥而来的。

另外，王应麟在《玉海·邸驿》中，有一段话很值得玩味：

> 郡国朝宿之舍，在京者谓之邸。邮骑传递之馆，在四方者谓之驿。[①]

他对邸和驿的解释非常简洁明了：邸与驿有着相似的功能。他把邸

---

① 永瑢．四库全书·子部·类书类·玉海：第172卷［M/CD］．上海：上海人民出版社、迪志文化出版有限公司，1999.

和驿的功能进行互文对举：邸是郡国在京师的朝宿之所，而驿是在全国各地的邮骑传递之所。换言之，邸是京师之驿，驿是四方之邸。若这种理解不错的话，那么，邸的通奏报的功能就十分明显了。因为，我们知道，邮驿是全国范围内传递信息情报的机构。可见，王应麟也是认为汉邸具有“通奏报，待朝宿”的功能的。

（二）宋人吕祖谦（1137—1181 年）关于“通奏报，待朝宿”的记载

无独有偶，宋人吕祖谦也有汉邸功能的记载，其著的《大事记·大事记解题》中有载：

> 召河东守季布至邸，罢归郡。解题曰：郡国皆有邸，所以通奏报，待朝宿也。旧臣于季布皆不能尽其用，文帝之度不弘矣。①

上文所记是关于河东郡守季布应诏入京邸，结束后回到河东郡之事。吕祖谦解题说：郡国皆有邸，所以通奏报，待朝宿也。吕祖谦明确指出“汉邸”具有“通奏报，待朝宿”的功能。与王应麟、徐天麟所说也几乎一样。

《大事记·大事记解题》是吕祖谦利用汉代的《史记》《汉书》《汉纪》等文献资料，为汉代重要事件所作的一部编年史，其史料性、纪实性很强，是一部严谨的历史学著作。这样一部史学巨著，它参阅颜师古的“汉书注”是毋庸置疑的。

这则材料主要来源于《汉书·列传》和荀悦的《前汉纪》部分。荀悦在汉献帝时任秘书监侍中。“（汉）献帝好典籍，以班固汉书，文繁难生，乃令悦依左氏传体，为《汉纪》三十篇。”② 可见《汉纪》也主要

---

① 永瑢．四库全书·史部·编年类·大事记：第 10 卷［CD］．上海：上海人民出版社、迪志文化出版有限公司，1999.

② 永瑢．四库全书·史部·编年类·前汉纪·提要［M/CD］．上海：上海人民出版社、迪志文化出版有限公司，1999.

是根据《汉书》而来的。这段文字表明，吕祖谦也认为汉邸具有“通奏报，待朝宿”的功能。载录文字与王应麟、徐天麟的基本一样，说明吕祖谦此说也是有所依据的，不大可能是随意发挥的。吕祖谦在撰写《大事记·大事记解题》过程中可能将《史记》《汉书》作为案头之作，更可能将颜师古的“汉书注”奉为圭臬。因此，“郡国皆有邸，所以通奏报，待朝宿也”这句话，极有可能是从颜注《汉书》上直接摘抄下来的。

吕祖谦的记录有无可能是转抄徐、王二人的呢？

或许有人会问，会不会是徐天麟发明了这句话，被吕祖谦抄袭去了呢？这个问题很有意思。我们知道，吕祖谦是南宋著名学者，他生活在南宋开国的高宗、孝宗两朝，英年早逝，仅活了 44 岁。比较吕、徐的生活年代可知，在吕祖谦死后 30 余年之后，徐天麟才中进士，显然吕祖谦要比徐天麟年长得多。

《四库全书总目》称：“《西汉会要》七十卷，……凡分十有五门，共三百六十七事。嘉定四年（1211 年），具表进之于朝。”[①] 也就是说，在吕祖谦死后 30 多年，《西汉会要》才书成。由此可知，吕祖谦的《大事记·大事记解题》要比徐天麟的《西汉会要》成书至少要早 30 多年，即吕祖谦所言汉邸具有“通奏报，待朝宿”的功能，要比徐天麟所说早了至少 30 多年。

因此，可以肯定地说：吕著要早于徐著，不可能出现前人抄袭后人的现象，也就不可能存在吕祖谦抄袭徐天麟之说。

徐天麟、王应麟二人，因年龄相当，生活于同一时代，或许存在徐天麟发明此说，然后，王应麟未经考订直接抄袭徐天麟的可能性。吕祖谦的著作是在《西汉会要》出现之前几十年，就已经成书。因此，吕氏

① 永瑢．四库全书总目［M］．北京：中华书局，1965：695.

的著述绝对不可能抄袭徐天麟的说法。这是一则重要的旁证，能有效证明汉邸“通奏报，待朝宿”的功能不是徐天麟的发明，而极有可能吕、徐、王三人之说，都是源于唐人颜师古的记载。

由此可见，黄春平先生仅凭徐天麟生活在南宋时代就臆测他随意窜改历史文献，实际上可能是冤枉了他。如果说这则材料是一人所说，还带有很大的偶然性，现在是三人异口同声，恐怕就只能说明他们都是有所本、有所根据的。

当然，黄先生关于汉代无邸报的判断，还有其他一些论证，笔者希望另文讨论。笔者仅就他的这一至为关键的论证，作一点辨析，提供一些旁证材料，意在与黄先生商榷。

结　论

综上所述，似可以得出如下结论：

其一，汉邸的“通奏报，待朝宿”功能，有可能是唐代史学家颜师古的原注，而不会是徐天麟的异想天开，或主观臆造。如果要说是徐氏的随意引申和发挥，那么，宋代三位学者，异时、异口而同词，那是非常奇怪的事。

宋代，不同时期的三位学者都提到汉邸具有“通奏报，待朝宿”功能，只能理解为，他们都是援引颜师古的“汉书注”的原文或其他可靠文献。尤其是在徐天麟《西汉会要》成书30多年前就已经去世的吕祖谦，他的《大事记·大事记解题》中记录汉邸有“通奏报，待朝宿”的功能，极具说服力。吕祖谦的载录不仅能证明徐天麟没有主观臆造，而且能够间接说明宋代三位史学家的资料来源都是有所本，极有可能就是源于颜师古的“汉书注”。

其二，黄春平推测《西汉会要》注释是徐天麟的“引申和发挥”，这个推测不能成立。他的推测很大可能是冤枉了古人。

其三，由于黄先生的推测不能成立，其对戈公振的批驳也就缺乏力度和可信度。汉邸不具有通奏报功能、汉代无邸报的判断，也就很难成立。

鉴于此，笔者认为：关于汉代的邸报问题，仍是一宗悬案，还值得继续讨论研究，通过推测“通奏报”是南宋徐天麟的主观臆造就得出汉代无邸报的结论，显然为时尚早。

四、唐代士人行卷：一种基于5W理论的传播学解析

士人传播是华夏传播的重要内容。[①] 在中国古代，随着“士人”主体形象的不断演变，历史上各个不同时期，士人传播表现出各自不同的特点。[②] 隋唐以降，随着科举制度的创生，一个新兴的士人群体——进士阶层开始出现，[③] 一种全新的传播方式——士人行卷，蔚然兴起。士人行卷成为整个唐代极富特色的人际传播现象。

所谓士人行卷，又称“投献”“执贽”“投贽”或“贽谒”，是指“应试的举子将自己的文学创作加以编辑，写成卷轴，在考试以前送呈当时在社会上、政治上和文坛上有地位的人，请求他们向主司即主持考试的礼部侍郎推荐，从而增加自己及第的希望的一种手段”[④]。按照鲁迅先生的解释，士人行卷“就是举子初到京，先把自己得意的诗抄成卷

---

① 中国有着悠久的“士”的传统。余英时先生认为，这个传统从孔子算起至少已延续两千五百多年。（余英时．士与中国文化［M］．上海：上海人民出版社，1987，自序．）有士人就有士人间的人际传播活动。徐培汀、裘正义先生认为，在封建社会除了官方传播和民间传播以外，还有十分重要的士大夫阶层的传播活动。（徐培汀，裘正义．中国新闻传播学说史［M］．重庆：重庆出版社，1994：50.）

② 李彬先生将其归纳为先秦策士——秦汉儒士——魏晋名士——隋唐进士——明清绅士等形象主体，颇有见地。（李彬．唐代文明与新闻传播［M］．北京：新华出版社，1999：206.）士人传播的主体精神也因时代而变化。从先秦策士的处议纵横，到秦汉儒士的授业传经，再到魏晋名士间玄谈清议的人际传播，士人间的文化信息传播活动就一刻未停。

③ 本文所谓的“士人”是就确指层面而言的，具体包括三类：已科举及第的进士；获得应试资格的乡贡举人和两监生徒；积极准备参加进士科考试的一般读书人。（分见：李彬．唐代文明与新闻传播［M］．北京：新华出版社，1999：221. 徐松．登科记考：凡例［M］．北京：中华书局，1984：4.）关于唐代士人传播的整体风貌，李彬先生在其博士论文《唐代文明与新闻传播》中有过全面系统阐述，惜对有唐一代士人间广泛而极富特色的“行卷传播”现象用墨极少。笔者不揣浅陋，撰成此文，向李教授及方家请教。

④ 程千帆．唐代进士行卷与文学［M］．上海：上海古籍出版社，1980：3.

子，拿去拜谒当时的名人”①。这是一种典型的人际传播行为。

在唐代，士人传播、官方传播与民间传播三者共同筑起人际传播的大厦主体。而士人行卷又是士人传播的重要内容，它不仅大量存在于唐代士人的日常交往之中，更为有唐一代所特有。士人行卷传播对于唐代政治结构的调整和文学的繁荣都起到过重要作用。笔者试图运用传播学大师拉斯韦尔的5W理论，从5W的传播过程角度，透析这一文化现象。这是运用西方现代传播理论微观解读中国古代文化现象的初次尝试，以期对传播学研究的中国化进程有所助益。

士人行卷传播的文化背景

唐代士人的行卷传播是在特定的社会历史环境下产生的，主要有以下三个方面的文化背景：

（一）开科取士是催生士人阶层的文化土壤

科举制度首创于隋代大业年间。唐朝沿袭隋制，于唐高祖武德五年（622年）开科取士，但每年招收人数很少，并未形成风气。武则天统治时期，社会相对稳定，世风渐转，弃武尚文，参加科举考试的士人日渐增多起来。唐玄宗朝，科举入仕已成风气，社会上的才智之士，趋之若鹜，后来，甚至到了“士有不由文学而进，谈者所耻”的程度。“科举制下的士人是社会中最活跃的部分。”② 士人竞相仿效，以此为荣，由此催生出一个重要的社会阶层——进士阶层。进士群体的出现，就为士人行卷传播活动提供了行动主体。

（二）唐代科举名目繁多，行卷传播活动多发生在进士科

① 鲁迅．中国小说的历史变迁［M］//鲁迅全集：第9卷．北京：人民文学出版社，1981：314.

② 李彬．唐代文明与新闻传播［M］．北京：新华出版社，1999：206.

唐代科举的主科分为制科和常科两大类。

制科以选拔特别人才为目的，如吏职清白、文擅词场、精通经史、武艺超绝等，考试名目众多，内容和形式各不相同。据清人徐松的《登科记考》记载："唐制举之名多至八十有六，凡七十六科。"① 而且，每年或设或否也不固定，应试的举子很难准备考试的内容，因此，大多数士人应试科举多不以制科为主要目标。

常科是一种固定的考试形式。考试时间固定，考试内容也相对固定。常科又以进士和明经两科为主，这两科是唐代士人应试的主要科目。明经科虽与进士科并列，然而两者在社会上地位之高下、及第之难易程度，却大不相同。正如五代人王定保所云：

> 进士科始于隋大业中，盛于贞观、永徽之际；缙绅虽位极人臣，不由进士者，终不为美，以至岁贡常不减八九百人。其推重谓之"白衣公卿"，又曰"一品白衫"；其艰难谓之"三十老明经，五十少进士"。②

进士科的举子们备受世人推崇，世人认为进士们将来可以位极人臣，官居一品。而明经科的举子则不被重视，无人寄予厚望。"三十老明经，五十少进士。"三十岁明经及第，已算是老明经了，而五十岁中进士，却还是少进士。可见，这两科在唐人心目中的地位相差何其远。为什么士人行卷传播活动只与进士科有关，除社会风气使然外，另有直接原因：

其一，明经科招生人数较多，报考人数相对较少，而且，考试内容比较简单，容易考中。徐松《登科记考》凡例称："明经每岁及第将二

---

① 徐松．登科记考：凡例［M］．北京：中华书局，1984：6.

② 王定保．唐摭言：第1卷［M］//唐五代笔记小说大观．上海：上海古籍出版社，2000：1578－1579.

百人，其数倍蓰于进士。”[①] 招生人数多，竞争自然不那么激烈，因此，就不需要紧张的闱外活动。从考试内容上看，明经科以帖经为主，儒家经典的熟悉与否是及第的关键，而儒经的熟悉程度是无法通过行卷传播方式来体现的，只需闭门苦读儒家经典，就可能中第。

其二，进士科则完全不同，此科招生人数较少，考试难度较大。每年考中的少则几人，多不过三十人上下。[②] 尽管如此，由于社会重视，进士科仍是士人应试的热门首选，每年参加考试的举子少则千人，多至两三千人。这就势必形成激烈的竞争态势。“开元以后，四海晏清，士耻不以文章达。其应诏而举者，多则二千，少不减千人，所收百才有一。”[③] 士人们为了尽快中第，于是，闱外的行卷传播活动不可避免。

同时，进士科考试有一项重要内容是考“杂文”。《登科记考》卷二载：

> 进士试杂文两首。按杂文两首，谓箴铭论表之类。开元间始以赋居其一，或以诗居其一，亦有全用诗赋者，非定制也。杂文之专用诗赋，当在天宝之季。[④]

尽管唐代进士科考试的“杂文”，具体内容在不断变化，但有一点是肯定的，那就是以文词的优劣来决定举子的去取。中晚唐以后，发展到完全以考文词为主，进士科因而又被称为词科。及第的关键不是死背儒家经书，而要看你的文学才华。“进士者时共贵之，主司褒贬，实在诗赋，务求巧丽，以此为贤，不唯无益于用，实亦妨其正习；不唯挠其

---

① 徐松．登科记考：凡例［M］．北京：中华书局，1984：4.

② 徐松．登科记考：点校说明［M］．北京：中华书局，1984：1.

③ 马端临．文献通考：第29卷·选举考二［M］．北京：中华书局，1986：357.

④ 徐松．登科记考［M］．北京：中华书局，1984：70.

淳和，实又长其佻思。”[①] 然而，文学才华往往又非一两次考试能够表现出来，想在考场上短时间内发挥创作才华，毕竟困难，于是，大批应试举子开始走行卷传播的捷径。在考试前他们将精心备好的“杂文”传播给“当世显人”或与主考关系密切的“通榜者”，以求延誉，由此，形成唐代的士人行卷传播之风气。

（三）唐代贡举的“不糊名”制使行卷传播活动具备了客观的可能性

试卷不糊名是唐代科举考试的一大特点。所谓不糊名制，是指应试举子的考卷上，考生姓名公开化，直接面对主考官。其实，唐初科考是糊名的，到武则天朝才实行不糊名制。《新唐书·选举志》记载：“初，试选人皆糊名，令学士考判，武后以为非委任之方，罢之。”[②] 因此，主考官在判卷时，就可以根据考前士人的行卷情况，对照考生的姓名主观决定去取，分出名次。不糊名制是行卷传播蔚然成风的客观条件。

显然，这种不糊名制度弊端很大，导致晚唐五代科举的不正之风。北宋初年，科举改革，又实行糊名制，后来进一步实行“誊录制”，[③] 即对举子们的试卷，主考部门派专人弥封、誊抄，然后，交给主考官判卷。考卷上的姓名既被糊没，笔迹又因重新誊录而无从辨别，士人行卷传播已失去意义。因而，宋代以后，行卷传播风气也就随之消弭。

弄清了唐代士人行卷传播的文化背景、生成机制和客观条件之后，下面我们根据拉斯韦尔的5W理论，即传者、讯息（内容）、媒介、受

---

① 杜佑．通典·选举典·选举五［M/OL］．http：//www.xiangyata.net.2004（版本：1.0）．

② 宋祁，等．新唐书·选举志［M］．北京：中华书局，1975：1180.

③ 参见范镇《东斋记事》卷三：“初，举人居乡，必以文卷投贽先进，自糊名后，其礼寝衰。”王栐《燕翼诒谋录》卷五说得更清楚：“真宗时，试进士初用糊名法，以革容私之弊。”吴自牧《梦粱录》“诸州府得解士人赴省闱”条载：“朝廷差知贡举、监试、主文考试等官，并差监大中门官诸司、弥封、誊录等官。”足见，到了南宋时期，考试制度已相当完善，考试舞弊行为受到严格控制。

众和效果五个环节，来系统考察一下唐代士人行卷传播的具体过程，以期对这一现象作一个全新的传播学解析。

士人行卷传播的传者

根据拉斯韦尔的传播过程理论，任何一种传播活动都有信源的发出者，即传者，行卷传播也不例外。从事行卷传播的传者主要有以下几类士人：

（一）应进士科的举子——乡贡进士和两监生徒

这是唐代士人行卷传播的传者主体。《登科记考》称："其应举者，乡贡进士例于十月二十五日集户部，生徒亦以十月送尚书省，正月乃就礼部试。试三场，先杂文，次帖经，次答策。每一场已，即榜去留，通于二月放榜，四月送吏部。"① 唐代应进士科的士人由全国各地推荐来的乡贡进士和两监生徒组成。换言之，并非人人都有资格参加京试——礼部试必须经过层层考试，层层选拔。应进士科的举子往往是"自乡升县，县升州，州升府，皆历试行艺，秋会贡于文昌，咸达帝廷，以光王国"②。

那么，整个唐代究竟有多少举子参加过进士科考试，这是我们搞清行卷传播传者人数的关键。《新唐书·选举志》记载："方其盛时，著于令者纳课品子万人，诸馆及州县学六万三千七十人，太史历生三十六人……三护监门直长三万九千四百六十二人。"③ 加起来总计有十万人之众。这可以从一个侧面帮助我们了解唐代参加科举考试的主体人数。

---

① 徐松．登科记考：凡例［M］．北京：中华书局，1984：3.
② 徐松．登科记考：登科记叙［M］．北京：中华书局，1984：3.
③ 宋祁，等．新唐书·选举志［M］．北京：中华书局，1975：1180.

其中，应进士科的考生是唐代士人行卷的传者主体。这些应进士科的士人中，登龙门、取功名的毕竟是少数，绝大多数人最终仍滞留乡里。尽管如此，科举考试毕竟是寒族士人跻身上流社会的重要途径甚至是唯一途径，一旦考中，则“位极人臣，常十有二三，登显列十有六七”①，其魅力之大，令人神往。少数人的成功吸引了大批身处乡野的读书人投身其中。不难想象，“埋头苦读而准备参加各种预选以争取应试资格的士人，则多得难以全面统计了”②。普通士人们在层层选拔的过程中，为求尽快获得京试资格，也模仿进士考试，向各级考官、社会贤达实施行卷传播，他们形成了唐代士人行卷传播传者的庞大基础，可惜今天我们已无从确考其人数。

（二）部分及第后的进士，成为行卷传播的另一类传者

我们知道，行卷传播的目的是为了争第。士人考中了进士，本可以停止“行卷”，但是由于世风已成，社会名流多重才学之士，一些已中进士的士人，仍然再以诗文呈献给朝中显要，以求得适当官位。“有的士人在成名之后也往往把诗文投献给权贵之门，或邀名誉，或希结托。”③ 韩愈在中进士后，仍然多次“行卷”，扮演着传者的角色。当然，韩愈及第后的行卷传播不一定是为了结权贵之门，而多半是为了传播自己的政治思想，弘扬文学。

（三）一些考进士无望的士人，为了经济利益，也充当过传者

进士科竞争激烈，考中的毕竟是少数，一些士人明知考进士无望，也照样行卷传播，他们的目的干脆就为了打秋风（敛财）。有不少举子行卷的目的只是为了在经济上获得社会名人的资助，如《幽闲鼓吹》记载：

---

① 李肇．唐国史补［M］//唐五代笔记小说大观．上海：上海古籍出版社，2000：193.

② 李彬．唐代文明与新闻传播［M］．北京：新华出版社，1999：222.

③ 孙旭培．华夏传播论［M］．北京：人民出版社，1997：212.

> 丞相牛公应举，知于頔相之奇俊也，特诣襄阳求知。住数月两见，以海客遇之，牛公怒而去。去后忽召客将问曰："累日前有牛秀才，发未?"曰："已去。""何以赠之?"曰："与之五百。""受之乎?"曰："掷之于庭而去。"于公大恨，谓宾佐曰："某盖事繁有阙违者。"立命小将赉绢五百，书一函，追之，曰："未出界即领来，如已出界即送书信。"小将于界外追及，牛公不启封，揖回。[①]

唐人牛僧孺曾行卷给宰相于頔，被于頔视为一般的敛财者，牛僧孺非常愤怒，最后拂袖而去，一时传为美谈。反过来，正说明一些被视为"海客"的举子们，只要"五百文"也就可以打发了的现实。此类传者，虽不乏其人，但毕竟已沦为传者的末流。

士人行卷传播的具体内容

唐代士人行卷传播的信息内容十分丰富，总体来看多属文学作品，即所谓的"杂文"。其中，尤以诗歌、散文（古文）、唐传奇为主体。

（一）诗歌

唐代士人以诗歌作为传播内容最为普遍。唐朝是诗的朝代，仅《全唐诗》和《全唐诗补编》，就存诗 54 000 余首，作者 3 300 多人。然而，有唐一代，究竟有多少诗歌曾是行卷传播背景下的作品，有多少诗人参加过行卷传播活动，已难以细考。南宋人赵彦卫说："进士则多以诗为贽，今有唐诗数百种行于世者是也。"[②] 可见，在南宋时期，仍有大量唐人"行卷诗集"存于世，只是现在分辨唐代诗歌中，哪些是行卷诗歌，哪些不是，已很困难。

---

① 张固．幽闲鼓吹［M］//唐五代笔记小说大观．上海：上海古籍出版社，2000：1454.

② 赵彦卫．云麓漫钞［M］．沈阳：辽宁教育出版社，1998：83.

宋代文学家王安石曾编过一本《唐百家诗选》，尽管围绕此书的编辑过程、去取宗旨曾发生过不少争论，但它却是现存规模最大的唐代士人行卷传播诗集，由此可窥见唐代士人行卷诗歌的整体风貌。

据程千帆先生考证，《唐百家诗选》共收唐诗人 104 位，其中“绝大多数是与进士词科有关的人物。他们的诗，必然有一些是专门为了行卷而写的，还有许多则是通过行卷这种特殊风尚才流传开来的”①。同时，根据王安石与宋代藏书家宋敏求的亲密关系，程先生进一步得出宋敏求所藏诗“多数是唐人的行卷”② 的结论。其中，脍炙人口、传诵至今的优秀诗歌，如崔颢的《黄鹤楼》，王昌龄的《长信怨》《出塞》，张继的《枫桥夜泊》，李贺的《雁门太守行》，都是行卷传播的杰作。可见，用诗歌来行卷是举子们最为频繁的一种人际传播方式。

（二）散文

散文（古文）是士人行卷传播的又一重要内容。唐代进士科考试，除考“杂文”外，还考“时文”（甲赋、律诗）。由于时文写作受各种程式限制，举子们很难发挥才能，为了展示文学才华，举子们就得用散文作品来行卷传播。唐代不少古文家正是以时文应试、散文行卷双管齐下的方式来实现进士及第的。著名的唐人文集，如皮日休的《文薮》、罗隐的《谗书》，都曾到处行卷传播过。由于《谗书》的内容“几乎全部是抗争和愤激之谈”③，虽到处传播，但并没有被当时的人看重。

用散文进行行卷传播影响最大的还是古文运动的倡导者韩愈及其追随者。在韩愈前后活跃着一个以古文为内容、相互传播延誉的文人群体，如柳宗元、李观、欧阳詹、张籍、李翱、李汉、皇甫湜、沈亚之、孙樵等，他们都以古文进行过行卷传播活动。韩愈应进士科的时候，进

① 程千帆．唐代进士行卷与文学［M］．上海：上海古籍出版社，1980：62－64.
② 程千帆．唐代进士行卷与文学［M］．上海：上海古籍出版社，1980：62－64.
③ 鲁迅．南腔北调集［M］//鲁迅全集：第 4 卷．北京：人民文学出版社，1981：575.

行过大量的行卷传播活动。

《旧唐书·韩愈传》载：洎举进士，投文于公卿间，故相郑馀庆颇为之延誉，由是知名于时。韩愈登第为官后，声誉日高，逐渐成为文坛泰斗，他又主动接纳、热情鼓励后学进行行卷传播活动。《唐国史补》载：韩愈引致后进，为求科第，多有投书请益者，时人谓之“韩门弟子”。甚至为了推举举子牛僧孺，他和皇甫湜还进行过一次成功的传播策划，一时传为美谈，使得“僧孺之名大振天下”。中唐古文运动的中坚人物多是进士出身，他们视韩愈为楷模，登第前经常以古文进行传播活动，及第后又广泛接纳后学传播古文，彼此相互促进，相互影响，从而形成中国古代散文的又一个高峰。

（三）唐传奇

中唐以后，传奇小说成为士人行卷传播的新鲜内容。用诗歌、散文来传播，日益广泛，受者已觉得不新鲜，士子们为求新颖刺激，博得传播对象的好感以便留下深刻印象，尽快高中进士，开始创作新的传播内容——唐传奇应运而生。鲁迅先生对此有过精辟论述：“诗文既滥，人不欲观，有的就用传奇文，来希图一新耳目，获得特效了，于是那时的传奇文，也就和‘敲门砖’很有关系。”[①] 鲁迅认为中晚唐以后，人们以传奇来传播的直接原因是诗文太滥，受众觉得没有新鲜感。为求一新耳目，举子们创出新格，从而以传奇小说进行行卷传播，这是关于唐传奇产生原因的一种解读。

士人以传奇进行传播，另一重要原因是唐传奇“文备众体，可以见史才、诗笔、议论”[②]。所谓“文备众体”是指在一篇文章中能展示各种文学才华，传奇小说正具备这种品质，因而，唐传奇备受士人青睐，

---

① 鲁迅．且介亭杂文二集［M］//鲁迅全集：第6卷．北京：人民文学出版社，1980：324.

② 赵彦卫．云麓漫钞［M］．沈阳：辽宁教育出版社，1998：83.

中晚唐后，开始风行传播。

唐传奇中有多少曾用于行卷传播，有待进一步研究。中唐贞元、元和时代，传奇名篇迭出，而此时正是进士词科日益发达的时期，两者的巧合绝不是偶然的。传奇的发达与士人以此为内容行卷传播有直接关系。对此，冯沅君先生有过总结：现存唐传奇约60种，姓名可考作者48人。她认为："唐传奇的杰作与杂俎中的知名者多出进士之手。"① 他们中大多数都可能以传奇小说进行过行卷传播活动。据考，现存唐传奇中至少有三部专集曾用于行卷传播：一是牛僧孺的《幽怪录》，本名《玄怪录》，现存三十三篇；二是李复言的《续玄怪录》，现存三十五篇；三是裴铏的《传奇》，现辑存二十四篇。程千帆先生认为它们是行卷传播的代表作品。②

以上是就士人行卷传播的体裁来说的。行卷传播之作还具有如下特点：

其一，选材新鲜，有新闻性。《唐国史补》载：裴晋公为强盗刺伤，仆人王义与暴徒搏斗而死，裴晋公作祭文以纪念他。此事在当时影响很大，"是岁进士撰《王义传》者，十有二三"。③ 以当时颇具轰动效应的新闻事件为素材作文，进行行卷传播，自然容易引起受众的共鸣，说明当时的举子非常重视有新闻性的题材，以这样的作品行卷传播，传播的效果自然会更好。

其二，内容上标新立异，是士子们行卷传播作品共同追求的目标。诗人卢延让就是因为内容的标新立异而获得成功的：

> 唐卢延让业诗，二十五举，方登一第。卷中有句云："狐冲官

---

① 程千帆．唐代进士行卷与文学［M］．上海：上海古籍出版社，1980：79.

② 程千帆．唐代进士行卷与文学［M］．上海：上海古籍出版社，1980：87.

③ 李肇．唐国史补［M］//唐五代笔记小说大观．上海：上海古籍出版社，2000：184.

道过，狗触店门开。”租庸张睿，亲见此事，每称赏之。……尝谓人曰：“平生投谒公卿，不意得力于猫儿狗子也。”人闻而笑之。[①]

这种一味求新、求异的片面追求，倒是和西方新闻学者倡导的新闻观有些暗合，“狗咬人不是新闻，人咬狗才是新闻”。卢延让求新求异，因而考中进士。

士人行卷传播的媒介及礼仪

尽管唐代发明了雕版印刷术，但它并未普及，士人间行卷传播的介质载体仍以手抄的卷轴为主。而且卷轴的制作和传播行为的实施还有一套约定俗成的礼仪程式。

其一，卷轴的制作、纸张的质量、抄写格式有明确规定。唐人制作的卷轴一般“纸高 25—26 厘米或 26—27 厘米；长 40—43 厘米或 44—51 厘米”[②]。卷轴形式为墨边厚纸，每幅十六行，每行不过十一字。按唐人通常的规矩，制作卷轴要用熟纸，严格装裱，且要求卷面整洁，不能有揩字注字等现象，以示对行卷传播受者的尊重。

其二，传播的作品以精为贵，徒有数量往往受人讥笑，且要慎重安排卷首第一篇作品。士人行卷传播作品一般只投一至两卷，而且要选择自己最优秀的作品投给特定的受者。《唐摭言》记载：“薛保逊好行巨编，自号‘金刚杵’。太和中，贡士不下千余人。公卿之门，卷轴填委，率为阍媪脂烛之费。因之平易者曰：‘若薛保逊卷，即所得倍于常也。’”[③] 说明，行卷传播之作以精粹为上，不以数量多少论英雄，像薛

---

① 孙光宪．北梦琐言［M］//唐五代笔记小说大观．上海：上海古籍出版社，2000：1864－1865.

② 肖东发．中国编辑出版史［M］．沈阳：辽宁教育出版社，1996：177－178.

③ 王定保．唐摭言［M］//唐五代笔记小说大观．上海：上海古籍出版社，2000：1685.

保逊那样的举子，动辄行卷传播“巨编”，只能招人嘲笑。

同时，开卷第一篇质量如何往往是传播成败的关键。成功的典型要算白居易行卷顾况那一次。《幽闲鼓吹》载：“白尚书应举，初至京，以诗谒顾著作。顾睹姓名，熟视白公曰：‘米价方贵，居亦弗易。’乃披卷，首篇曰：‘咸阳原上草，一岁一枯荣。野火烧不尽，春风吹又生。’即嗟赏曰：‘道得个语，居即易矣。’因为之延誉，声名大振。”① 相反，如果卷首选择不当，就会招致行卷的失败。《唐国史补》载：“崔颢有美名，李邕欲一见，开馆待之。及颢至，献文，首章曰：‘十五嫁王昌。’邕叱起曰：‘小子无礼！’乃不接之。”② 崔颢有很多优秀的名篇，可惜错选了那首卖弄风情、出语轻薄的《王家少妇》为卷首，引起了名人李邕的不满，不仅未受延誉，反而遭到斥责。这些都说明，举子行卷时卷首作品的重要性。

其三，士人行卷传播时，衣着也很有讲究。在封建社会，服饰是人的身份地位的象征，衣服的质地、颜色、款式都因人的社会地位而有所不同。唐代应试举子一般只能穿白色的粗麻布衣，行卷传播时也多着麻衣拜谒，所以前文称他们为“白衣公卿”“一品白衫”。举子只有通过吏部主持的关试，才可以做官，脱下白色粗麻布衣，所以关试又称“释褐试”，意思是过了这一关，就可以脱下“褐衣”了。《北梦琐言》载：“唐相国刘公瞻，……因题商山驿侧泉石，荥阳（郑愚）奇之。勉以进学，俾前驿换麻衣，执贽之后致解荐，擢进士第，历台省。”③ 同卷又载：“薛能尚书镇郓州，见举进士者必加异礼。李勋尚书先德为衙前将校，八座方为客司小子弟，亦负文藻，潜慕进修，因舍归田里。未逾岁，服麻衣，执所业于元戎。”举子在行卷传播时，穿着粗麻布衣是当

① 张固．幽闲鼓吹［M］//唐五代笔记小说大观．上海：上海古籍出版社，2000：1450.
② 李肇．唐国史补［M］//唐五代笔记小说大观．上海：上海古籍出版社，2000：162.
③ 孙光宪．北梦琐言［M］//唐五代笔记小说大观．上海：上海古籍出版社，2000：1818.

时通行的礼仪。

其四，士人的行卷传播往往并非一次就能成功，需要反复多次来进行，时人称之为“温卷”。南宋人赵彦卫说：“唐之举人，先藉当世显人，以姓名达之主司，然后以所业投献。逾数日又投，谓之‘温卷’。”[①]“温卷”的目的是想提醒受者的注意，不要忘了前一次的行卷传播之举，所以士子要反复投卷以增加“温度”。

士人行卷传播的受者

唐代士人的行卷传播，目的在于争第、得官、求知己。这就决定了行卷传播的受者主要有两类人：当世显人和通榜者。

（一）当世显人

当世显人是指那些位极人臣的公卿大僚、声誉显赫的学界名流和众望所归的文坛巨擘。这些人利用自己在社会上、政治上、文坛上的身份地位，对行卷举子的前途命运起着决定性作用。一经这些当世显人的提携，就可“一日名动京师，三日传遍天下”[②]。举子朱庆馀行卷张籍，因张籍名声显赫，经他推荐自然很快登科。杨敬之对于项斯亦如此。项斯开始并不出名，因以诗卷投贽杨敬之。杨甚爱之，赠诗云：“几度见君诗总好，及观标格过于诗。平生不解藏人善，到处逢人说项斯。”[③]经杨敬之举荐，未过多久，其诗传至长安，项斯第二年就登上第。最典型的例子要算吴武陵推荐杜牧一事。《唐摭言》载：

> 崔郾侍郎既拜命，于东都试举人，……时吴武陵任太学博士，

① 赵彦卫．云麓漫钞［M］．沈阳：辽宁教育出版社，1998：82.
② 辛文房．唐才子传［M］．沈阳：辽宁教育出版社，1998：92-94.
③ 辛文房．唐才子传［M］．沈阳：辽宁教育出版社，1998：92-94.

> 策蹇而至。郾闻其来，微讶之，乃离席而言。武陵曰：“……向者，偶见太学生十数辈，扬眉抵掌，读一卷文书，就而观之，乃进士杜牧《阿房宫赋》。若其人，真王佐才也。侍郎官重，必恐未暇披览。”于是搢笏朗宣一遍。郾大奇之。武陵曰：“请侍郎与状头。”郾曰：“已有人。”曰：“不得已，即第五人。”郾未遑对。……既即席，白诸公曰：“适吴太学以第五人见惠。”或曰：“为谁?”曰：“杜牧。”众中有以牧不拘细行间之者。郾曰：“已许吴君矣。牧虽屠沽，不能易也。”①

此段文字说明名人推荐的价值，尽管杜牧当时的声誉不大好，因为“显人”太学博士吴武陵的推荐，还是“以第五人见惠”，如果不是因为前四名已有人举荐的话，杜牧甚至可以直拔“状头”。

要是经过韩愈这样文坛泰斗的提名推荐，进士及第几乎可以立马搞定。赵璘说：“广平程子齐昔范，未举进士日，著《程子中谟》三卷，韩文公一见大称叹。及赴举，言于主司曰：‘程昔范不合在诸生之下。’当时下第，大振屈声。”② 韩愈的一句话，程昔范就“当时下第，大振屈声”。

唐代有很多作为受者的显人，都以能提携后学为荣，中唐古文家们就是这样。《因话录》曰：“元和中，后进师匠韩公，文体大变。又柳柳州宗元、李尚书翱、皇甫郎中湜、冯詹事定、祭酒杨公、余座主李公，皆以高文为诸生所宗，而韩、柳、皇甫、李公、皆以引接后学为务。杨公尤深于奖善，遇得一句，终日在口，人以为僻，终不易初心。”③ 行卷传播的士人遇上这些豁达大度、惜才怜人的显人，自然是幸运的，中

---

① 王定保．唐摭言［M］//唐五代笔记小说大观．上海：上海古籍出版社，2000：1626.
② 赵璘．因话录［M］//唐五代笔记小说大观．上海：上海古籍出版社，2000：846.
③ 赵璘．因话录［M］//唐五代笔记小说大观．上海：上海古籍出版社，2000：846.

第的机会就会更多。

当然，并非所有当世显人都以奖掖后学为己任，有的就对士人行卷传播持取笑鄙视态度。士人传播遭遇此类受者，结果就可想而知了。《唐摭言》曰：“（郑）光业弟兄共有一巨皮箱，凡同人投献，辞其可嗤者，即投其中，号曰‘苦海’。昆季或从容用咨谐戏，即命二仆舁‘苦海’于前，人阅一遍，靡不极欢而罢。”[①] 郑光业兄弟常常把士人的传播作品投之‘苦海’（破皮箱子），取笑一番，然后让仆人拿出去当废纸卖掉。

（二）通榜者

通榜者是指与主试官关系特别密切、可与之共同决定录取举子名单的人，有些就是主考官的亲朋好友，如宋人洪迈所言：“唐世科举之柄，颛付之主司，仍不糊名。又有交朋之厚者为之助，谓之通榜。”[②] 在唐代，选拔才俊，主考官往往委托自己最信任的朋友来共同推荐、参与决策。典型的例子如唐宣宗大中十年（856 年）郑颢知贡举，托崔雍为之通榜，崔雍提出名单以后，郑颢竟一字不改，甚至进士榜文都由崔雍写好。[③] 由于这种特殊身份，通榜者成为士人行卷传播的热门人选。《唐摭言》载：“贞元十八年，权德舆主文，陆傪员外通榜帖，韩文公荐十人于傪，其上四人曰侯喜、侯云长、刘述古、韦纾，其次六人：张苰、尉迟汾、李绅、张俊余。而权公凡三榜共放六人，而苰、绅、俊余不出五年内，皆捷矣。”[④]

可见，主考官、通榜者和当世显人相互配合，共同左右进士科的入仕人选。当世显人和通榜者是唐代士人行卷传播的主体受者。

---

① 王定保．唐摭言［M］//唐五代笔记小说大观．上海：上海古籍出版社，2000：1688.
② 洪迈．容斋随笔［M］．上海：上海古籍出版社，1978：669.
③ 王定保．唐摭言［M］//唐五代笔记小说大观．上海：上海古籍出版社，2000：1643.
④ 王定保．唐摭言［M］//唐五代笔记小说大观．上海：上海古籍出版社，2000：1643.

此外，偶尔也有以优秀举子为受者的。一个举子自己未登进士，一般来说，也就没有引荐别人的资格，可是，如果这个人的才华为人们所公认，为了提高写作水平，也会有举子向他行卷传播的。《唐摭言》载："吴融，广明、中和之际，久负屈名，虽未擢科第，同人多贽谒之如先达。有王图，工辞赋，投卷凡旬月。"① 像吴融这样有才华的诗人，虽未进士及第，但出于学习写作的目的，也会成为行卷传播的受者。当然，在唐代，这类受者并不多见。

士人行卷传播的效果分析

就整个中国古代人际传播史来看，唐代士人行卷传播，只是千里长河的一朵浪花。但是，行卷传播对于改变唐代社会的政治结构和推动唐代文学的繁荣，却产生了深远的影响。

（一）对唐代社会政治结构的影响

大批乡贡进士、两监生徒，在行卷传播之风的吹拂下，纷纷高中进士，步入仕途，获得了参与国家政治生活的机会，有的还位极人臣。士人行卷传播活动改变了唐朝统治集团的内部结构。据统计，有唐一代524个宰相中，进士出身就占了232人，几乎占了一半。②

关于科举制度的政治意义，傅璇琮先生有过一段论述，他说："科举制原是封建时代选拔官员的一种制度，它在唐代被正式确立，比起两汉的察举制与魏晋南北朝的九品中正制，有极大的优越性，它使得封建国家把官员的选用权集中于中央，以适应大唐帝国统一的政治局面的需要。科举制又采取一整套考试的办法，订立一定的文化标准，面向地主

① 王定保．唐摭言［M］//唐五代笔记小说大观．上海：上海古籍出版社，2000：1620.

② 冯尔康．中国社会结构的演变［M］．郑州：河南人民出版社，1994：771.

阶级的整体，招徕人才，这说明中国古代封建地主阶级，发展到唐代，对国家官员的文化水平较过去时代有更高的要求，也反映了当时社会的文化较过去更有所发展和提高。这说明，科举制对唐代的政治生活是起了积极作用的。”[①] 出身寒门的知识分子的成功介人，基本终结了六朝以来“上品无寒门”的封建社会政治史。

进士人数的大量增多，使得大批才华横溢的士人看到了读书的希望，由此建构起一个以读书仕进为业的士人阶层。在士人频繁的交往过程中，他们越来越发现行卷传播的“敲门砖”价值。从某种意义上说，唐代科举制度的实施、士人行卷传播活动的开展，使得儒家倡导的“学而优则仕”的仕途理念，真正得以付诸实践，从而间接导致了我国古代社会政治结构的改变。科举制度、行卷传播，既为统治集团内部提供源头活水，又为广大寒族知识分子跻身政坛带来一线曙光。

（二）士人行卷传播的直接效果则是促进了唐代文学的高度繁荣

唐代进士科举主要以文词的优劣来决定士人的去取，文词的优劣又不表现在考“时文”的科场，而取决于行卷传播的综合效果。关于唐代科举考试诗文对于唐代文学的作用，学界尚有争议。[②] 但是，士人行卷传播对于唐代文学繁荣的积极意义是毫无疑问的。

行卷传播的作品没有固定程式，但求新变。内容千变万化，形式不拘一格。士人可以天马行空，驰骋想象，亦可殚精竭虑，一语惊人，充分激活了唐代文人学士的艺术才华。唐代文学从诗歌、散文到笔记、传奇取得了大面积丰收：盛唐的诗，中唐的文，中晚唐的笔记、传奇，在整个中国文学史上都堪称一个个高峰。

---

① 傅璇琮．关于唐代科举与文学的研究［M］//傅璇琮．唐诗论学丛稿．北京：京华出版社，1999：36.

② 傅璇琮．关于唐代科举与文学的研究［M］//傅璇琮．唐诗论学丛稿．北京：京华出版社，1999：36.

同时，一批大师级的人物也在行卷传播的热潮中脱颖而出。为取得“显人”的青睐、“通榜”的好感，他们不惜“焚膏油以继晷，恒兀兀以穷年”（韩愈语），力图做到“笔落惊风雨，诗成泣鬼神”（杜甫语），他们有时“百炼成字，千炼成句”（皮日休语），有时“两句三年得，一吟双泪流”（贾岛语），誓将自己的文学才华发挥到极致。正如程千帆先生所说：士人行卷传播“无论是从整个唐代文学发展的契机来说，或是从诗歌、古文、传奇任何一种文学样式来说，都起过一定的促进作用”①。

总结上文，唐代士人的行卷传播过程，可以归纳为下面的模式图：

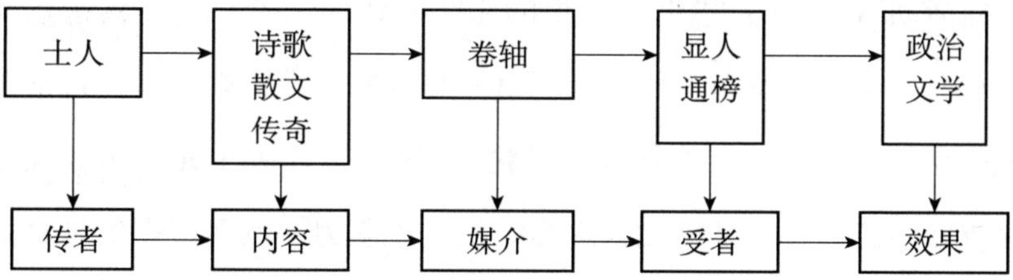

图4-1　士人行卷传播模式图

概言之，唐代士人的行卷传播，从社会传播类型来看，属人际传播，它既有“两个人的”“面对面的”“非正式的”特点，又“最大限度地以表现个性的方式”来进行。② 传播者是大批应试的士人；传播的内容以文学作品（诗、文、唐传奇）为主；媒介载体通常是手抄的卷轴；受者主要是少数具有广泛社会影响力的当世显人和与主考关系密切的通榜者；行卷传播的效果，使得一批中下层寒族士人步入政坛，改变了唐代的社会政治结构，同时，在客观上促进了唐代文学的高度繁荣。

（本文首发于《新闻与传播评论》，2011年刊）

① 程千帆．唐代进士行卷与文学［M］．上海：上海古籍出版社，1980：88.

② 王怡红．人人之际：我与你的传播——读《是桥不是墙 一本关于人际传播的书》［J］．新闻与传播研究，2000（2）：55-60.

五、元代邸报新证

新闻史学界普遍认为：有元一代没有邸报。这几乎已成定论。《中国新闻事业通史》（以下简称《通史》）第一卷第一章第四节“元代的新闻传播活动”，总结元代没有邸报的原因时认为：第一，元代的中央政府中没有负责官报发布工作的专门机构和专职人员；第二，元代的公私文献中还不曾发现过有关邸报的记载。① 这是目前关于元代不存在邸报的最权威结论。尤其是第二条理由，最具说服力。然而，据笔者最近考察，现存的元代文献中，确有关于邸报的记载。

元代邸报问题的提出

关于元代的邸报问题，最早是由戈公振提出的。他在《中国报学史》第二章第八节“元初之‘邸报’”中，援引周密《癸辛杂识续集》中的一段话予以说明：

> 浙之东，言语黄王不辨，自昔而然。王克仁居越，荣邸近属也。所居尝独毁于火，于是乡人呼为“王火烧”。同时有黄玫者，亦越人，尝为评事。忽遭台评，云其积恶以为遭天谴，至于独焚其家，乡人有“黄火烧”之号。盖误以王为黄耳。“邸报”既行，而

① 方汉奇．中国新闻事业通史：第1卷［M］．北京：中国人民大学出版社，1992：113－114.

评事之邻有李应麟者为维扬幕，一见大惊，知有被火之事，亟告假而归。制史李应山怜之，馈以官楮二万。及归，则家无患，乃知为误耳。[①]

这是一则很有趣的记载，浙江东部一带，因“王”“黄”读音不分，引起误会。戈公振不仅认为元代存在邸报，而且还加以阐释，认为元代的邸报内容比之于前代还有所拓展，“不尽为官事”，还有“社会消息”。[②] 当然，戈氏的这一观点，被后代的学者否定了。对于周密《癸辛杂识续集》中的记载，《通史》是这样解释的：周密（1232—1298年）是宋末元初之人，他一生的主要经历是在宋末的理宗、度宗到端宗时期，宋亡后仅生活 20 年，所以，周密《癸辛杂识续集》等“谈的大多是宋朝的人和事”，“所谓的‘邸报既行’，也只能指的是南宋末年理宗或度宗时期的邸报，与元朝无关”。[③] 同时，《通史》还从文中记载的人物上加以推理，认为这是戈公振误会了时代而造成的错误判断。以上推论从逻辑上讲是合理的。笔者也认同《通史》上的论证结论。显然，戈公振还没有找到真正令人信服的史料证据来证明元代邸报的存在。

元代邸报的新证据

元代到底有没有邸报？这是多年来令人困惑的题目。前后的宋明清三代均有邸报，而且非常活跃，独独夹在中间的元代邸报就断了。最近，笔者对现有的元代文献进行了考察，发现了一些新的线索，似可以为戈公振的观点提供新的佐证。

---

① 戈公振．中国报学史［M］．北京：中国新闻出版社，1985：27－28.
② 戈公振．中国报学史［M］．北京：中国新闻出版社，1985：28.
③ 方汉奇．中国新闻事业通史：第 1 卷［M］．北京：中国人民大学出版社，1992.114－115.

元初文人刘壎（1240—1319年）有《隐居通义》《水云村稿》等作品传世，《水云村稿》卷十一《通问雪涧陈提举书》记载：

雪涧兴胡石塘书云：……治下南丰郡，有儒人刘兄名壎，佳士也，四十余年不见之矣！今亦不知其人尚无恙否？曾出仕否？处久壬戌、癸亥间，试令南丰时，每与文字交，此兄笔端俊甚，与之周旋。……久而阅邸报，见盛名与菊泉大司马联辟，欲寄贺书，终不可寄。①

这是刘壎在给友人陈雪涧的书信中的一段话。书信的开始是通过陈雪涧给朋友胡石塘的信提起刘壎的。随后，刘壎感念友人情谊，致书陈雪涧，诉经年久别之情。

刘壎，字起潜，自号水云村人，吉州庐陵（今江西吉安）南丰人，宋末元初文人。他39岁之前，生活在南宋，后40年生活在元代。从这封书信中的时间分析，该书信应该是其晚年所作。第一，书信所述是久别的朋友之意，不可能是早年所写。第二，文中指出，陈雪涧壬戌、癸亥间（1262—1263年），试令南丰，与刘壎相识，开始文字交往，发现刘壎是个很有文学才华之人，到后来发出“四十余年不见之矣!”的感叹。可知，这封书信当属晚年所作。此处的邸报时间，至少应在1300年以后，也就是说，这份邸报似乎已经越南宋而进入了元代初年，应该属于元代的邸报了。

元初诗人方回（1227—1307年）存世作品较多，编著有《瀛奎律髓》《桐江集》《桐江集续集》等诗集。《桐江集续集》卷五有《忆我二首各三十韵》，其一云：

---

① 刘壎．水云村稿：第11卷［M/CD］//永瑢．四库全书・集部・别集类・金至元．上海：上海人民出版社、迪志文化出版有限公司，1999.

四时无不宜，莫若僧夏凉。小儒苦乏赀，冷眼看豪强。托迹朝士馆，窃睨鵷鹭行。台评或是非，庙论有不臧。相与读邸报，愤闷填中肠。①

方回生于南宋理宗时期，景定三年（1262 年）进士及第，50 岁时宋降，方回以建德府归于元，任建德府总管。55 岁因官场纷争被解职，59 岁编成《桐江续集》。

由于没有确凿的证据能说明这首诗的写作年代，很难明确说这首诗中提到的邸报是宋代的邸报还是元代的邸报。但是，根据专家的研究，《桐江续集》整个诗集是方回在“元时罢官后所作”的，也就是说，《桐江续集》整个诗集是方回的晚年之作，这一点基本上是肯定的。因此，诗中所述的“邸报”属于元代邸报的可能性更大一些。

以上两位文人，都属宋末元初人士，他们的生活经历，时跨宋元两代，有时很难判断这样的人物身上发生的事情，究竟发生在宋代还是元代。虽然，通过上文的举证，笔者认为，他们诗文中所提到的邸报很大可能出自元代，但仍然存在发生于宋代的可能性，毕竟他们属于宋元之际的历史人物。但是，下面的一则材料记载的则完全是元代的人和元代的事。

许有壬（1286—1364 年），字可用，河南汤阴县人，元代重臣，元代延祐二年（1315 年），进士及第，授同治辽州事，后任集贤院大学士、枢密副使、中书左臣等职，1319 年授山北廉访司，1322 年任江南行台监察御史，后擢两淮转运使，1364 年 9 月 1 日卒。自元仁宗至元顺帝，许有壬“历事七朝，垂五十年”，堪称有元一代重臣。许有壬存世文集有《至正集》《圭塘小稿》等。《至正集》卷六十八《哈噶斯哀

---

① 方回．桐江集续集：第 5 卷［M/CD］//永瑢．四库全书·集部·别集类·金至元．上海：上海人民出版社、迪志文化出版有限公司，1999.

辞》记载：

> 哈噶斯，取父字姓丁，字文苑，于阗人。与予同登乙卯进士第。倅固安州掾左司，除礼部主事。予佐吏部，故游从为多。改秘书著作，拜监察御史，又与予同官。南坡之变，……未几，予除两淮转运使，文苑移北山，邸报同日至。北山置大宁白霫地，去京师东北尚八百里。陆不可挈家，水萦纡余五千里，扶病拥幼，殆不能为谋。[①]

这是许有壬给好友哈噶斯致的一篇哀悼辞。文中哈噶斯是回回人，汉名叫丁文苑，与许有壬友善，两人同年登乙卯（1315 年）进士第，同朝为官，“南坡之变”后，哈噶斯被派往北山任职，元至顺元年（1330 年）6 月 20 日，因染瘟疫，病逝于去淮安的舟中。许有壬感念友人英年早逝，作这篇悼词以纪念之。

这份哀辞至少透露出以下几点信息：

其一，文中提到的这份邸报，出现的时间一定是在 1323 年之后。许有壬与哈噶斯是多年的好友，因为共同的经历使得两人的关系非同一般。许有壬除两淮转运使与哈噶斯调任北山基本上是同时的，都在“南坡事变”后不久。“南坡事变”是元代历史上著名的政变事件，发生在元至正三年（1323 年）。许有壬对此事的时间应该是刻骨铭心的，不会有误。

其二，从“邸报同日至”的语气分析，这份邸报中载有关于“许有壬和哈噶斯二人调动的内容”。这个消息在邸报上同时登出，说明元代邸报至少在官员的“任免升黜”上与前代相似。

① 许有壬．至正集：第 68 卷［M/CD］//永瑢．四库全书·集部·别集类·金至元．上海：上海人民出版社、迪志文化出版有限公司，1999．这段文字，在许有壬的《圭塘小稿》卷十一，元人苏天爵编的《元文类》卷四十八，许有壬的《丁文苑哀辞》中，均有类似记载。

其三，这份邸报属于标准的元代邸报。不会有人把1323年以后的邸报再说成是其他朝代的。况且，文中明显是关于元代官员任免事宜的语气。许有壬与哈噶斯之间的交往事，完全发生在元代。从“南坡之变”“予除两淮转运使”“文苑移北山”等文字上看，这份邸报所载事情，发生在元代初期进入中叶阶段。

许有壬《哈噶斯哀辞》中的这段文字，是目前所能见到的最具说服力的一则文献资料，也是元代存在邸报的最有力的证据，比起戈公振所举周密《癸辛杂识续集》中的例子，无疑更令人信服。

结　论

通过以上文献资料分析，基本可以得出如下的认识：

第一，在我国元代很有可能存在一种邸报。即使不考虑周密《癸辛杂识续集》中的那段文字叙述，刘壎与方回两位元初文人的两条文献，已经让我们感觉到元代邸报存在的可能性，而元代重臣许有壬《哈噶斯哀辞》中的记载，更是令人坚信元代邸报存在的真实性。因此，过去关于“元代无邸报”的结论，似乎值得商榷，换言之，《通史》中关于元代无邸报的结论，还为时尚早。当然，必须承认，这样的有力证据还是显得太少了，有待新闻史学界今后进一步考察与发现。

第二，以上三则史料透露出元代邸报的几个特点。其一，内容上，元代邸报与宋代邸报有相似之处，包括官员任免升黜的内容。“盛名与菊泉大司马联辟”、许有壬“除两淮转运使”、哈噶斯“移北山”等信息，都是关于朝廷官员升迁任免的内容。其二，邸报的阅读对象仍以士大夫以上的少数统治者为主。普通百姓是很难看到邸报内容的。其三，邸报的社会效应。文人士大夫在阅读邸报时会因邸报的内容而发出对时事的评判。也就说，邸报不仅传播了时政信息，还会对文人士大夫的心理情感产生影响，如“相与读邸报，愤闷填中肠”是对邸报上所报道内容的情绪反应。其四，邸报的时效性较强，传播的速度还是较快的，如许有壬《哈噶斯哀辞》中的“邸报同日至”说明邸报到达其阅读对象的时间与政府任命文书到达的时间差不多同时。

第三，元代的邸报是不发达的。无论是数量上，还是规范性上，邸报不可能像宋、明、清三朝那样具有丰富性、多样性，也不大可能具有定时定量的常规性和制度性，很有可能是处于不规范的、时断时续的运作之中，而且传播的范围非常有限，也就是说，只有像许有壬这样极少数的官僚或士人才有可能看到邸报。这恐怕也是目前历史文献中有关元代邸报资料甚少的重要原因之一。

（本文首发于《新闻与传播研究》，2010 年第 1 期）

六、再谈元代的邸报、朝报及除目问题

——兼答李漫博士

关于元代邸报的三则史料

笔者短文《元代“邸报”新证》甫一发出，立刻引起了学界同仁的关注。尤其值得一提的是，李漫博士还专门撰文[①]，进行辨正。这种学术精神，值得嘉赏，令人鼓舞。李博士具有丰厚的新闻史学学养，文中对笔者提到的三条主要材料，进行了逐一辨析，提出了不少新认识和新见解。对于学术研究来说，我想唯有“百家争鸣”，方能“百花齐放”。他的研究无疑有利于推进学术探究的深入，从而有益于问题的最终解决。

李博士认为，笔者文中提到的前两条史料，即元人方回的诗句“相与读邸报”和刘壎书信中所言的“久而阅邸报”，所记皆为南宋之事，文中所提到的邸报应为南宋的邸报，而不应为元代的邸报。

对于辨者的解读，这里不想多说。关于方回的诗歌，笔者只是想提示一下：诗歌的最大特点之一是跨时空性。“形在江海之上，心存魏阙之下，神思之谓也。”[②] “观古今于须臾，抚四海于一瞬。”[③] 对于融叙

---

① 李漫．元代“邸报”新证考辩［J］．国际新闻界，2010（6）：113－117。

② 刘勰．文心雕龙·神思［M］//郭绍虞．中国历代文论选：第1册．上海：上海古籍出版社，1979：233.

③ 陆机．文赋［M］//郭绍虞．中国历代文论选：第1册．上海：上海古籍出版社 1979：170.

事、抒情、议论于一体的诗歌作品，往往“俯拾即是”“兴会神到”，抚今追昔，过去与现在，历史与现实，常常是相互渗透的，因此，不能完全肯定诗中所言就全是“往事”，而无“抚今”的可能。至于元人刘壎书信中的邸报问题，我想最要紧的有一个重要旁证可以进一步考察，就是“菊泉大司马”的身世问题，据这份邸报登载，菊泉大司马与陈雪涧同时擢升为官，如果能够搞清楚菊泉大司马的真实身世，则是宋是元，也就可以定夺了然矣。所以，笔者以为，以上两则史料所反映的具体年代，还有待进一步确考。

至于第三条史料，即元代重臣许有壬《哈噶斯哀辞》中所说的“邸报同日至”这句话，李博士认为：这是“一种风雅化的修辞”手法，“并非南宋‘邸报’意义上的邸报，而是对官员任命文书的一种委婉的代指”。他还认为：“这种修辞手段在古代文人那里是极为常见的。”①然后，辨者列举了现当代学人的一些“风雅化”的使用实例，作为旁证，试图将这一典型的史料淡化。笔者能够理解，这则史料对于辨者来说极为重要。如果不能合理地解决这则“铁证”史料的问题，其他的辨析似乎就显得较为苍白，缺乏力度，问题仍然得不到彻底解决。

首先，辨者以罗根泽、谭其骧、柳亚子诸家的“风雅化”表述，来类比元代人许有壬《哈噶斯哀辞》中的用法。笔者不知道这种类比是否合适，方家学者可以自己去体会。罗根泽是言音乐、谭其骧是言地名、柳亚子则是谈论诗歌。而许有壬所书写的是“哀辞”。“哀辞”是一种独特的应用文体，往往是某人为表示对去世的亲人朋友的纪念所写的一种悼念性的文章。其语体风格要求简约严肃、哀婉朴实。用语一般不需要“附庸风雅”，甚至忌讳“附庸风雅”的写法。亲友死了，你写哀辞纪念，还附庸风雅，自然显得不够尊重。因此，从情感色彩角度来说，这

---

① 李漫：元代“邸报”新证考辩［J］. 国际新闻界，2010（6）：113－117.

段“哀辞”不应该使用“风雅化”的表达。

其次，古人“风雅化”的表达确实很普遍，但往往也是在必要的时候，如文字表述上需要避讳或忌讳时，古人往往就采用“代指”等手法，譬如，屈原的《离骚》中就曾说：“帝高阳之苗裔兮，朕皇考曰伯庸。”他就用了“皇考”一词，来指代亡父，而忌讳用“死去的父亲”之类的字眼。

最后，许有壬《哈噶斯哀辞》中“邸报同日至”这句话，是一句十分简单而平实的表述，是在客观地陈述一个事实，看不出需要“风雅化”的必要性。因此，辨者仅以“风雅化”来解释，似乎不够令人信服。

当然，也许有人会拿“孤证不立”来加以辩解。因为，据考察，目前毫无异议属于元代文献，提到邸报一词的仅此一条，确是孤证。但是，“孤证不立”也不是放之四海而皆准的铁律，譬如说，如果我们在神农架的大山中真的发现了一个野人的死体或活体，难道我们还不能说神农架野人确实存在吗？答案是显然的。

笔者觉得，关于元代的邸报研究，视野可以更加开阔一些，不要仅仅局限于对“邸报”一词的考察上，还可以横向考察与邸报相类似的元代其他新闻信息载体，诸如朝报、京报、除目、除书等，这样可以从更广阔的视角来观照我国元代的新闻传播状况。下面就新近发现的元代新闻信息载体史料，作一点新的拓展性探讨，以就教方家。

元代文献中的朝报、京报记载

在中国古代新闻传播史上，有一个非常典型的现象，即“同报异名”现象。具体来说就是，同是古代官报，会有不同的名称。宋代以后，这种现象更加明显，如称古代官报为邸报、邸抄、朝报、科抄、除目、除书等，而且非常普遍。

宋代诗人薛季宣《浪语集》卷五《读邸报二首》其一云："大漠烟尘静，三公计划奇。定安唐庙貌，行复汉宫仪。捷奏腾千里，除书满四维。自然禽颉利，蚤晚赞无为。"[①] 诗歌的标题是"读邸报"，而内容却说"除书满四维"。

又如，宋人石介《徂徕集》卷四《嘉州读邸报见张叔文由御史台主簿改著作佐郎依旧在台》诗云："惊闻除目到遐荒，病眼偏明喜倍常。古节如争台柏直，青衫新惹阁芸香。中庐夜宿群经蠹，北户朝趋满简霜。主簿虽卑官渐紧，近来应有谏书囊。"[②] 标题上说"读邸报"，而内容却是"惊闻除目"。足见，在宋人看来，邸报即除书、除目，三者是同样的东西。

明人谢肇淛《五杂俎》也说："一日看除目，三年损道心。除目，今之推升朝报也。"[③] 他是对唐代诗人姚合两句诗"一日看除目，三年（一作"终年"）损道心"的进一步解释。谢肇淛认为：除目亦即朝报。清初人王士祯也认为："今之朝报，或曰邸报。"[④] 王士祯明确指出：朝报就是邸报。

也就是说，在我国古代人看来，邸报、朝报、除目和除书等是属于同一类的官方新闻媒体，只不过称呼不同而已。这就是所谓的"同报异名"现象。

如果说，邸报与除目有一些细微差别的话，就是邸报的内容较除目更为广泛，除目只是邸报的一部分内容，即关于人事升黜的部分。除目内容单一，相当于今天的人事变动新闻。由于人事升黜是邸报的主要内

---

① 薛季宣．浪语集［M］//永瑢．四库全书：第 1159 册．上海：上海古籍出版社，1987：185.

② 石介．徂徕集［M］//永瑢．四库全书：第 1090 册．上海：上海古籍出版社，1987：209.

③ 方汉奇．中国新闻事业通史：第 1 卷［M］．北京：中国人民大学出版社，1992：130.

④ 王士祯．池北偶谈［M］//永瑢．四库全书：第 870 册．上海：上海古籍出版社，1987：49.

容，因此，邸报、除目、除书也就常常被相互代称。

在众多异名之中，被认为与邸报关系最为密切的一种古代媒体是朝报。当代新闻史家方汉奇先生也说，朝报、钞报、科抄、阁抄、除目等，均为邸报的“异称”①。可见，在古代，邸报的称谓是多种多样的，虽叫法不同，但实际上均是指邸报一类的古代官报。那么，元代文献中有没有关于朝报的载录呢？笔者考得如下几条：

其一，元人宋本（1281—1334 年）存有《大都杂诗》四首，其中第四首云：“形势全燕拥地灵，梯航万国走王城。狗屠已仕明天子，牛相宁知别太平。玄武钩陈腾王气，白麟赤雁入新声。近来朝报多如雨，不见河南召贾生。”②

宋本，字诚夫，大都（今北京）大兴人，元英宗至治元年（1321 年）廷试第一名，赐进士及第，授翰林修撰，元顺帝元统元年（1333 年）晋升为奎章阁学士院承制学士，元顺帝元统二年（1334 年），转集贤直学士兼国子祭酒经筵讲官，卒于官。

宋本为元代重臣，他生于大都，死于大都。他的四首组诗《大都杂诗》，应该是对当时大都生活的真实描绘。“近来朝报多如雨”极言朝报之频繁、数量之多，反映了元代大都朝报之盛况。“不见河南召贾生”表达了诗人怀才不遇的感伤愤懑之情，在诗人极为关注的朝报上，就是“不见河南召贾生”，隐喻朝报中没有刊登他被擢升的消息。这说明这类朝报上有朝廷的人事任免信息。我们知道，我国古代邸报的主要内容之一就是人事升黜，从这一点来看，朝报与邸报的内容是一致的。

或许又有人会说：此处的朝报也是借用了唐宋以来的习惯称谓，不

① 方汉奇．中国新闻事业通史：第 1 卷［M］．北京：中国人民大学出版社，1992：128－129.

② 宋本．大都杂诗［M］//永瑢．四库全书：第 1367 册．上海：上海古籍出版社，1987：102. 这首诗，在元代的另一本诗集《元音》中也有载录。

是指元代的朝报，而是指唐宋时期的朝报。我想问，元代人宋本用唐宋时期的朝报来指代元代的什么媒体？换言之，宋本所暗指的这类载体应该叫什么呢？自然让人联想到邸报。当然，如果有人就是认为这种朝报还是指官文书，那也没有办法，笔者只想把史料呈现给学界同仁，是非曲直，任由评说。

无独有偶，如果说，元人宋本诗歌中的朝报反映的是京师官员的生活感受，那么，下面一则朝报史料则反映出背井离乡、宦海沉浮的京外官员的生命体悟。

其二，元人张昱的《庐陵集》中有《感事二首》，其一云："老至翻遭世虑牵，何曾一觉得安眠。家乡尚远浔阳郡，世事有如天宝年。朝报唯瞻辽海上，羽书不断省门前。长星正在天西北，白水寒沙尽可怜。"[①]

张昱，字光弼，自号一笑居士，江西庐陵人，生卒年不详，大约元文宗至顺初年（1330年）前后在世。诗中反映了诗人外出为官时的愁苦心情。从"浔阳郡"，到"天宝年"，极言宦海沉浮，人生漂泊；从"朝报"与"羽书"、"辽海"与"西北"对举来看，这类朝报的内容很可能反映的是军事边机情报。军事情报信息也是古代邸报的基本内容之一。此处的朝报是否暗指邸报呢？笔者不想妄加断语，让读者自己去判别。元代文献中，不仅出现过"朝报"一语，甚至还出现过"京报"的字样。

其三，就笔者所见，"京报"一词最早见于元代，并非如当代新闻史学者所说的源于明代。宋末元初文人刘壎（1240—1319年）有《隐居通义》《水云村稿》等作品传世，其《水云村稿》卷四《义犬传》[②]记载：

---

① 张昱．庐陵集［M］//永瑢．四库全书：第1469册．上海：上海古籍出版社，1987：514.

② 刘壎．水云村稿［M］//永瑢．四库全书：第1195册．上海：上海古籍出版社，1987：371－373.

> 永嘉江心寺长老，祖杰，闽人也。……既就逮，至有司引伏械送总管，犹欲全之。故缓其事，待京报。未几，果闻懿旨召杰。……延祐甲寅（即元仁宗延祐元年，1314 年）春，予往延平，延平总管韩君玉国宝之子邦彦从予学。……且谓，当日非此犬，则失此贼，七人衔冤无诉矣。故传其事，以愧世人之不如犬者。

刘壎的《义犬传》叙述一个名叫祖杰的僧人，奸淫妇女、杀人越货，最后被一只“义犬”捕获的故事。根据文中的叙述顺序，作者是元仁宗延祐元年（1314 年）春天听到此事的，因此，所记之事应该发生在延祐元年（1314 年）以前。这是目前能看到的关于“京报”一词的最早记载。这里的“待京报”可能有两种理解：一是等待京师的文报，即政府官文书的到达；二是等待京师的官报——邸报的出现。

官文书与官报（邸报）是两种不同性质的传播载体，两者的功能各有侧重：前者负责政府政令的上传下达，属于封闭式的组织传播形式；后者主要功能是传播发布朝廷公共信息，属于古代相对开放的“大众传播”形式。两者都承载着相似的信息内容。

如果这里的京报是指官报（邸报）的话，该故事就间接印证了许有壬《哈噶斯哀辞》中“邸报同日至”的真实性。换言之，这里的京报即指邸报。

元代文献中的除目、除书记载

元代文献中，与邸报关系密切而又数量较多的新闻信息载体是除目。何为除目？方汉奇先生有过这样的解释：“除，拜官授职；目，条目、目录。两个字合起来，可以解释为官吏任命、升迁的名单。这是邸报的重要组成部分，也是热衷于仕途经济的朝野官绅们读报时最为关注的那一部分，因此，邸报也被有些人别称为除目。”①

虽然，就笔者看来，并非所有的除目都能被看作邸报的别称，但是，至少有一点是肯定的，除目与邸报的性质非常接近，有些除目就是指代邸报。唐宋文献中，“除目”一词是屡见不鲜的，而且多指代邸报。那么，元代文献中有没有关于除目、除书的记载呢？据笔者考证，元代文献中，不仅存在有关除目、除书的记载，而且所载录的史料数量还相当大。

（一）元代的正史中关于除目的记载

《元史》卷一百二十八《姜卫传》② 称：“十四年，召拜江南诸道行台御史大夫，乃上奏曰：陛下以臣为耳目，臣以监察御史、按察司为耳目。倘非其人是人之耳目，先自闭塞下情，何由上达帝嘉之命。御史台清其选，每除目至，必集幕僚御史议其可否，不协公论者，即劾去之。”③

姜卫作为行台御史大夫有向朝廷发表意见的义务和权利，每次收到除目之类的政府官报，都要和幕僚们就除目中的内容进行议论。如果觉得人事任免方面朝廷的处置方式有不妥之处，他就一定要上书弹劾，“去之”。

这类除目的内容似乎主要是关于人事升黜方面的信息；其发行抄传的路线应该是从中央朝廷到地方政府官员。这类除目显然不属于官文书，一般来说，官文书的抄发对象只是当事人或者当事人所在的政府部门，具有特定的对象，而上文中说，姜卫是经常收到这类除目，（“每除目至”）而且显然不是关于他的人事任免事宜。不是关于他的人事调动，他却经常收到这类媒介信息。显然，这类除目只可能是承载公共信息的政府官报或邸报。在元代中央和地方官员之间传播的这种名曰除目的媒

---

① 方汉奇．中国新闻事业通史：第1卷［M］．北京：中国人民大学出版社，1992：129.

② 中华书局点校本《二十四史》作“相威传”，此处依文渊阁《四库全书》本．

③ 宋濂，等．元史［M］//永瑢．四库全书：第294册．上海：上海古籍出版社，1987：342.

体，按照今天的新闻传播学概念，应该叫什么？它与政府的官报——邸报，在性质上何其相似。是否可以说就是邸报呢？如果不叫邸报，那么应该称作什么呢？读者自忖之。

（二）元人文集中也有关于除目的记述

元人王义山《稼村类稿》卷二十七《代贺左史冯初心》载："由起居之官入东西府，可平步升自翰林而相，凡二十余。有故事在某，耸闻除目，深激庆悰，望五色之云透知瑞气。"① 此处所言的除目也显然与人事升迁有关。

元人吴澄《吴文正集》卷十三《与马伯庸尚书书》称："澄近睹除目，恭审涣颁纶渥晋长春官，叨名世之才，充盛世之用。"② 吴澄所看到的除目，也与人事升迁有关。

元人欧阳玄《圭斋文集》卷十五《与张宪使书》载："都门别后贱迹寻亦谒告还湘，相距地远，乏便致书，惟深驰仰。近传全除目，共谂移轺左浙，弭节西江。西江之民，苏息之期，实在此矣。"③ 除目所记是关于朋友去江浙一带做官之事。另外，他的《与刘文廷书》又载："今夏忽睹除目，承有儒阙之擢，既喜且骇。"④ 在除目上，作者看到自己"有儒阙之擢"，又喜又惊。

元人吴海《闻过斋集》卷六《与林待制书》称："向在山中，臣不出山之计已定。近见除目，有翰林国史之命。"⑤ 诗人本无意仕途，但从除目上看到有新的任命。

---

① 王义山．稼村类稿［M］//永瑢．四库全书：第1193册．上海：上海古籍出版社，1987：190.
② 吴澄．吴文正集［M］//永瑢．四库全书：第1197册．上海：上海古籍出版社，1987：148.
③ 欧阳玄．圭斋文集［M］//永瑢．四库全书：第1210册．上海：上海古籍出版社，1987：49.
④ 欧阳玄．圭斋文集［M］//永瑢．四库全书：第1210册．上海：上海古籍出版社，1987：49.
⑤ 吴海．闻过斋集［M］//永瑢．四库全书：第1217册．上海：上海古籍出版社，1987：222.

以上诸条元代除目史料，均是关于人事升黜方面的信息记载。

（三）元人诗歌中关于除目的资料，载录最为丰富

元人方回《桐江续集》卷二十七《赠胡端本显伯教谕二首》其一云："生涯晚节香黄菊，世德清阴映绿槐。□□仲车教乡里，何时除目下行台。"[①] 诗人期盼朝廷擢升自己的"除目"公报信息，早日到来。

元人王恽《秋涧集》卷十六《饯陈佥省行台西夏》诗云："……五郡河西右臂连，怀柔有策得人先。文昌除目系谁在，帝座回章得汝贤。"[②]

元人何中《知非堂稿》卷五《观除目有感寄皮德昭》诗曰："偶将除目到幽窗，坐对撑犁事满腔。知是乘桴欲浮海，如何陋巷问为邦。一庭月冷惊秋照，三寺钟声接远撞。听罢无眠闲忆得，灰心底用要心降。"[③]

元人贡奎《云林集》卷五《寄朝省诸公》诗亦云："太平开治急需贤，除目新从驿骑传。天远斗牛南纪外，地高车马北辰边。文章未尽诸公学，人物端为一代全。令际定超贞观盛，四方丰稔会书年。"[④]

元人范梈《范德机诗集》卷三有《阅除目仲渊宣慰传之廉副，俱出山南，暑夕有怀，无由倾倒》[⑤] 一诗，从诗歌的标题就可知除目是记载人事升迁信息的。别人的升迁，范梈也能从除目中看到，显然，此除目就是一种公共信息传播媒介，发行对象是各级各类政府官员，因而具有

---

① 方回．桐江续集［M］//孙溶．四库全书珍本初集．沈阳：沈阳出版社，1998：12391.

② 王恽．秋涧集［M］//永瑢．四库全书：第1200册．上海：上海古籍出版社，1987：191.

③ 何中．知非堂稿［M］//永瑢．四库全书：第1205册．上海：上海古籍出版社，1987：578.

④ 贡奎．云林集［M］//永瑢．四库全书：第1205册．上海：上海古籍出版社，1987：648.

⑤ 范梈．范德机诗集［M］//永瑢．四库全书：第1208册．上海：上海古籍出版社，1987：93.

政府官报的性质。

元人吴师道《礼部集》卷六《送纳文粲江浙省都事》诗云："分省东南重，都曹左右并。耸闻除目下，欣值化弦更。淮甸新功业，慈恩旧姓名。"①

元人胡助《纯白斋类稿》卷十五《春雨》诗曰："京城春雨似江南，客况萧条苦不堪。又报中台除目下，诸公衮衮赴朝参。"②

以上是我们关于元代除目史料的粗略搜索，可见，在元代的正史、诗文集中，存有大量的关于除目的记载。虽然，这还不是完整全面的搜集，但是已经能够说明问题：

其一，从媒介内容上看，除目是元代的一种非常普遍的官方信息传播媒体。它出现在元代的不同文献类型之中，包括史书、散文、诗歌、杂记等。除目记载的多为朝廷人事升黜任免方面的信息。

其二，从抄传路线上看，除目作为一种信息媒介，其抄传发行路线是由中央发往各个地方政府机构，属下行路线。

其三，从受众上看，除目的传播对象是各级各类政府官员。

其四，从媒介性质上看，除目兼有官文书的某些属性，但从受众对象、行文格式、传播效应等方面来看，很多除目都不能解释为官文书，除目更具有朝报或邸报等传播公共信息的新闻媒体性质。宽泛一点来说，除目就是元代人事任免新闻传播的媒介，具有政府官报的性质。

当然，与除目类似的媒介还有除书一类。据笔者检索，元代文献中关于除书的史料存量更多，这里限于篇幅，不再过多列举。只要看下面一例，就足见除目与除书之密切关系。

元人胡天游的《傲轩吟稿》中《观除目》诗云："君王轻爵重艰危，

---

① 吴师道．礼部集［M］//永瑢．四库全书：第1212册．上海：上海古籍出版社，1987：55.

② 胡助．纯白斋类稿［M］//永瑢．四库全书：第1214册．上海：上海古籍出版社 1987：637.

欲把铜山铸虎符。天上故人修诏草，山中幽子看除书。轩裳衮衮争先进，肉食纷纷愧远图。戡乱扶颠今日事，不知廉蔺果何如。”① 这首诗中，标题是“观除目”，而内容却说是“看除书”，可见，在元代人看来，除目即除书。

关于元代人的新闻意识

撇开元代的邸报问题，我们还可以考察一下元代人的新闻意识发展状况，这或许有利于我们全面理解元代的邸报问题和元代新闻传播史。客观来说，我国元代的新闻事业不够发达，但是，元人的新闻意识并没有因此而停滞不前。关于元人的新闻意识，有学者曾有过论述。② 元代人对于新闻传播的媒体属性有一定程度的认识。

其一，元人意识到新闻题材的类型化特性。元人胡布的《次韵辅州尹长民得消息天使罹祸》诗云：“塞上新闻轻使节，江南故老望征车。”③ 另一位元代诗人谢应芳的《和许君善郊居》诗曰：“朝野新闻总阙如，经锄甘分老迂疏。”④ 从中可以看出元代人对于新闻类型的初步认识。根据新闻的题材和内容，可以把新闻分为：塞上的军事新闻和朝野的政治新闻。

其二，元人对于新闻题材的新颖性也有认识。元代方回的《次韵谢吕君元方见寄二首》诗云：“向曾屡共阿戎语，今乃新闻侯喜声。”⑤ 元

---

① 胡天游．傲轩吟稿［M］//永瑢．四库全书：第1216册．上海：上海古籍出版社，1987：730.

② 孔正毅．“新闻”一词的出现及其内涵的演变［J］．国际新闻界，2009（9）：102－105.

③ 胡布．次韵辅州尹长民得消息天使罹祸［M］//永瑢．四库全书：第1369册．上海：上海古籍出版社，1987：691.

④ 谢应芳．和许君善郊居［M］//永瑢．四库全书：第1218册．上海：上海古籍出版社，1987：95.

⑤ 方回．桐江续集［M］//孙溶．四库全书珍本初集．沈阳：沈阳出版社，1998：12078.

人黄玠的《弁山小隐吟录》诗曰："子今行矣快先睹，涉阅定有新闻知。"① 元人戴表元的《剡溪文集》亦载：庶几诸君愈益见厚，时时得新闻，以洗旧蔽。② 以上都是对新闻的新鲜性的真切体悟。当然，此处的"新闻"仍有唐宋以来的"新近听说、新近见到、新近悟到"等含义，不同于今天意义上的新闻内涵，但是，元代人追求新闻的新鲜性的意向是十分明显的。

其三，元代人已经意识到"新闻欲"的概念。方回的《别后寄赵宾旸并杨华父二首》诗曰："为报包山旧乔木，欲来系马说新闻。"③ 他的另一首《寄伯宣尚书士常吏侍二首》诗亦云："林下休官已七年，新闻偶到白云边。"④ 诗中透视出作者对于新闻信息的渴望和休官以后朝野政事难得一闻的焦虑心情。

当然，元人新闻意识的觉醒与元代官报的出现，并没有直接的、必然的关系。元代人新闻意识的觉醒不一定会产生邸报这一官方媒介，但是，元代新闻意识、新闻观念的发展，无疑会营造有利于官报产生的新闻传播语境。

综上所述，除了邸报之外，我国元代确有一种类似于邸报的政府公共信息传播媒介在运行，元代人赋予了它不同的称谓：朝报、京报、除目、除书等。

（本文首发于《国际新闻界》2014 年第 1 期）

---

① 黄玠．弁山小隐吟录［M］//永瑢．四库全书：第 1205 册．上海：上海古籍出版社，1987：41.

② 戴表元．剡溪文集［M］//永瑢．四库全书：第 1194 册．上海：上海古籍出版社，1987：106.

③ 方回．桐江续集［M］//孙溶．四库全书珍本初集．沈阳：沈阳出版社，1998：12153.

④ 方回．桐江续集［M］//孙溶．四库全书珍本初集．沈阳：沈阳出版社，1998：12178.

七、明代京报考论

京报是我国清代典型的报纸形态，特别是到清代中叶以后，京报成为民间报房刊印报纸的固定报头，取代了传统邸报的称谓，成为古代报纸的统一名称，实现了中国古代报纸从官报走向私报、古代报业从官府走向民间的重要转变。同时，京报无论其传播的内容和形式，还是其社会影响，无不代表着中国古代报纸的最高水平，完成了中国古代报业最后的辉煌。但是，京报作为一种报纸形态，到底起源于何时？一直是新闻史学界长期争论的话题。

明代京报问题的提出

关于京报的起源，早在20世纪二三十年代，戈公振先生对此就有所探索。他在《中国报学史》第二章第十一节中说：

> 据北京报房中人言，清初有南纸铺名荣禄堂者，因与内府有关系，得印《缙绅录》及《京报》发售。①

虽然，戈公振没有直言京报起源于清代初年，但“清初说”的倾向是十分明显的。② 到了20世纪六七十年代，中国台湾学者也附和其说，

---

① 戈公振．中国报学史［M］．北京：中国新闻出版社，1985：29－30.

② 方汉奇先生后来对此提出怀疑，他认为，荣禄堂南纸铺并非创于“清初”；“得印京报发售”云云，其事莫须有；把所谓的荣禄堂缙绅南纸铺定为清代印售京报的发端，是缺少足够的依据的。方汉奇．《清史·报刊表》中有关古代报纸的几个问题［J］．国际新闻界，2006（6）：73－78.

并且进一步推论京报出现的具体时间是在清初的雍正年间，如陈圣士认为："清代北京报房发行之报纸，均曰'京报'，'京报'发行之时期，可推断大约为清雍正年间（1723—1735 年）。……雍正之后，'京报'代替了'邸报'，并严禁邸报发行，或系因异族统治，实行中央集权所致。"①

台湾的这位学者，言之凿凿，把京报出现的具体时间，圈定在清朝的雍正年间，并且认为京报对于邸报的替代，也就发生在雍正王朝。

黄卓明先生则持不同看法。他的《京报起源于明季》的文章出现后，关于京报的起源引起了学界的进一步讨论。黄卓明提出京报起源于明代说。他的主要证据是清代道光年间学者俞正燮《癸巳存稿》中的一篇短文：

> 《芦城平话》，四卷；《皇明小史》，十八卷；《宫史》，五卷；《事物初略》，三十四卷；又有《买愁集》，不全，皆吕贞九撰。句容王君乔年所藏。……《平话》中说熊廷弼、汪文言、傅櫆、吴孔嘉、吴养春事甚详。
>
> 前于王氏见明时不全京报。……（明天启六年）十月，《本纪》有丙申逮中书舍人吴怀贤下镇抚司狱，杖杀之，不见京报。②

俞正燮在这篇书跋中两处提到"京报"字样，但是，提到"报""报称""报又称"的有多处，显然，文中所说的"报"，也是指这类京报。

同时，黄卓明先生进一步援引明末清初人孙承泽《天府广记》中关于明代报房的记载："崇祯元年（1628 年）上谕：各衙门章奏未经御览

① 曾虚白．中国新闻史［M］．台北：国立政治大学新闻研究所，1981：95.

② 俞正燮．俞正燮全集：第 2 册［M］．于石，等，校点．合肥：黄山书社，2005：595－597.

批红，不许报房抄发，泄露机密，一概私揭不许擅行抄传，违者治罪。”① 既然民间报房已经出现，黄卓明认为其业务肯定与京报有关系，他“根据俞正燮和孙承泽的两条互相关联的记载，判断京报应创始于明代末年”②。对此，有学者持怀疑态度。如台湾学者陈圣士认为：“第一：明若有‘京报’，其必在明末。因明初及中期之‘邸报’或‘朝报’一类的京师报纸，习称‘朝报’，仅至清朝才称‘京报’，而‘京报’并非某报之专称，故可能明末在京师之报纸，有些人称之为‘京报’，惟无法证实。第二：俞正燮为清人，清称京师报纸为‘京报’，也许俞正燮在翻阅明之京师报纸亦习称为‘京报’，惟未加说明耳。”③

虽然，陈圣士猜测明末可能存在“京报”的称谓，但是，他对于“京报明代说”基本上还是持怀疑态度的。另一位台湾学者朱传誉先生也认为“京报”一词出现于明代的可能性不大。④ 他进一步说：“即使俞氏所谓‘明时不全京报’属实，也必须有其他直接或间接的旁证来支持。到目前为止，我们还没有在明代的著作或史料中，看到有关明代‘京报’的记载，明代究竟有没有‘京报’，在没有读遍明代著作或史料以前，我们不能妄断，只好存疑。”⑤

姚福申先生在《关于明代京报的辨析》一文中，虽然指出明末清初史学家谈迁的《枣林杂俎》和崇祯七年《兵部为纠参吴襄愎违轻进事题行稿》中使用过“京报”一词，但他通过论证认为：此处的“京报”“完全等同于‘邸报’”，“明代根本不存在民营京报”⑥。

20世纪八九十年代后，随着学术研究的深入，关于京报的起源探

---

① 孙承泽．天府广记：上册［M］．北京：北京古籍出版社，1982：332.
② 黄卓明．中国古代报纸探源［M］．北京：人民日报出版社，1983：104.
③ 曾虚白．中国新闻史［M］．台北：国立政治大学新闻研究所，1981：92－94.
④ 朱传誉．清代塘报研究［J］．（台湾）报学杂志，1997，4（8）：83.
⑤ 尹韵公．中国明代新闻传播史［M］．重庆：重庆出版社，1990：130.
⑥ 姚福申．有关邸报几个问题的探索［J］．新闻研究资料，1981（4）：107－126.

讨又有新了的进展。

尹韵公先生在反映明代社会生活的小说里发现了“京报”一词，如《儒林外史》第三回载：

> 报录人见了道：好了，新贵人回来了。正要拥着他说话，范进三两步走进屋里来，见中间报帖已经升挂起来，上写道：捷报贵府老爷范讳进高中广东乡试第七名亚元。京报连登黄甲。[①]

明代金木散人的平话小说《鼓掌绝尘》也有关于京报的记载：“一日，送京报来说：九龙知县已有官了，姓金名石，系金陵人，选贡出身。”[②]

虽然明代小说中有关于京报的记载，但文学作品毕竟不同于文献史料，它是艺术的世界，是允许虚构、想象的，如果以此作为依据，作出肯定的判断，恐怕是有风险的。因此，尹韵公先生非常谨慎，他认为：“仅凭一条史料作为根据，是否太单薄了一点，史学研究一向认为孤证是最危险的。所以，我们应该再发现几条或更多的史料，然后才得出牢牢实实的结论。在此之前最好不必匆匆忙忙地作出肯定或否定的论断。”[③] 立论颇为中肯谨严。

当代著名新闻史学者方汉奇先生，在明代传奇作品《鸣凤记》中也发现了关于京报和京报人的表述：

> 小生：老爷在上，京报人叩头。
>
> 生：报何事？
>
> 小生：报老爷高升兵部武选司，有京报呈上。
>
> 生：取上来。（看介）即今仇鸾造反，皇上思念杨继盛前言非

---

① 吴敬梓．儒林外史［M］．合肥：黄山书社，1986：27－28.

② 尹韵公．中国明代新闻传播史［M］．重庆：重庆出版社，1990：130.

③ 尹韵公．中国明代新闻传播史［M］．重庆：重庆出版社，1990：130.

谬，合当起用。特升兵部武选司员外郎之职，星夜赴京，奉圣旨。是这等说。那仇鸾拿下了么？

小生：拿下了。[①]

方先生将《鸣凤记》的题材内容与《明史》进行比勘，认为此事应该发生在明嘉靖三十一年（1552年），“可见京报这一称呼，至少在嘉靖、隆庆年间就已经出现了”[②]。当然，《鸣凤记》虽有历史事实的影子，但毕竟也属于文学作品，作为证据还缺乏足够的说服力。那么，有明一代历史文献中有没有关于京报的记载呢？笔者最近在通检明代相关著述时又有了一些新的发现，可以为明代京报的存在提供必要的佐证。

京报的起源及明代京报新证据

前文已述，就现有文献来看，“京报”一词最早在元代就已经出现，并非起源于明代。关于明代京报的史料，除了上述俞正燮的《癸巳存稿》、姚福申的举证、文学作品《儒林外史》和《鸣凤记》等之外，笔者又考得几条。

明代中叶，著名的文学流派“明后七子”领袖王世贞之弟王世懋（1536—1588年）有一封行书手札——《王敬美与仲蔚札》，收录在清初书画家卞永誉（1645—1712年）的《式古堂书画汇考》之中。其内容如下：

得书，欣若面谈。适早，得京报，知家兄南都之谤，不入，与王龙池俱无恙。此诚为世道庆，不但仆家事也。唯虚江兄在罢软之

① 方汉奇．中国新闻事业通史：第1卷［M］．北京：中国人民大学出版社，1992：130-131.

② 方汉奇．中国新闻事业通史：第1卷［M］．北京：中国人民大学出版社，1992：131.

列，差为不乐耳。愚兄弟素寡宦情，今著此箭，谊无复出公论，既明进退自由，比于勒归霄壤矣。知足下忧喜当同，故不惮详述也。仆书尺牍虽小佳，较梓匠政得胜耳。为家兄所强，乃作班定远穷时态，可为一噱。得衷可有十二三。其意在博采，与足下务精之意别（下有又字点去），欲称雅语，即古人尚多不满人意者，况唐宋暨时人耶？春日正佳，两园梅花盛发，念足下不得共握麈，其间有兴，能买舟一到否？即日，世懋稽颡，复仲蔚征君先生大雅足下。[①]

这封书信的内容主要是作者与友人叙述家事及表达对世道人心的不满。信中说，王世懋从京报中获知乃兄（即王世贞）被谤之事。我们知道，太仓王氏，乃名门望族，王世贞为人又恃才傲物，与严嵩父子进行过殊死斗争，后来又忤逆过张居正，因此，备受排挤打压。信中传达出王世懋为兄弟鸣不平之意。信中至少透露出如下信息：

第一，明代嘉靖、万历年间，确有京报的存在。这也印证了方汉奇先生所说的“京报这一称呼，至晚在嘉靖、隆庆年间就已经出现”[②]。

第二，王世懋所得的京报，其内容包括朝廷的人事升黜或人事弹劾，符合明代封建官报的基本内容。这份京报显然刊载了乃兄王世贞被政敌诽谤打压之事。换言之，王世懋是通过阅读京报时才知道哥哥被谤之事的。从“唯虚江兄在罢软之列”推测，这份京报的人事弹劾肯定不只王世贞一人，还有其他人，可惜无从尽晓。

第三，由“适早，得京报”可知，明代京报发行的时间观念还是很强的，体现了京报的新闻属性。

明末学者黄淳耀（1605—1645 年）是崇祯壬午年（1642 年）进士，

---

① 王世懋．敬美与仲蔚札［M］//永瑢．四库全书：第 828 册．上海：上海古籍出版社，1987：155.

② 方汉奇．中国新闻事业通史：第 1 卷［M］．北京：中国人民大学出版社，1992：131.

一生无意仕宦，潜心研读经籍，著有《山左笔谈》《陶庵全集》等作品。《陶庵全集》卷一《上座师王登水先生书》有载：

> 是以，前此虽经屡刖，今年复随众入闱。属有天幸得出于执事之门下。恭维执事慈祥温惠之风，清刚廉洁之守，仁思义色，洽被远迩，精鉴妙裁，出于诚一。闱中所得，率多奇杰卓诡之士，而某也误厕其间，虽其才不及韩愈、苏轼万分之一，而执事固今之陆宣公、欧阳永叔也。世有出于宣公、永叔之门，而不竭蹙奔走叩首函丈者欤？惟是榜放后，即入南都，台旌已还青阳。是时，督学有亲供之召，留江阴者。旬日，家间复苦，京报人乞索无厌，乃归家匄贷以遣之。而某窭贫人也，计偕在即，束装愈难，因思执事，所以甄收某者，固将望其有所树立，不必责以区区之一见。是以，不揆狂斐，辄敢自述其为学、为文之本末。与其所以不得至前之故，熏沐拜书，仰尘清览，伏惟执事悯其至诚也，教且诲焉，而不督其罪戾。幸甚，幸甚。①

这是黄淳耀应试科举，向王登水先生请益、表达景仰的一封书信。文中提到了京报人之事，叙述较为含混。据笔者推测，可能是专门传报科举信息的京报人，在放榜后，向中榜者报喜，传递榜迅，索要“喜钱”太甚，而作者家贫，无以打发等意思。这段文字透露出一些非常重要的信息：

其一，明代中叶以后，确有一批以传递新闻信息为生的京报人。为了生计，他们甚至不惜一切，向中举者索要“喜钱”。正如明代诗人郑文康《林东斋居》诗所云：“堪笑几人双健足，每于城市报新闻。”② 诗

---

① 黄淳耀．陶庵全集［M］//永瑢．四库全书：第1297册．上海：上海古籍出版社，1987：626-627.

② 孔正毅．“新闻”一词的出现及其内涵的演变［J］．国际新闻界，2009（9）：102-105.

句形象地描绘出这些“职业报人”在城乡之间传递新闻信息的情形。

其二，更为重要的是，这类京报显然不同于当时官方的报纸，而是具有鲜明的民间私营报业的性质。这些民间报房的职业京报人，非常熟练地利用新闻业的特点进行经济活动，体现出明代中期以后，民间私营报业的存在价值。关于明代京报的性质，下文将进一步讨论。

明代京报的性质辨析

根据以上明代京报新史料，加上已有的新闻史学者的研究成果，我们基本上可以得出结论，明代的京报确实存在过，至少在明代中叶嘉靖以后，京报已经成为传播朝野政事、军事情报、科举信息的重要媒体。但是，京报作为传播新闻信息的媒体，到底具有什么性质？具体来说，它与邸报一样属于封建官报呢？还是属于民间报房抄印的民营私报？

关于明代京报的性质，目前，新闻史学界有几种不同的观点：

其一，以黄卓明为代表，主张明代京报是私营的报纸。他在《中国古代报纸探源》一书中指出，京报是由民间经营并据邸报内容加以翻印的报纸。[①] 在谈到京报与朝报的关系时，他进一步强调，京报本身是邸报的翻版，只不过后者为朝廷所主持，前者为民间所经营。[②] 黄卓明非常明确地断定，明代京报是一种民营报纸，不同于封建官报——邸报的官营性质。

另外，尹韵公先生也认为：“京报是朝报的延续和翻版，根据是明末史籍中曾多次提到报房，报房是民间的，京报亦是民间；既然同属民间，又同在抄报行，它们二者之间肯定有一定的联系。”[③]

---

① 黄卓明．中国古代报纸探源［M］．北京：人民日报出版社，1983：101.
② 黄卓明．中国古代报纸探源［M］．北京：人民日报出版社，1983：91.
③ 尹韵公．中国明代新闻传播史［M］．重庆：重庆出版社，1990：130.

当然，由于当时发现的明代京报史料太少，关于京报的性质，尹韵公先生的态度较为审慎，他没有作出肯定或否定的结论。

其二，以方汉奇、姚福申先生为代表，主张明代的京报是官方的报纸。方先生认为："京报，由发自京师而得名。称官报为京报，开始于明代。""但有一点是明确的，即发自中央的官报只有一家，即邸报，其他的邸抄、邸钞、钞报、阁抄、科抄、朝报、除目、京报等称呼，都只能是它的别名，不可能是性质不同的另外的一类报纸。"① 方先生的观点也较为明确，"京报"是官报的一种别称。当然，其性质自然是官营的。

姚福申先生也明确说：明代根本不存在民间私营的京报。他还从京报印刷的角度来说明其官报性质。"因为当时各省驻京的抄房，需要抄发的数量是有限的，不可能也没有必要各自置办活字印刷场。个别与大吏们有密切关系的印刷商就兜揽了印刷官报的生意，经政府批准以后在北京设立报房，编印发卖。"② 也就是说，京报虽然出自民间报房，但是由于经过了政府的批准，所以应该是属于官报性质。

其三，笔者以为，从现有的明代京报文献来看，明代京报具有双重属性，即政府官报性和民间私报性。譬如王世懋所得之京报，这类京报所刊载的内容多为朝廷政事、人事升黜、军事情报等重要新闻，完全是政府行为。没有政府的批准，民间报房是不敢随便抄印的，违者肯定要受罚。按照姚福申先生的观点，此京报就是明代邸报的别称。

但是，像《儒林外史》中的京报和黄淳耀所提到的京报，则可能就是民间报房刊印的私营报纸。因为，这类京报主要传播某些特定的消息，如科举新闻等。

---

① 方汉奇．中国新闻事业通史：第 1 卷［M］．北京：中国人民大学出版社，1992：130－131.

② 姚福申．有关邸报几个问题的探索［J］．新闻研究资料，1981（4）：107－126.

科举新闻有两个主要特点。第一，传播快捷。邸报等官方报纸抄传较慢，不能满足受者的时间要求。而民间报房的京报人则可以闻风而动，抄印或翻刻成报纸，快速传播。这类京报显然具有民营性质，不太可能属于政府官报。第二，传播科举新闻会带来可观的"喜钱"。给"喜钱"已经成了当时不成文的规矩，报喜一个"进士"，甚至可以"要三百两"。[①] 上文的黄淳耀，中进士后，甚至被京报人乞索，被逼迫到"归家匄贷以遣之"的程度。所以，这类京报显然不会是政府所为，只能是民间报房所为，属于私营报纸。

关于明代报房的性质，有一条重要材料，至今未有人提到。明人赵志皋（1521—1601年）在其奏议《乞振朝纲疏》中曾提到明代报房的双重属性。

> 万历二十四年。……又有一番罢闲官吏、举监生儒，如乐新炉之类，藏匿京师，投入势宦衙内，作文写书，四布投递，旋即送入报房，令人抄报，传示四方。夫报房即古之置邮，传命令以达之远近者也。非奉命者，不敢抄。今则朝奉疏而夕发抄，不待命下，而已传之四方矣。近日，又有刘世延一本，论臣及石星与李桢，玩其词颇不类世延语。因查通政司并无有副本，乃知憸邪小辈，假此以诬诋善类，其风岂可倡哉。此朝纲不可不振者四也。
>
> 刘世延以穷凶极恶之资，肆乱臣贼子之行，中外远近侧目已久。今一旦置之于法，举朝欢欣。然世延之肆恶显而易见，世固有心术险诐，智巧艰深，气焰足以熏灼一时机权，足以笼络众志，坏朝政而不顾国家之利害者。其肆恶微而难知此朝纲之不可不振

① 西周生．醒世姻缘传［M］．济南：齐鲁书社，1980：4.

者五。[①]

赵志皋是万历时期的重臣，先后在万历二十年（1592年）、二十九年（1601年）两度出任当朝首辅一职。在这份《乞振朝纲疏》中，他历数朝廷弊政，请求皇帝重振朝纲。文中他特别强调，当朝众多弊政中，之四就是报房私下抄报，传示四方，谣言惑众之事。这是目前所见关于明代报房最为详尽的史料。这则材料非常有价值，它描述了民间报房抄报的基本情况。

第一，报纸内容的编辑人员是一批“罢闲官吏”和“举监生儒”，基本上是一些失势的官僚和落魄的民间文人。

第二，报人通过非官方途径获得信息。他们往往“藏匿京师，投入势宦衙门，作文写书，四布投递”，主要是通过私人走访获得信息。消息源完全是非官方的，信息来自民间。

第三，报纸制作的关键是报房抄报。“送入报房，令人抄报，传示四方。”他们将自己采访写成的稿子，送进报房。奏疏中还特别指出，报房如“古之置邮，传命令以达之远近也”。原来由官方控制的信息传播机构，现在由私人操控经营。

从这段文字中可以看出：报纸消息源来自非官方；报纸编写人员来自民间；报房抄报是为了盈利。这类报纸的生产过程，完全是私营化的，因此，明代报房的私营性质十分显明。这就是明代报房“官办私营”的双重性质。

那么，为什么会出现京报的身份官私不明的混乱局面呢？笔者以为主要的原因是读者或受众的“误读”造成的。当时，对于读者来说，他们关心的是报纸的信息内容本身，不会去分辨报纸的性质。读者常常就

---

① 赵志皋．乞振朝纲疏［M］//永瑢．四库全书：第445册．上海：上海古籍出版社，1987：532－533.

把看到的所有报纸统称邸报、邸抄、科抄或京报。这给我们分辨京报的性质带来了困难，以致产生上述关于明代京报性质的不同理解。

概言之，明代京报客观上确实存在官、私两种不同的类型，只是由于阅读者的同一称呼，模糊了二者的性质区别。这也进一步证实了尹韵公先生关于明代民间报纸少见的推测："其原因很可能是明代的民间报纸也被人们称之为邸报，由于它跟官方邸报混在一起，因而在很多场合下，难以分辨出官方与民间的不同色彩。"①

以上是我们细读新发现的京报资料后形成的初步认识。

结　论

综上所述，我们似可以得出如下结论：

第一，从词源学的角度来看，"京报"一词最早见于元代文献，并非产生于明代。

第二，作为一种报纸形态，明代的京报确实存在，至迟在明代嘉靖、万历年间就有。明代京报的内容包括朝廷政事信息、人事升黜信息和科举信息等。

第三，明代的京报具有双重属性。一部分京报属于官方的，具有官报性质，等同于官方的邸报。另一部分京报则是非官方的，是私营性质的报纸。之所以会产生对京报性质认识上的混乱，主要是因为当时人们对报纸名称的称呼较为笼统。

（本文首发于《国际新闻界》，2012 年第 2 期）

---

① 尹韵公．中国明代新闻传播史［M］．重庆：重庆出版社，1990：112.

八、明清时期的“报案”

所谓“报案”就是因报业活动而发生的事件。我国古代的“报案”可以追溯到明代。清代的“报案”是从明代的“报案”延续下来的。

明代的“邸报案”

明代中叶以后，明王朝政局晦暗不明。各政治派别不失时机，利用邸报，发动舆论战，甚至不惜伪造邸报，以此实现政治目的。

嘉靖年间，抗倭名将胡宗宪曾“令人于朝报捏造一事云：差锦衣卫百户苏某前往浙江，与该安抚官会议军情，听令便宜行事等因”。[①] 一般认为，朝报即邸报。胡宗宪叫人伪造邸报，并且差锦衣卫前往浙江，参与军情决策，还谎称钦差大臣马上就到。这是利用伪邸报参与党争的一个案例。

明中叶后，东林党派之争、宦官专权愈演愈烈。有些人就伪造邸报来制造舆论。万历年间，王图权倾朝野，有人挑唆权臣王图、王国兄弟不和，并且伪造了一份王图的儿子弹劾叔叔王国的章奏，在邸报上传播，一时间舆论哗然。万历皇帝得知此事，勃然大怒，一面下诏捕人，一面申饬有司：“假揭抄传，公行诬害，大于法纪，法司作速严拿传报

① 黄卓明．中国古代报纸探源［M］．北京：人民日报出版社，1983：90.

人，究明重拟来说。”[①] 可见，伪邸报在当时带来的社会影响不容小觑。

清顺治时期的“伪邸抄案”

清代的伪造邸抄事件，最早出现在顺治年间。顺治十三年（1656年），吏部书办冯应京接受随州知州程文光的贿赂，运用移花接木之法，在一份皇帝尚未批复的奏折上伪造了“依议”等朱批，试图将保举程文光任职的举荐奏折付诸实施。在交给报房“发抄”后被发现，遭人举报。东窗事发后，冯应京和另一名经手书办李德美被判绞刑。而京报馆的抄报人茅万懋也因此受到牵连，遭到刑部的审讯。

这是目前能见到的清代最早的“伪邸抄案”——清代第一“报案”。作伪者为了钱财而不惜玩命。作为书办的冯应京接受了他人的贿赂，因财作伪。报房人茅万懋显然是为了扩大邸抄的阅读量和报纸的销路，才接受了这笔业务。

一般来说，邸报上的人事升黜内容，特别是高层官员变动的新闻是颇能吸引读者的，刊登此内容会带来较大的阅读量。当然，从后来的审讯口供中能够感受到，茅万懋是被蒙蔽了，他事先并不知道这份邸报是伪造的。作为报人，他十分清楚，清廷对于邸抄抄传有严格规定，没有朱批、六科发抄，邸报是不得随意抄印的。审讯时他还说：“这刻发报生意，原不能尽行刻发，冯应京既说是旧本的事，故此不曾问他，就刻发了。”[②] 冯应京一介书吏，贪图钱财，未将实情告诉茅氏，瞒天过海，结果不仅害了他人，自己落得个被绞身亡。

---

① 万历邸钞［M］．扬州：江苏广陵古籍刻印社，1991：1291.

② 方汉奇．清代北京的民间报房与京报［J］．新闻研究资料，1990（4）：205－220.

康熙朝的“伪邸抄案”

康熙时期的“伪邸抄案”在《圣祖仁皇帝圣训》等文献中有记载。康熙末年，贵州巡抚刘荫枢从伪邸传上得知康熙皇帝决定要亲征蒙古。于是，上一道奏折，建议康熙皇帝“缓图北征”。结果遭到康熙皇帝的痛斥。《圣祖仁皇帝圣训》载：

> 康熙五十五年（1716 年）丙申三月戊午，九卿议覆贵州巡抚刘荫枢题请缓图北征一疏。上曰：策妄阿喇布坦无知蠢动，侵扰我哈密，应发大兵即行殄灭。但朕好生为念，不忍骤加剿除，因备兵边地，遣使宣谕，俟其悔罪自新，为中外生灵计其万全措置之际，必筹其前后，虑及久远，防微杜渐，始合机宜。自策妄阿喇布坦侵扰哈密以来，朕从容与大小臣工公同商酌，办理军务，并未尝有逞一己之怒，形诸声色，及统兵亲剿之处。刘荫枢听信讹传邸抄，妄行具奏，以为分清边界，便可毕事。如策妄阿喇布坦乘闲窃发，边民能保不受害乎？刘荫枢尚未衰迈，着乘驿前赴军前，尽心周阅，矢公详议具奏。①

这是康熙看到刘荫枢的奏折后，对此所作的御批。刘荫枢的奏折已经看不到了，但从皇帝的谕旨中基本能看出事件的原委。刘氏要求皇帝不要“逞一己之怒”“形诸声色”“统兵亲剿”，而要“缓图北征”“分清边界”。这份谕旨中非常明确地说，刘荫枢是“听信讹传邸抄”，才“妄行具奏”的。刘荫枢到底是如何听信讹传邸抄，伪邸抄是从何而来，又是怎样传到刘荫枢之手的，这些都不得而知。

---

① 圣祖仁皇帝圣训：第 46 卷［M/CD］//永瑢．四库全书・史部・诏令奏议类・诏令之属．上海：上海人民出版社、迪志文化出版有限公司，1999.

当然，刘荫枢“听信讹传邸抄”的后果是十分严重的。他被发配至傅尔丹等地开荒种地。另据《平定准噶尔方略》记载：

遣刘荫枢军前种地。刑部议奏，原任贵州巡抚刘荫枢供称：臣年老昏愚，茫无知识，伏见皇上用兵西陲，妄行奏折。及命臣赴军前，周阅营垒，诳言适逢大雪，坠马伤足，病甚难行，又不请旨，径回甘州。蒙恩宽恕，令臣仍往看雪，又不遵行妄求宽免。蒙恩令臣赴任，彼时病势渐减，遂尔直行前往。种种乖谬，罪应万死。刘荫枢应革职，拟绞立决。但议政大臣等，前于不肯进兵之提督师懿德议以立绞。奉旨暂停治罪。刘荫枢亦应暂行停决，发往侍郎海寿处种地，俟大兵回日治罪，奏入得旨：刘荫枢岂可复行发往陕西，着发往傅尔丹等地方种地。①

作为封疆大吏的刘荫枢，因听信伪邸抄的传播，险些被判以绞刑，最终被发配到边疆种地。封疆大吏都被如此处置，如是一介平民，那就可想而知了。由此可见，清廷对伪邸抄事件高度重视。

雍正朝的“伪小抄案”

雍正时期，对于邸抄和民间小抄都有严格禁令。尤其是小抄，更是一律禁止发行。“书吏、提塘、京报人等，除红本上谕外，如有讹造无影之辞者，该司坊官严行察拿。……吏、兵部科衙役及各省报房，探听事件，捏造言语者，该司坊官严行察拿。”②

即便如此，“伪小抄”事件仍然时有发生。最著名的就是“雍正游

---

① 傅恒，等．平定准噶尔方略前编：第4卷［M/CD］//永瑢．四库全书・史部・纪事本末类．上海：上海人民出版社、迪志文化出版有限公司，1999.

② 钦定大清会典则例：第150卷［M/CD］//永瑢．四库全书・史部・政书类・通制之属．上海：上海人民出版社、迪志文化出版有限公司，1999.

园伪抄案"。雍正四年（1726 年）五月，有报房小抄刊载了"雍正皇帝与王大臣赴圆明园登舟游玩"之事：

> 初五日，王大臣等赴圆明园叩节毕，皇上出宫登龙舟，命王大臣等登舟共数十只俱作乐，上赐蒲酒，由东海至西海，驾于申时回宫等语。夫人君玉食万方，偶于令节宴集群臣，即御龙舟奏乐赐饮，亦蓼萧湛露之意，在古之圣帝明王亦所不废，何不可者。但朕于初四日即降旨，令在城诸臣不必赴圆明园叩节，初五日仅召在圆明园居住之王大臣等十余人，至勤政殿侧之四宜堂赐馔食角黍，逾时而散，并未登舟作乐游宴也。且先期内务府总管等奏请，今岁照例修备龙舟。朕实止之，此非有意屏却燕游，盖厌其喧杂耳。而报房竟捏造小抄，刊刻散播，以无为有，甚有关系。着兵、刑二部详悉审讯，务究根源，以戒将来，以惩邪党。①

从雍正的谕旨上看，这篇报道的内容是关于"皇帝与诸大臣，端午节乘龙舟在圆明园游燕"之事，显然，这篇报道不符合提塘报房发抄需经"六科审查的御批奏折"的要求。因此，可以推定这是民间报房报纸上刊载的报道。

就因为这份"捏造"的报道，抄报的策划人何遇恩、邵两山（方汉奇先生称其为"邵南山"）被判斩，秋后处决。"雍正四年（1726 年）五月十九日，刑部等衙门议奏：捏造小抄之何遇恩等依律斩决。奉上谕，何遇恩、邵两山俱改为应斩，着监候秋后处决，余依议。报房小抄捏写端午龙舟游燕之事，以无为有，甚属可恶。"② 据称，何遇恩、邵两山是中国历史上最早为新闻事业献身的报人。

---

① 世宗宪皇帝上谕内阁：第 44 卷［M/CD］//永瑢．四库全书・史部・诏令奏议类・诏令之属．上海：上海人民出版社、迪志文化出版有限公司，1999.

② 世宗宪皇帝上谕内阁：第 44 卷［M/CD］//永瑢．四库全书・史部・诏令奏议类・诏令之属．上海：上海人民出版社、迪志文化出版有限公司，1999.

乾隆时期的“伪孙嘉淦奏稿案”

有清一代，影响最大、也最富政治意味的伪邸抄案，当属乾隆年间的“伪孙嘉淦奏稿案”。此案应该叫什么名称，历来有不同种说法。[①]按照乾隆皇帝的谕旨，有“伪稿”“伪造孙嘉淦奏本”“捏造孙嘉淦本稿”等多种称呼，出现次数最多的是“伪稿”。但是，乾隆谕旨中根本就没有提到“伪邸抄”字眼，因此，此案称作“伪孙嘉淦奏稿案”较为准确。

事件的过程是这样的。乾隆十五年（1750 年）七月，江西抚州卫千总卢鲁生闻听乾隆皇帝要南巡，认为此举一定会劳民伤财，使百姓遭殃，“虑及办差陪累，妄希停止巡幸”。于是，卢鲁生突发奇想，“起意捏造伪稿”。他到南昌卫守备刘时达家，与刘时达共谋此事。对于乾隆的此次南行，列出“五不解、十大过各目”。然后，就假冒一代名臣孙嘉淦之名，伪造了一份奏疏，交给书办彭楚白来抄传。[②] 其目的是表达对于皇帝南巡的不满，想借助舆论来对抗朝廷。

这本“伪稿”在社会上流传了一年多的时间后，直到乾隆十六年（1751 年）八月，才被云贵总督硕色发现，硕色随后上了份奏折，禀报给了皇帝。据称，硕色是在乾隆十六年（1751 年）七月初一日接到古州镇总兵宋爱的密奏，才知道此事：本年六月二十二日驻安顺府提塘吴士周发现，邸报中另附了这份“伪稿”。

乾隆皇帝看到硕色的奏折后，大为震怒，立即传谕，要求步军统领

① 黄卓明称为“伪传邸抄案”，方汉奇称为“抄伪稿案”，也有人称为：“伪孙嘉淦奏稿案”。

② 戈公振说是“交各提塘传抄，印入《京报》”。（见戈公振．中国报学史［M］．北京：中国新闻出版社，1985：30.）但从乾隆谕旨中并没发现交给提塘报房传抄的记载，不过从发行如此之广的角度看，通过驻京提塘发抄的可能性是存在的，唯没有史料证据而已。

舒赫德、直隶总督方观承、河南巡抚鄂容、山东巡抚准泰、山西巡抚阿思哈、湖北巡抚恒文、湖南巡抚杨锡绂、贵州巡抚开泰，立即“选派贤员，密加缉访，一有踪迹，即行严拿”①。此案经过两年多的缉查，终于追查到元凶——卢鲁生、刘时达等一批人。

“伪孙嘉淦奏疏案”影响之大、迁延之广，在整个清代都是空前绝后的。仅据《东华录》记载，皇帝关于此案的谕批就达二十多道。其中，乾隆十八年（1753 年）三月的一道谕旨带有总结性，说出了事件的原委。内容如下：

> 庚申，军机大臣、刑部奏捏造伪稿一案，先经云贵总督参奏，辗转追至江西传抄之江锦章，递究至彭楚白，经江抚审拟，彭楚白得稿于段树武，发落完结。臣等因案情可疑，将传抄授受未明之段树武、彭楚白等，请旨行提到京，详细推究。据段树武供称，实未给稿，曾经彭楚白告知伊另有得稿来历。及研讯彭楚白，始供系伊本官抚州卫千总卢鲁生给稿传抄，所供得稿于段树武，实因卢鲁生之次子卢锡荣属令隐瞒等情。随提卢鲁生审讯，诘其得稿来历，初供系伊次子卢锡荣不知从何处抄来，迨再三究诘，忽供系伊在赣州卫千总李世璠处得稿于永新所千总石宪曾，忽供得稿于南昌卫守备刘时达，并称系刘时达之子刘守朴任所寄来。因其言语支离，反复开导，始据该犯供认自行起意，与刘时达商谋捏造。缘该犯系四川南部县人，……该部另行请旨。②

此案的处理是极其残酷的。卢鲁生为主犯，以“起意捏造”罪，被凌迟处死。刘时达被动合谋为从犯，与卢鲁生的儿子卢锡龄、卢锡荣，被判斩监候，待秋后处决。这桩“伪孙嘉淦奏稿案”有几个特点。其

① 黄卓明．中国古代报纸探源［M］．北京：人民日报出版社，1983：131.
② 黄卓明．中国古代报纸探源［M］．北京：人民日报出版社，1983：145-147.

一，时间较长。从乾隆十五年（1750 年）七月开始至乾隆十八年（1753 年）三月结束，前后拖延达两年九个月之久。其二，范围很广。波及全国十六个省份。其三，牵连人物众多。据《东华录》统计，有名姓的各级政府官员就达四十多人。

这次伪稿案的影响，可以从两个角度来分析：

第一，就政治层面来看，这是一起典型的政治事件，属于变相的“文字狱”。号称“十全老人”的乾隆皇帝，被指责“五不解、十大过”，成为各级官员眼中的不仁不义之人，他是无论如何接受不了的。这是他花费如此巨大的人力物力，彻查追究的原因之一。“伪稿”流传达一年之久，从江西流布至贵州才被发现，才有人汇报，让乾隆感到政权的危机压力。从实际情况来看，显然不是各级地方官员没有发现，而是发现了也是睁一只眼闭一只眼，或者有意无意，放任其流传。这才是乾隆恼怒彻查此案的关键原因。这不是各级官员简单的渎职问题，而是思想上的抵触、行动的对抗，这是他所不能容忍的。联想到清初的“夷夏之防”“曾静案”，他不由得高度重视。他决心通过彻查该案，实现思想上的肃清、行动上的统一，使政权进一步得到巩固。

第二，从传播学的视角看，“伪孙家淦奏稿”的传播无疑是十分成功的。首先，“伪稿”如何突破把关人——提塘，进入流通传播环节，就很值得研究。大家知道，清代的邸报发行有几个关键环节：通政使司收集——内阁票拟报奏——皇帝朱批——六科廊坊整理——提塘发行。“伪稿”跨越了前面几个环节，直接面对提塘。如果“伪稿”真的经过了提塘的发行，那么，提塘显然是将“伪传邸抄稿”行为，作为一种政治斗争的工具。如果没有经过提塘发行环节，“伪稿”又怎么可能进入政府官员的阅读视野呢？也就是说，提塘肯定参与了此次伪稿的传抄活动，才取得如此广泛影响的传播效果。

其次，“伪稿”传播的范围广。“伪稿”传播范围之所以如此之广，除了官员的懈怠之外，笔者以为，阅读者的心理被巧妙利用，可能是“伪稿”传播如此之广、时间如此之长的重要原因之一。此等涉及帝王尊严、皇权稳定的重大问题，每一位阅读过的官员，都会意识到问题的严重性，但是，他们都心存侥幸，或幸灾乐祸，或畏惧责任，希望事情不要发生在自己身上，致使“伪稿”一直传播，最终酿成惊天大案。

九、清代邸报文献的系统考察

邸报文献是研究邸报的文本和基础。文献资料整理越是充分，研究的基础会越扎实，立论会更坚实，此为史学研究之常识。由于我国古代邸报文献远不如文史哲等主流文献保存得丰富与完整，存世的邸报实物十分希见。清代的邸报文献虽较前代大有增加，但邸报的存佚状况及其版本体系，至今少有人系统探讨。多维度的邸报文献考察，不仅能够发现邸报的编辑、整理、出版、发行等过程，而且对于研究邸报的生产方式、价值影响等，均具有重要意义。

清代邸报直接文献的存佚状况

清朝沿袭明代旧制，顺治初年，即在全国发行官报——邸报。就现有文献来看，清初的邸报事业不仅存在而且十分发达。清代有一套完整的邸报管理机制，邸报在政府的日常管理、信息流通和政治文化生活中发挥着重要作用，这已是不争的事实。

清初顺治、康熙两朝的邸报实物或原件，由于年代久远，朝代更迭，目前尚没有被发现。雍正、乾隆王朝是整个“康乾盛世”之巅峰，社会文化事业全面发展。《四库全书》的编纂，堪称古代文化事业之代表性工程。同时，伴随着古代印刷技术的进步，政府、书坊与个人的刻书业日益兴盛。值得注意的是，这一时期在京城出现了以营利为目的的民间报房。据史料记载，清初民间报房至少有三家：白本报房、荣禄堂南纸铺和公慎堂。民间报房的出现，使得邸报的印刷数量剧增。今天，无论是在国家图书馆、地方图书馆、博物馆，还是民间收藏，都存有一定量的雍正、乾隆年间邸报实物，这是与民间报房的产生有直接关系的。嘉庆、道光以后至清末，民间报房数量不断增加，最多增至 21 家①之多。加之时代较近，邸报实物保留下来的也日见其多。

（一）乾隆时期的邸报文献

国内藏乾隆年间的邸报原件主要有如下几例：

①乾隆二十六年（1761 年）京报②。目前能见到的乾隆年间最早的邸报实物是乾隆二十六年的京报。据安徽合肥润泽东方老报馆馆长冯艺先生称，该馆藏有一份乾隆二十六年的京报。润泽东方老报馆是一家由私人收藏者朱靖先生创办的老报馆。该馆从事古旧报刊收藏已有近 20 年，藏有中外不同历史时期各类报刊数千种，其中，最具文献价值、文物价值和新闻史料价值的就是这份乾隆邸报。

该报册页装订，纸捻穿钉，共计 8 页，首页装帧，外口左上角印有“乾隆京报”字样，右下角印有“公慎堂”三字。具体时间是乾隆二十六年（1761 年）八月二十三日。这是目前能见到的最早的乾隆朝邸报原件，对于新闻史研究来说，具有极高的文献史料价值。同时，“公慎堂”字样的出现，也能充分证明，早在乾隆时期，北京民间报房就十分活跃，这是一份民间报房印刷的京报。

润泽东方老报馆自 2006 年开始，作为安徽大学新闻传播学院的学

① 方汉奇．《清史·报刊表》中有关古代报纸的几个问题［J］．国际新闻界，2006（6）：73-78.

② 关于邸报的称谓，方汉奇先生有过论述：清代的官报，通常被称为邸报，有时也被习惯地别称为邸抄（抄或作钞）、阁抄、科抄、京抄、朝报、京报；几种异称长期并存，互相串用，其中，京报这一称呼，最初用来泛指发自京都的各项文书邸报，清中叶后才逐渐地发展成为官报的专用名词。（方汉奇．中国新闻事业通史：第 1 卷［M］．北京：中国人民大学出版社，1992：190.）

生见习基地，曾将一批希见的珍贵报纸公开展览，特别是这份乾隆朝前中期的邸报，最为珍贵，笔者有幸得以亲见并且试图请藏家将原件拍照，以飨读者，出于文物价值保护的考虑，藏家未能响应。

②乾隆三十二年（1767 年）京报。2009 年，中国书店挂拍一份乾隆三十二年十一月二十三日的活字版京报。该京报首有“京报”二字，内容包含时间、纶音、上谕等。（见图 9 - 1）

图 9 - 1　乾隆三十二年京报

③南京图书馆藏乾隆三十五年至嘉庆六年《题奏事件》，即今天所说的政府日报[①]，共 12 册，公慎堂活字印本。具体时间是：乾隆三十五年（1770 年）三月四日至三十日，闰五月九日至十八日，六月二十六日至三十日，七月一日至二日、四日至十四日，九月四日至二十五日；乾隆三十八年（1773 年）十月三日、五日至十日，十一月二十二日至二十五日；乾隆四十二年（1777 年）二月二十二日至二十五日，十二月一日至六日。另有公慎堂活字印乾隆四十二年二月文选单、武选单各 1 份。官员选单是邸报的基本内容之一，往往单独发行。

---

① 潘天祯．乾隆、嘉庆间所印日报《题奏事件》的发现［J］．文物，1992（3）：82 - 91. 潘先生考证，《题奏事件》“用今天的话说，就是刊载题奏文件的日报”，具有典型的政府官报性质。

④首都图书馆藏乾隆官报1册[1]，公慎堂活字印本。时间是乾隆三十五年（1770年）七月十五日至二十九日。

⑤北京图书馆藏《题奏事件》1册[2]，公慎堂活字印本。时间是乾隆三十八年（1773年）八月十六日至二十二日。

⑥中国历史博物馆藏《题奏事件》2册[3]，公慎堂活字印本。时间是乾隆三十九年（1774年）三月、四十一年（1776年）八月。

⑦北京文物局藏《题奏事件》2册[4]，乾隆活字印本。

另据称，方汉奇先生早年也收藏有乾隆时期的邸报若干份。报上有方先生当年的收藏记录：四六年初冬购于夫子庙状元境区南冷摊；所藏邸报，此为最早；方汉奇一九四六年十二月六日。另一份的收藏记录是：五〇年购于洛阳书馆，汉奇珍藏，乾隆邸报。

以上乾隆年间的邸报原件，从文献学和新闻史学角度看，皆弥足珍贵。乾隆邸报是目前能见到的我国古代较早的邸报原件[5]。从现存实物现状来看，乾隆时期的邸报不仅印制粗糙，而且没有封面，没有统一的报头，品相较差，反映出清代初期官报创生时的原始形态。

（二）嘉庆、道光时期的邸报（京报）文献

目前，国内嘉庆年间的邸报实物仅见于南京图书馆藏乾隆至嘉庆六年（1801年）十月的《题奏事件》（日本国发现的嘉庆朝邸报将在后文叙述）。近年来，清道光年间的邸报实物，陆续被发现，成为集报人竞相追逐的藏品。

---

① 潘天祯．乾隆、嘉庆间所印日报《题奏事件》的发现［J］．文物，1992（3）：82－91.

② 潘天祯．乾隆、嘉庆间所印日报《题奏事件》的发现［J］．文物，1992（3）：82－91.

③ 潘天祯．乾隆、嘉庆间所印日报《题奏事件》的发现［J］．文物，1992（3）：82－91.

④ 潘天祯．乾隆、嘉庆间所印日报《题奏事件》的发现［J］．文物，1992（3）：82－91.

⑤ 方汉奇先生在2009年从北京集报人处发现一份明代天启七年（1627年）六月二十五日的邸报，认为此份邸报是目前能见到的世界上最早的邸报实物。但从版式看，长37厘米，宽13厘米，内容300多字，似乎不属于册页式常规型邸报，而是张贴型告示类报纸。（详见孔正毅．清代邸报研究［D］，中国人民大学博士论文，2011.）

①道光十年（1830 年）京报。现存能见到的最早有明确封面报头的道光邸报是道光十年的京报。道光十年京报已经发现两份。一份有明确“京报”报头，另一份则无报头，但首页有“道光十年”字样。这两件珍品分别藏于国内集报人朱靖和马志春先生之手。

②道光十二年（1832 年）、二十二年（1842 年）京报。2009 年，中国书店拍卖道光十二年（1832 年）的京报（5 册合订 1 册）及道光二十二年（1842 年）《题奏全稿》（5 册合订 1 册）文献。在清代，京报、邸报与题奏经常互称。《题奏全稿》亦如《题奏事件》，与京报类似，也是专门刊载政府动向的公报类出版物。基本上可以看作是邸报类型之一种。册页大小：20.4 厘米×10.7 厘米。（见图 9－2）

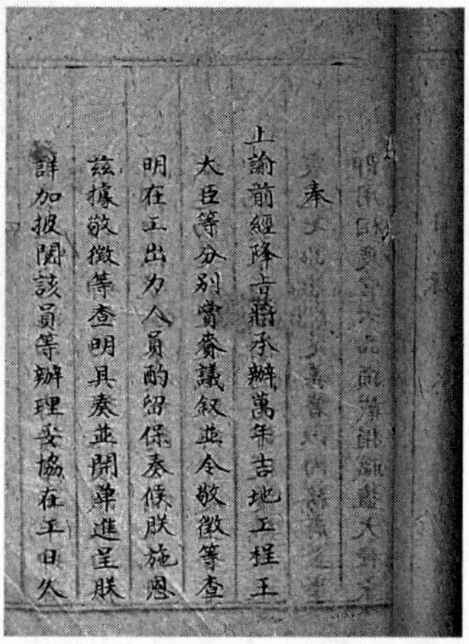
奉
上諭前經降旨著承辦萬年吉地工程王
大臣等分別賞賚議敘並令敬徵等查
明在工出力人員酌留保奏候朕施恩
茲據敬徵等查明具奏並開單進呈朕
詳加披閱該員等辦理妥協在工日久

图 9－2　道光二十二年的《题奏全稿》

③道光十七年（1837 年）的邸报实物。2006 年，北京海王村拍卖有限公司拍卖一批道光十七年的邸报。包括京报和宫门抄两种邸报类型。该报共 7 册，竹纸毛装，据称为刊本，但从宫门抄来看，似为抄本。尺寸大小为：19.4 厘米×10.5 厘米。（见图 9－3）

④道光二十三年（1843 年）邸报。2004 年，安徽泾县集报人赵仲达发现了一份道光年间的京报。（见图 9－4）。

图 9－3　道光十七年的宫门抄

图 9－4　道光年间的京报

这份道光二十三年（1843 年）的京报，从报上的谕旨、奏折时间看，最晚是道光二十三年二月二十一日。该京报仅 8 页半，尺寸为：22.2 厘米×12.5 厘米。每页 9 行，每行约 20 个字，为木活字印刷本。封面为红色印刷，左上方是楷书“京报”两字。右边是“道光二十三年月日目录”。下半边是报房的印刷编号：“卯字第二十一号。”

该邸报正文部分是黑色印刷体，内容包括三个部分。一是谕旨，即五道皇帝的上谕。二是宫廷动态，记录皇上召见六位军机大臣等事件。三是奏折和选单等。该邸报基本上与清代各朝的邸报内容一致。

⑤道光二十九年（1849 年）京报。2008 年，中国书店拍卖一册道

光二十九年京报。该报为木活字印本。时间为：道光二十九年四月十六日至十九日、二十二日至二十三日，闰四月九日至十日、十七日至二十日、二十三日。

根据邸报的原件来看，道光年间的京报（邸报）并不标注报房名称。有人认为，可能是因为道光时期，京师报房就那么几家，竞争还不太激烈，无须标注报房名称。就邸报的封面看，虽然加了封皮，但装帧手法，也较为粗糙。可见，清代道光时期，民间报业尚不够规范，也不甚发达。

（三）咸丰朝之后的邸报文献

咸丰以降，由于京城的民间报房数量迅速增加，可考者达 21 家，加之时局动荡，市民百姓对于朝野政事新闻的关注欲日益增强，民间报人更觉得经营报纸有利可图，因此，对邸报的搜集、整理、编辑、抄印更加积极，使得邸报文献的社会存量明显增多。同时，时代愈近，文献存量自然愈多。这一时期的邸报文献，不仅数量较多，而且保存年限也比较完备。

近年，中国书店曾多次拍卖咸丰、同治、光绪各朝邸报原件。2009 年，中国书店拍卖咸丰三年（1853 年）京报（30 册合订 1 册）、咸丰四年（1854 年）京报（50 册合订 2 册）、光绪二十八年（1902 年）京报（21 册合订 2 册）。2008 年，中国书店拍卖咸丰七年（1857 年）、八年（1858 年）、同治元年（1862 年）木活字京报 60 册 3 本，包括咸丰七年二月京报 20 册 1 本，咸丰八年京报 15 册 1 本，同治元年京报 25 册 1 本。2007 年，中国书店拍卖同治七年（1868 年）天辅报房木活字印本京报 5 册，包括同治七年二月初一京报 1 册，初九至十二日京报 4 册。2010 年，中国书店拍卖光绪八年（1882 年）恒泰报局木活字印本京报 4 册，光绪十五年（1889 年）木活字京报 1 册。2006 年，北京诚轩拍卖公司拍卖光绪十七年（1891 年）信义报房出版的京报 1 册。

随着时间的推移，清代后期的邸报文献还会不断有新的发现。目前来看，咸丰、同治、光绪、宣统四朝，邸报存世皆较为完整连贯，甚至每年、每月、每日邸报，均能找到。

清代咸丰后的邸报，除了上文提到的之外，中国国家图书馆藏有一套邸报的结集汇抄。它虽不是邸报原件，但其内容和式样与邸报原件基本上相同，可以说是完全模仿邸报原件来抄写的。

该邸报汇抄2004年由北京图书馆出版社影印出版，原件为墨笔抄本，是对清代中后期政府邸报的原文抄录，收录时间自咸丰二年（1852年）五月至光绪三十三年（1907年）十二月，抄录朝廷的每日政事、谕旨、章奏等，篇幅巨大，内容丰富，仅正文就达25万页之巨，基本涵盖咸丰、同治、光绪三朝邸报的全部内容。影印时，采用上下双栏印制，总计出书120册。编者称："这部邸抄是我国目前仅存的，收录内容较为齐全的清朝后期朝政历史文献资料。"这是目前能见到的最为详备的清代中后期邸报文献大全。

从咸丰二年（1852年）五月至咸丰十一年（1861年）二月，除了咸丰元年至二年五月残缺外，整个咸丰朝邸报内容全部抄录。从同治元年（1862年）至同治十三年（1874年），整个同治朝邸报内容全部抄录。从光绪元年（1875年）至光绪三十三年（1907年）十二月，除了部分年月的邸报内容未抄录外，绝大部分年月的邸报内容均有抄录。

这部邸抄保存了清代中后期大量的朝野政治、经济、军事、文化、外交等信息资料，是研究清代中后期邸报的十分重要的历史文献。

关于光绪至宣统年间的邸报，还有一份重要的文献资料——《京报（邸报）》。这部《京报（邸报）》载录了从光绪八年（1882年）二月至宣统三年（1911年）五月的邸报内容，除了部分年代未载录外，整个清代最后两朝的邸报内容基本全录。这部《京报（邸报）》2003年由全国图书馆文献缩微复制中心影印出版，煌煌163册之巨，时间上涵盖了清末三十年，是一部极其宝贵的邸报史料和晚清历史文献。

该《京报（邸报）》始为木活字印刷，字体硕大，笔画粗细不匀，印刷质量较差，后改为铅活字版，质量较好。该《京报（邸报）》封面见图 9－5。

图 9－5　《京报（邸报）》封面

关于清代邸报的印制情况，有新闻史学者认为："乾隆以后各民间报房所出的京报，基本上都是印刷的。其中一部分用活字印刷，一部分用泥版印刷，各报房的情况不完全相同。使用活字印刷的，也不完全一样，既有用木活字的，也有用胶泥活字的。所谓泥版，又称'豆腐干儿版'，是直接刻在石膏一类的泥版上，用火烤硬后付印的。少数条件较差的报房使用这种办法。版排好或刻好后，一般都用锅煤烟子加胶水调成的墨水，刷印在一种质量很差的薄川连纸上，纸色墨，十分暗淡，因为加了大量胶水，气味也难闻。光绪朝以前，各报房京报的印刷状况大抵如此。"①

而张秀民先生则断定《题奏全录》《题奏事件》之类的邸报还有用

① 方汉奇．清代北京的民间报房与京报［J］．新闻研究资料，1990（52）：205－220.

蜡版印刷的。①

笔者发现，这部《京报（邸报）》影印件，到了光绪三十三年（1907年）六月，一改此前使用的木活字印刷，开始使用近代化的铅活字印刷，印刷质量明显提高。（见图 9 - 6）

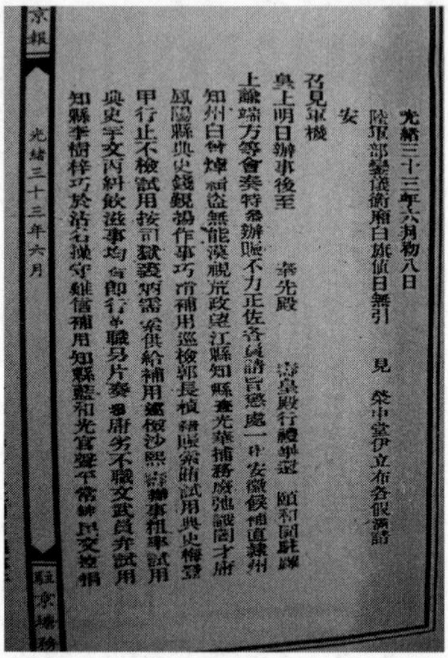
京報
光緒三十三年六月
光緒三十三年六月初八日
陸軍部鑲藍旗廂白旗值日無引見 榮中堂伊立布各假滿請
安
召見軍機
奉上明日辦事後至 奉先殿 壽皇殿行禮畢還 頤和園駐蹕
上諭端方等會奏特參辦賑不力正佐各員請旨懲處一摺安徽候補道隸州

图 9 - 6　铅字印刷的报纸内页

这也符合新闻史学者关于“光绪末年以后，才开始陆续采用铅印”的判断。

以上为有清一代邸报原始文献国内收藏的基本概貌。当然，就文献形态而言，考察直接文献固然重要，但间接文献的价值也不可忽视，当直接原始文献荡然无存时，间接文献就显得十分重要，下面重点考察一下清代邸报间接文献的载录状况。

清代邸报的间接文献

清代前期，邸报原件多不可得，特别是乾隆以前，邸报实物原件更

---

① 张秀民．中国印刷史：下［M］．杭州：浙江古籍出版社，2006：411.

是少有存世，只能通过现存的经、史、子、集、野史、笔记等间接文献来进行考察。清代邸报的间接文献也是研究清代邸报的重要资料，不可或缺。

（一）顺治时期的邸报记载

据考，在清代的公私文献中，关于邸报的间接记载，目前能见到的最早记录是顺治四年（1647 年）邸报。洪承畴在一封揭帖中记载："顺治四年九月初七日辰时，职接八月二日邸报……"① 这是清代有明确时间记载的邸报间接文献。

顺治六年（1649 年）关于邸报的记载。甘肃提督靖逆侯张勇所撰的《张襄壮奏疏》卷一有："顺治六年十一月十二日，臣在肃州征剿叛逆，行间接阅邸报，蒙兵部题覆陕督……"② 张勇是由邸报中得知自己被兵部题为陕督一职。邸报的传播速度要比正式批文快得多，这也是邸报备受各级官僚关注的重要原因之一。

顺治十五年（1658 年）关于邸报的记载。清人傅泽洪《行水金鑑》载："顺治十五年十一月初八日，河南道监察御史何可化题臣先任浙江，会经淮黄地方，留心体访，颇得其既。今于邸报见，总河臣朱之锡并曹臣亢得时等疏，屡报水势，堤岸突决，城池浸没，一方漂陷。"③ 在顺治十五年的邸报中，载有总河臣朱之锡关于黄河水情的疏奏。

顺治十七年（1660 年）四川道御史杨素蕴奏折中亦提到邸报："臣阅邸报，见吴三桂恭请升补方面一疏。"④

---

① 转引自朱传誉．清代塘报研究［J］．（台湾）报学杂志，1977，4（8）：83.

② 张勇．张襄壮奏疏：第 1 卷［M/CD］//永瑢．四库全书・史部・诏令奏议类・奏议之属．上海：上海人民出版社、迪志文化出版有限公司，1999.

③ 傅泽洪．行水金鑑：第 134 卷［M/CD］//永瑢．四库全书・史部・地理类・河渠之属．上海：上海人民出版社、迪志文化出版有限公司，1999.

④ 皇朝文献通考：第 58 卷［M/CD］//永瑢．四库全书・史部・政书类・通制之属．上海：上海人民出版社、迪志文化出版有限公司，1999.

（二）雍正皇帝朱批中的邸报间接文献

清前期文献中，记录邸报较为集中的是雍正朝。据笔者统计，雍正帝《世宗宪皇帝朱批谕旨》中，先后提到邸报达十多次。现胪列如次：

> 窃阅邸报。雍正二年十一月十五日，奉旨臣法海补授浙江巡抚；臣石文焯调补西安巡抚。钦此。①
>
> 雍正五年闰三月初十日，镇守广州将军石礼哈谨奏为请旨事。接阅邸报。奉上谕：现今各省所出游击员缺着交与各该将军、督抚、提镇于本标及所属营内人去得操守好、练兵勤慎之倖深守备。每缺秉公拣选二员，拟正拟陪，具题送部引见。钦此。②
>
> 昨阅邸报，见部选现已有人，伏望皇上俯念济南地当省会，事繁倍于他郡。③
>
> 近见邸报，皇上已授赵弘恩为湖北守道。④
>
> 阅邸报，欣喜无地，臣伏念圣祖仁皇帝，临御六十余年，深仁厚泽，普施中外。⑤
>
> 兹于邸报内恭读谕旨，仰见我皇上轸恤民瘼至意。⑥
>
> 本年四月十八日，接阅邸报，续承准湖广督臣迈柱照会

---

① 世宗宪皇帝朱批谕旨：第8卷上［M/CD］//永瑢．四库全书·史部·诏令奏议类·诏令之属．上海：上海人民出版社、迪志文化出版有限公司，1999．

② 世宗宪皇帝朱批谕旨：第8卷下［M/CD］//永瑢．四库全书·史部·诏令奏议类·诏令之属．上海：上海人民出版社、迪志文化出版有限公司，1999．

③ 世宗宪皇帝朱批谕旨：第23卷上［M/CD］//永瑢．四库全书·史部·诏令奏议类·诏令之属．上海：上海人民出版社、迪志文化出版有限公司，1999．

④ 世宗宪皇帝朱批谕旨：第33卷［M/CD］//永瑢．四库全书·史部·诏令奏议类·诏令之属．上海：上海人民出版社、迪志文化出版有限公司，1999．

⑤ 世宗宪皇帝朱批谕旨：第44卷［M/CD］//永瑢．四库全书·史部·诏令奏议类·诏令之属．上海：上海人民出版社、迪志文化出版有限公司，1999．

⑥ 世宗宪皇帝朱批谕旨：第90卷［M/CD］//永瑢．四库全书·史部·诏令奏议类·诏令之属．上海：上海人民出版社、迪志文化出版有限公司，1999．

到臣。[①]

接阅邸报，已于六月十八日奉旨，这事情着总督田文镜，秉公严审，定议具奏，该部知道。钦此。[②]

雍正三年七月二十六日，苏州织造臣胡凤翚谨奏为钦遵举首，据实奏闻事。窃臣于七月二十四日，接阅邸报。[③]

窃臣于上年八月邸报中伏读上谕，闻北路所派四省绿旗官兵，数年以来有陆续在军前病故者。[④]

以上表明，清代前期邸报传播甚为广泛，各级政府官员对邸报高度重视。可见，早在清初的朱批中就有大量邸报文献的间接记载。

《清史稿·穆缉香阿传》载："穆缉香阿，通知国故，家藏邸报，自国初以来几备。"[⑤] 这句话值得解读。第一，这句话说明清初以来就有大量邸报存在。虽然该传中没有明确说出具体的时间或年代，但"国初"显然至少是指 1644 年顺治即位以来。与我们前面列举的清初间接邸报事例是一致的。第二，这句话说明清初邸报具有完整性。这里的"几备"，可以作为清初邸报完整性的一个旁证。

穆缉香阿深通国朝事务，尤其喜爱收藏邸报。收藏邸报可有两种情形：其一，自己抄录邸报，然后收藏；其二，作为大臣将每日收到的邸报加以整理，然后收藏。最为关键的是，穆缉香阿的邸报收藏非常丰富，达到"自国初（笔者注：指清初）以来几备"的程度。

---

① 世宗宪皇帝朱批谕旨：第 156 卷［M/CD］//永瑢．四库全书·史部·诏令奏议类·诏令之属．上海：上海人民出版社、迪志文化出版有限公司，1999.

② 世宗宪皇帝朱批谕旨：第 159 卷［M/CD］//永瑢．四库全书·史部·诏令奏议类·诏令之属．上海：上海人民出版社、迪志文化出版有限公司，1999.

③ 世宗宪皇帝朱批谕旨：第 200 卷［M/CD］//永瑢．四库全书·史部·诏令奏议类·诏令之属．上海：上海人民出版社、迪志文化出版有限公司，1999.

④ 世宗宪皇帝朱批谕旨：第 213 卷［M/CD］//永瑢．四库全书·史部·诏令奏议类·诏令之属．上海：上海人民出版社、迪志文化出版有限公司，1999.

⑤ 清史馆．清史稿：第 423 卷［M］．北京：中华书局，1977：12135.

（三）清前期文人别集中的邸报间接记载

清初重臣汤斌、魏裔介、范忠贞、于成龙、朱彝尊等人的文集中都有关于邸报的记录。

《汤子遗书·附录·行略》一书记述道："公预料如此，何可当也，遂散兵焚掠府君，与抚军密计，擒玉廷其弟秀廷，以众降。当玉廷之初叛也，邸报断者九日，人情汹汹，讹言江宁失守，苏公将调兵防。"[①]汤斌在其行略中提到邸报对于社会舆论的引导和控制作用。在邸报断绝九日之中，各种流言蜚语、小道消息到处传播，弄得人心惶惶。

大学士魏裔介《兼济堂文集》中多次提到邸报事："又阅邸报，见陕西巡抚题报，异常火灾，三日之内，连焚二堡。"[②] 同集中《请剿抚残寇疏》又载："十三日晚，接邸报，见信郡王、平西王、征南大将军，开复云南诸疏。"[③] 魏裔介在其《指陈畿辅盗贼疏》中也说："顷阅邸报，见科臣蔺挺达畿辅近地等事一疏。"[④] 魏裔介为清初名臣，善言上疏，章奏百余，敷陈剀切，多有建树；雍正年间，祀贤良祠；乾隆元年，追谥文毅。其奏疏、书信中，曾多次提到阅邸报事宜。邸报内容涉及广泛，如灾异，平叛，盗寇、人事升黜等。

清初名臣范忠贞，其文集中数次记录收阅"邸报"事。《范忠贞集》卷二《请早离任调理疏》记载："续阅邸报，科臣姜希辙等以抚臣有恤民之实等事具题。"[⑤] 其在《辞总督福建疏》中也说道："康熙十一年十

---

① 汤斌．汤子遗书：附录［M/CD］//永瑢．四库全书·集部·别集类．上海：上海人民出版社、迪志文化出版有限公司，1999.

② 魏衣介．兼济堂文集：第 2 卷［M/CD］//永瑢．四库全书·集部·别集类．上海：上海人民出版社、迪志文化出版有限公司，1999.

③ 魏衣介．兼济堂文集：第 2 卷［M/CD］//永瑢．四库全书·集部·别集类．上海：上海人民出版社、迪志文化出版有限公司，1999.

④ 魏衣介．兼济堂文集：第 2 卷［M/CD］//永瑢．四库全书·集部·别集类．上海：上海人民出版社、迪志文化出版有限公司，1999.

⑤ 范忠贞．范忠贞集：第 2 卷［M/CD］//永瑢．四库全书·集部·别集类．上海：上海人民出版社、迪志文化出版有限公司，1999.

月二十七日，接阅邸报，吏部一本为补授总督事。”① 其《画壁遗稿（有自序）》中再次提到邸报：“壬子十二月二十五日，接邸报。是日，忽感气逆之症，攻冲五内，猝病陡险，虽极力调治，时减时发，遂力辞新命。”② 在皇帝任命他新的职位时，由于自己身体状况极差，“遂力辞新命”。范忠贞的诸多信息均得之于清初的邸报。

清初著名文人朱彝尊在其文集中谈到邸报的历史文献价值。朱彝尊《曝书亭集》的《史馆上总裁第七书》曰：“《明史》成书莫难于万历之后。……今则止据十七年邸报，缀其月日，是非何以明？同异何以别？挂一而漏万，失春之体例矣。……盖以本朝档子，合之崇祯邸报，远不相蒙，是必兼听并观而后可审其功罪。”③ 同书《翰林院侍读乔君墓表》又记：“然后作史，乃取崇祯十七年事，凡诏谕、奏议、文集、邸报、家传，辑为长编。由是十六朝史材皆备。”④ 这两段文字说的是朱彝尊为纂修明史而建言献策。他要求明史馆臣应重视明代邸报的价值，但不宜太过，还要“众说并陈”“旁户参审”“兼听并观”，方能客观真实可靠。由于整个崇祯朝没有实录，只有十七年之邸报文献，所以当时修明史的学者，非常重视邸报的史料价值。虽然，朱彝尊这里所言的邸报主要是指明代的邸报，但清因明制，一脉相承。

清初两江总督于成龙在其《清端政书》中两处提到邸报。其《上提督请留合州营防兵揭》曰：“兹本月二十四日，接阅邸报，为历陈边地

---

① 范忠贞．范忠贞集：第2卷［M/CD］//永瑢．四库全书·集部·别集类．上海：上海人民出版社、迪志文化出版有限公司，1999.

② 范忠贞．范忠贞集：第6卷［M/CD］//永瑢．四库全书·集部·别集类．上海：上海人民出版社、迪志文化出版有限公司，1999.

③ 朱彝尊．曝书亭集：第32卷［M/CD］//永瑢．四库全书·集部·别集类．上海：上海人民出版社、迪志文化出版有限公司，1999.

④ 朱彝尊．曝书亭集：第73卷［M/CD］//永瑢．四库全书·集部·别集类．上海：上海人民出版社、迪志文化出版有限公司，1999.

等事，已经奉旨。依议。”[①] 其《上两粤金制台禀》又云：“顷阅邸报，西粤抚军克复梧郡，须善守之，平乐滩高水险，不便进兵，宜密访别路，出永州一带，可以直抵桂林。”[②] 两则邸报，皆言军事内容。

清初礼部侍郎蔡世远《二希堂文集》卷七《复仪封张先生书》曰：“迩阅邸报，知复任江苏，天子明圣，无微不彰，益信吾道之可为。”[③] 邸报的内容主要是关于任职迁升之事。

清广州府知府蓝鼎元的《鹿洲初集》中也有邸报记载：其《再与友人论江南分县书》曰：“余喜得同心，以所阅邸报视吾友蒋越珊。”[④] 同集《林元戎传》也载：“途中闻邸报，奉旨特授台湾镇总兵官。”[⑤]

（四）清初笔记史料中的邸报记载

详细谈及邸报的是清前期著名文人王士祯，其《池北偶谈》卷四有《朝报》一条：

> 今之朝报，或曰邸报，亦有所本，见王明清《挥尘录》。赵升《朝野类要》云：朝报日生事宜也，每日门下后省编定，请给事判报，方行下都进奏院报行天下。其有所谓内探、省探、衙探之类，皆衷私小报，率有漏泄之禁，故隐而号之曰新闻。盖自宋时已然。又六科纶音册子，号晚帖，以当晚即知之，次日乃登邸报，故曰晚帖。亦有小报，谓之小抄。[⑥]

---

① 于成龙．于清端政书：第1卷［M/CD］//永瑢．四库全书·集部·别集类．上海：上海人民出版社、迪志文化出版有限公司，1999.

② 于成龙．于清端政书：第4卷［M/CD］//永瑢．四库全书·集部·别集类．上海：上海人民出版社、迪志文化出版有限公司，1999.

③ 蔡世远．二希堂文集：第7卷［M/CD］//永瑢．四库全书·集部·别集类．上海：上海人民出版社、迪志文化出版有限公司，1999.

④ 蓝鼎元．鹿洲初集：第3卷［M/CD］//永瑢．四库全书·集部·别集类．上海：上海人民出版社、迪志文化出版有限公司，1999.

⑤ 蓝鼎元．鹿洲初集：第8卷［M/CD］//永瑢．四库全书·集部·别集类．上海：上海人民出版社、迪志文化出版有限公司，1999.

⑥ 王士禛．池北偶谈：第4卷［M］．文益人，校点．济南：齐鲁书社，2007：62.

王士祯从宋人王明清的《挥尘录》和赵升的《朝野类要》中，寻找到我国邸报的发展线索。进一步谈及清代邸报与朝报、小报、晚帖之关系。他还谈到清代邸报名称的复杂性和混乱性等问题。王士祯是清前期研究观察清代邸报问题最早、最有代表性的文人之一。上面这段话不仅表明清代邸报大量存在，而且还提及先于邸报发行的“晚帖”。“晚帖”类似今天的晚报。

清初笔记中，记载邸报内容最为完整、丰富的还是萧奭的笔记《永宪录》。该笔记成书于乾隆十七年（1752 年），主要记录康熙六十一年（1722 年）到雍正六年（1728 年）七年之间发生的重要事件，包括夺镝之争、年羹尧事件等，据作者称是“适阅邸钞，因略记大端”而成。[①]可见，其史料主要是源于当时的邸报。《永宪录》是收录雍正前期邸报间接史料的重要文献。

（五）清代学人俞正燮关于京报（邸报）的记载

俞正燮的《癸巳存稿》卷十一《麟》载：“雍正十一年五月初八日，四川潼川府盐田县民杨士荣家产麟，见京报。川督黄廷桂、川府宁（笔者注：疑为“宪”字）德奏。”[②] 京报内容是关于民间异闻的报道。同书卷六《书西域见闻录后》又载：“前见乾隆三十六年京报，舒文襄公等奏，六月三日，土尔扈特车伯多尔济入卡伦见将军。”[③]

（六）清代文学中的邸报记载

清代小说等叙事文学中也有关于邸报的记载，如《红楼梦·守官箴恶奴同破例，阅邸报老舅自担惊》描述贾政看到邸报上刊登薛蟠伤人、有司判案的担惊心理。

以上为清代邸报的间接材料，由于乾隆朝及其以后清代邸报的馆藏

---

① 萧奭．永宪录［M］．北京：中华书局，2007：1.

② 俞正燮．俞正燮全集［M］．于石，等，校点．合肥：黄山书社，2005：228.

③ 俞正燮．俞正燮全集［M］．于石，等，校点．合肥：黄山书社，2005：430.

实物文献较多，关于清代邸报的间接文献考察仅限于雍正、乾隆朝以前。

清代邸报的海外收藏

清代邸报文献除了存于国内，还有部分散见于国外。某些海外收藏极其珍贵，为我们提供了宝贵的清代邸报实物原件。

（一）奥地利藏雍正《题奏全录》

目前，能见到的清代最早的邸报实物是雍正九年（1731 年）的《题奏全录》。该邸报现藏于维也纳奥地利国立图书馆。（见图 9－7）

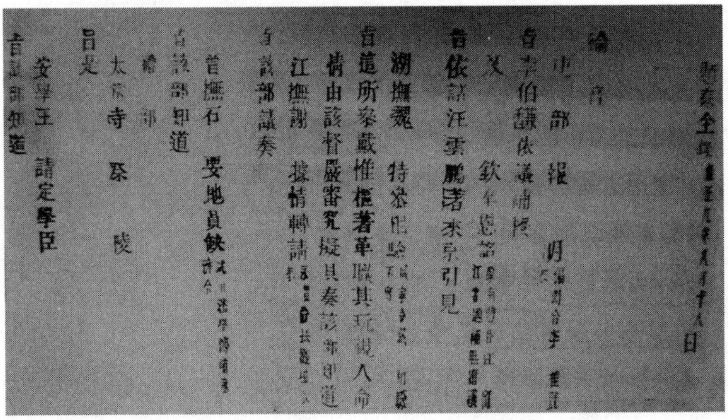

图 9－7　雍正九年的《题奏全录》

这份《题奏全录》也是到目前为止发现的最早的蜡版印刷本邸报。该馆还藏有聚恒号印刷的道光十年（1830 年）、咸丰五年（1855 年）《题奏全稿》若干份，此类题奏也为蜡版印刷。[①]

（二）日本藏清代邸报文献

日本国会图书馆藏有乾隆至嘉庆年间的邸报若干份。据方汉奇教授考察，乾隆朝的藏报，起始于三十六年（1771 年），截止于四十一年

---

① 张秀民．中国印刷史：下［M］．杭州：浙江古籍出版社，2006：410－411.

(1776 年)，每一年都有一些，但很零碎。乾隆三十六年的藏报，就只存有六月二十四日至二十九日的。嘉庆朝的藏报限于嘉庆六年（1801 年）一年，六月、九月、十月各有一些。从外观上看，所有这些邸报都没有报头，没有封面，每天一册，每册 61 页不等，每页长宽分别约为 24 厘米、18 厘米。这些邸报用木活字印刷，每册第一页的第一行印有出版那一天的年月日，版心部分印有“题奏事件”四个字。这些邸报的内容主要是上谕、题奏、任免等，有时还以“纶音”为题，报道皇帝和礼部太常寺等部门进行祭祀活动的消息。①

日本国会图书馆收藏的清乾隆、嘉庆朝的邸报是海外收藏较为集中的，这批邸报实物可补国内收藏之不足，对邸报史的研究很有裨益。

（三）英国藏清代的邸报

据美国耶鲁大学学者乔纳森·奥克库（Jonathan Ocko）考察，大英博物馆藏有清代邸报（*Peking Gazette*）若干份。其中，嘉庆年间邸报 3 份，道光前十年的邸报 9 份。(There are only three issues for Chia-ch'ing and nine for the first decade of Tao-kuang. Although coverage improves after TK 11, it becomes good only after the beginning of Hsien-feng. From HF 3 there is more than one type of edition per year, and from mid Hsien-feng until 1908, when the Gazette ceased publication, the collection is fairly complete. Unfortunately many of the issues are deteriorating and extremely fragile.)②

据乔纳森·奥克库考察，咸丰三年（1853 年）以后，邸报原件每年都有完整的结集出版，不幸的是，有一些正在被毁坏。这是乔纳桑·奥克库的判断和推测，他没有给出具体的根据。但据现有的史料可知，

---

① 方汉奇. 方汉奇文集［M］. 汕头：汕头大学出版社，2003：520.

② JONATHAN O. *the British Museum's Peking Gazette*［J］. Ch'ing shih wen-t'i. 1973，2 (9)：35 - 49.

此推测是有根据的、可靠的，前文所述的邸抄就是始于咸丰二年（1852年）五月初一，与乔氏判断的时间相差无几。在此之后，直到宣统三年（1911年）清朝灭亡，清代的邸报文献都有完整的、连续的版本保存下来。

（四）美国藏道光朝辕门抄实物

清代地方政府不时出版一些地方性政府报刊，与京城邸报的宫门抄相比，被称之为辕门抄。内容多为邸报的翻刻，但多在地方印刷发行，也属于广义上的官报文献。旅居美国的潘贤模先生就藏有一份清道光三年（1823年）的广东蜡版印刷的辕门抄。（见图9－8）

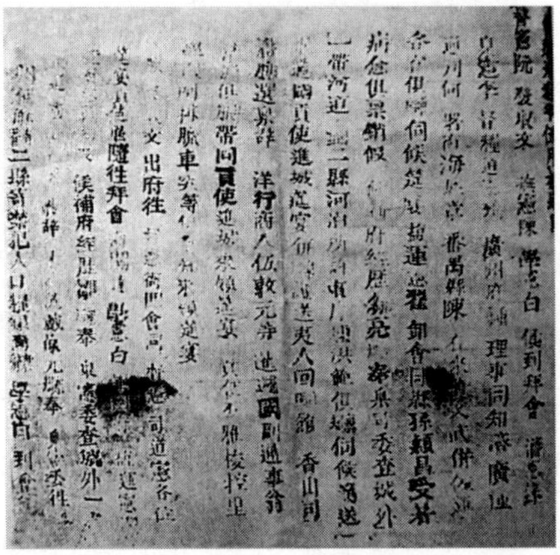

图9－8 清代辕门抄

（五）近代在华外报中的京报（邸报）线索

近代中国出现过大量的外文报刊，这类外报是由外国传教士在中国境内创办起来的，但它们的阅读对象是国外读者，现存的外报中保存有大量的清代邸报文献记载，这里将它们列为清代邸报的域外文献。美国传教士裨治文1833年在广州创办《中国丛报》，该报广泛记录了鸦片战争前后中国社会的方方面面，是近代最早，也是最重要的外文报刊之一。该报大量选登京报中的内容。据笔者初步统计，该报从1833年5

月创刊到1847年3月，先后摘录京报共41期。[①] 虽然京报摘登属于间接文献，但它不仅保留了清代邸报的内容，而且保留了外国人选登邸报的不同视角，具有特别的文献研究价值。

综上所述，清代邸报原件的存佚状况是：顺治、康熙两朝的邸报实物尚没有发现；雍正朝邸报实物目前仅见一份；乾隆朝的邸报实物，存世量也不太多，主要见诸海外和国内一些民间集报人之手。著名新闻史家方汉奇先生最近说："现在我们可以从他们（集报人）的收藏中直接看到从顺治、康熙、雍正、乾隆，到嘉庆、道光、咸丰各朝报房出版的邸报。"[②] 方教授所提到的顺治、康熙年间的邸报，笔者还没有见到。咸丰以后，清代的邸报原件或复印件、翻印件十分完整。清代前期的邸报间接文献则大量见诸各类著述史料之中。

（本文首发于《新闻与传播评论》2014年刊）

① 张西平．《中国丛报》篇名目录及分类索引［M］．桂林：广西师范大学出版社，2008.

② 方汉奇．记新发现的明代邸报［J］．新闻与传播研究，2009（2）：13-14+115.

十、清代邸报版本问题初探

版本是文献资料存在的特定形态，是学术研究的基石。它不仅能反映文献存在的基本状况，而且能反映文献的历史变化，以及文献的编辑出版技术水平和演进过程。清代的邸报文献，其版本样式也有一个不断发展演变的过程，在载体形态、文字形态、版本容量等方面，具有多样性、嬗变性和复杂性。

清代邸报的抄本与印本

清代邸报的文字形态是抄本还是印本，这一看似简单的问题，细审起来，却并不那么容易回答。在我国，唐代的雕版术和宋代的活字术发明之后，文献的复制技术发生了根本改变。很多古代重要的文献经典都开始了印刷复制。印刷术的出现，彻底改变了古代文献的存在状况，使文献的数量迅速增加，文献的传播范围空前扩大。古代邸报作为一种希见文献，以何种形式传播发行呢？这个问题十分值得探讨。

（一）抄本是古代邸报的原始形态

两汉时期，还没有印刷技术，如果说汉代存在邸报[①]，肯定是抄本

---

① 关于汉代有无邸报的问题，目前尚有争论。戈公振等认为汉代存有邸报；（参见：戈公振．中国报学史［M］．北京：中国新闻出版社，1985：22.）方汉奇等则不赞同“汉代邸报说”。（参见：黄春平．汉代邸报考［J］．新闻与传播研究，2008（2）：25－34＋94.）

形态。其载体主要是竹木简牍。张涛先生提出汉代有“木简报”和“府报”[①] 就是通过对现存“汉简”的考察得出的。汉代虽然发明了造纸术，但是应用并不普及，当时的书写载体仍以竹木简牍为主。

唐代以后，纸张已经非常普及，“留邸状报”等原始邸报形态都以纸质载体为主。那么，邸报的复制技术如何？根据唐代“开元杂报”的记载和对两份唐敦煌进奏院状的考察，唐代的原始邸报——敦煌进奏院状也属于手抄本形态。

虽然唐代发明了雕版印刷术，但它还不可能运用于这类小众化的传播载体。唐代的“状报”，其读者仅限于各藩镇的节度使和小部分官员，读者面很窄，还没有大规模复制印刷的必要。孙毓修《中国雕板源流考》记载：“近有江陵杨氏藏《开元杂报》七页，云是唐人雕本，页十三行，每行十五字，字大如钱，有边线界栏，而无中缝，犹唐人写本款式，作蝴蝶装，墨影漫漶，不甚可辨。”学人多疑，该报雕版印刷不可信，可能是宋代人根据唐人写本翻刻出来的。[②] 据目前的研究来看，唐代的雕版印品主要是佛经、日历、科举用书和一部分诗文作品等。[③] 这类图书在当时属于大众化消费图书，社会需求量较大，能够体现雕版印刷复制的优越性和必要性，因此，此类图书最先使用雕版印刷术的可能性最大。

宋代有没有印刷形态的邸报呢？就目前的研究，还没有足够的史料来证明宋代存在印刷形态的邸报，既无文献明确记载，更无实物为证。有研究者认为，宋代存有印刷形态邸报的可能性，因为，宋代文献中有一些间接的证据：

---

① 张涛．论西汉的“木简报”[J]．新闻与传播研究，2001（2）：67－71＋96. 方汉奇．新闻春秋[G]．成都：四川大学出版社，2003.

② 张秀民．中国印刷史[M]．杭州：浙江古籍出版社，2006：28.

③ 孔正毅．科举制度与隋唐五代的图书出版事业[J]．出版发行研究，2006（12）：75－78.

第一，宋代已经开始使用雕版印刷印制公文。《建炎以来系年要录》记载："尚书省请以去年十月二十二日以后，朝廷所行宽恤事件，编类成册，镂版颁降。"① 既然公文能印刷，那么，邸报也就存在印刷的可能性。

第二，两宋时期负责邸报发行的机构有请求上级拨付印刷经费的记录。"诏自今朝省及都水监、司农寺等处，凡下条贯，并令进奏院募印颁降诸路，仍每年给钱一千贯，充镂版纸墨之费。"② "进奏官颁降赏罚罪，乞量行支镂版工墨钱，本司约度，每季支钱一百贯五，抄纸五千张，临时以字数多寡置历支使。"③ 有学者认为："根据以上理由，可以推论宋代的邸报也已经部分地使用雕版印刷。至少邸报中的一部分诏敕、法令、条贯和与'赏功罚罪'有关的文字，是雕版印刷的。"④ 但是，至今还没有直接的史料证据证明宋代有印刷本邸报。事实上，我们知道，宋代的进奏院除了管理邸报，还要负责朝廷各类文书的管理工作。以朝廷诏谕和政府法令、条贯为内容的各种文书，部分采用雕版印刷，是有可能的，但不等于说宋代已有印刷本邸报。至少上文中没有明确提到邸报的印刷问题，只说"朝廷法令、条贯"等曾经实施过印刷。因此，宋代是否有印刷本邸报，还缺乏确凿的证据。抄本仍是宋代以前邸报的基本形态或唯一形态。但也有人推测："（南宋）杭州印刷业最发达，朝报（'邸报'别称之一）应是印刷品，尤其办小报者大获厚利，假使雇人手写，就得不偿失了。"⑤

（二）印本邸报至迟始于明代

邸报的文字形态到了明代有了新的变化，明代出现了印刷本邸报。

---

① 李心传．建炎以来系年要录：第175卷［M］．北京：中华书局，2013：2688.
② 徐松．宋会要辑稿：刑法一之八［M］．北京：中华书局，1965：6465.
③ 徐松．宋会要辑稿：职官二一之四八［M］．北京：中华书局，1965：2395.
④ 方汉奇．中国新闻事业通史：第1卷［M］．北京：中国人民大学出版社，1992：86.
⑤ 张秀民．中国印刷史［M］．杭州：浙江古籍出版社，2006：148.

手抄本是邸报的传统版式，明代中叶以前，中央政府的官报——邸报，都是各省驻京提塘抄传下去的，邸报到省之后，各级政府派抄员，再不断翻抄，因数量较小，印刷成本较高，不适宜印刷发行，也没有印刷的必要。

明代中叶以后，情况发生了变化，邸报事业日益繁荣。邸报的内容日益丰富、发行范围更加广泛，受众对于邸报的需求量日益增加，邸报数量急剧上升，邸报印刷的必要性和可能性都已经具备，因此，明代邸报在广泛流行抄本的同时，开始步入印本时代。主要证据如下：

《万历邸钞》记载："昨卧病初起，忽闻其为书传之邸报，刻录盛行。"①《明史·顾宪成传》也称："既而淮抚李三才被论，宪成贻书叶向高，孙丕扬为延誉，御史吴亮刻之邸抄中，攻三才者大哗。"② 最典型的证据是顾炎武的一段话："忆昔时邸报至崇祯十一年方有活版，自此以前，并是写本。"③ 上述史料中，前两则记录的是明万历年间的事情，可见，邸报印刷在明万历时期就已经开始了。此时的印本邸报，雕版、活字版皆有可能。而顾炎武所言的"活版"，是邸报印刷的一种方式——活字版。活版印刷术在技术上比雕版术更为先进，它不需要一页一版，可以根据邸报的内容临时拼版，不用时将文字拆卸上架，需要时再行拼版，使用起来较为灵活方便，既省时省功又省料省力。

我们知道，活字印刷根据材质的不同，可以分为胶泥活字、木活字、金属活字等类型。明代的活字邸报属于哪一种呢？据现有文献记载，明代的印刷邸报以木活字者居多。袁怙《书隐丛说》卷十三云："印版之盛，莫盛于今矣。吾苏特工，其江宁本多不甚工。世有用活字

---

① 万历邸钞［M］．扬州：江苏广陵古籍刻印社，1991：1331－1332.

② 明史：第231卷［M/CD］//永瑢．四库全书·史部·正史类．上海：上海人民出版社、迪志文化出版有限公司，1999.

③ 顾炎武．与公肃甥书［M］//顾炎武．顾亭林诗文集：第3卷．北京：中华书局，1983：55.

版者。宋毕昇活字版，用胶泥烧成。今用木刻字，设一格于桌，取活字配定，印出而搅和之，复配他页。大略生字少刻，而熟字多刻，以便配用。余家有活版苏斜川集十卷，惟字形大小不划一耳。近日邸报，往往用活字版配印，以便屡印屡换，乃出于不得已。即有讹谬，可以情恕也。”① 明代是在汲取了宋代毕昇泥活字教训的基础上，才试用木活字印刷的。当然，木活字印刷也存在问题。但至少说明，明代印本邸报是客观存在的。

这里必须强调，明代虽出现印刷本邸报，但邸报的文字版本仍以手抄本为主，印刷本邸报多用于那些“具有特别魅力的报道和能够引起社会轰动的报道”。② 唯有这类新闻事件，报房主人才肯付梓印刷，一方面这类新闻社会需求量很大，抄写传播无法满足大众需求；另一方面可以乘机扩大自己报房的影响，获得更大的利益，进一步提升报房的竞争力。

（三）清初邸报，抄本与印本并行不悖

清代沿袭明代旧制，被皇帝批准的各类章奏由内阁发至红本房。六科给事中每日派员去红本房领取，在六科廊房进行整理、编辑而后形成邸报。此时的邸报显然是以抄本的形式出现的，因为，从内阁下发的批本章奏都是抄本形态，不可能存在印本形态。这些原始形态的邸报到了提塘报房之后，提塘报房根据情形，选择印刷或者抄传形式发行，这样才产生出抄本和印本两种不同形态的邸报。

根据清制，各省驻京提塘（京塘）不仅被允许而且必须到六科廊房去誊抄邸报。《历代职官表》载：“国朝定制……谕旨及奏疏下阁者，许提塘官誊录事目，传示四方，谓之邸抄。”③ 可见，驻京提塘参与邸报

① 黄卓明．中国古代报纸探源［M］．北京：人民日报出版社，1983：105.
② 尹韵公．中国明代新闻传播史［M］．重庆：重庆出版社，1990：132.
③ 永瑢，等．历代职官表：第21卷［M］．上海：上海古籍出版社，1980：347.

的抄录工作是“国朝定制”，从顺治年间就已经开始施行。《清会典事例》规定：“凡题奏奉旨之事，下科后，令该省提塘赴科抄录，封发各将军督抚提镇。”[①] 意思非常明确，邸报内容是由提塘从六科抄传出去的。

抄传邸报是各省京塘的基本职能之一。各省驻京提塘赴六科抄录邸报以后，再到提塘在京师所设的报房即提塘报房进行复制。复制的方式有两种：其一是直接将邸报抄写，然后传至本省的督抚提镇，名为抄本邸报；其二是对从六科抄来的邸报，进行印刷，装订成册，然后再发往本省督抚提镇，名为印本邸报。可见，清代邸报从六科廊房出来时应该是抄本形态。而发往地方各省政府官员的邸报，可能是抄本，也可能是印本。具体形式要根据邸报的内容、不同省份官员的需求量来决定。内容重要、需求量大的邸报，报房认为有利可图，就进行印刷复制。反之，发行量小的邸报则直接抄写。

另外，必须注意民间报房在邸报发行过程中的作用。清代的民间报房十分发达，最多时达 21 家[②]。其性质为私营，其目的为挣钱，报房经营者统称京报人，他们往往选择有发行量的邸报进行翻印，然后行销贩卖。他们所采用的方式多半是印刷发行。印刷数量较大，效率亦高。只有数量大，才能显示印刷技术的优势，从而获得好的经济效益。所以，清代的印刷本邸报主要是指民间报房的京报[③]，而提塘报房的邸报抄传只为本省少数官员读者服务，因邸报需求量小，提塘报房不会去印刷邸报。后来，各省驻京提塘让民间报房人直接到六科抄报，然后回到

---

① 昆冈，等．钦定大清会典事例：第 730 卷［M/DB］．http：//www.guoxuedashi.com/guji/3242y/.

② 方汉奇．《清史·报刊表》中有关古代报纸的几个问题［J］．国际新闻界，2006（6）：73－78.

③ 京报源于明代，清雍正以后，京报代替了邸报，成为政府官报的统一名称。（见孔正毅．明代“京报”考论［J］．国际新闻界，2012（2）：122－127.）

民间报房印刷，而提塘则直接向民间报房购买邸报。由上可见，在清代，抄本与印本邸报是并行不悖的。

根据清初名臣王士祯的说法："六科纶音册子，号晚帖，以当晚即知之，次日乃登邸报，故曰晚帖。亦有小报，谓之小抄。"[①] 这些号称晚帖、小抄之类的邸报，显然属于抄本形式。其一，这类邸报是为了满足那些想尽快了解朝廷信息的京师官员的需求。其数量有限，没有印刷的必要。其二，为了追求时效性，满足官员"当晚即知之"的愿望，报房人也来不及付印，只好迅速抄写，马上传递。而次日刊登的邸报，则印本或抄本皆有可能。

美国学者乔纳森·奥克库在《大英博物馆藏北京邸报》一文中指出：同治年间的邸报"主要有两种形式，一种是手稿版，还有一种是'长编印刷版'（这么称呼，是因为它的尺寸是 9 英寸×4 英寸），它们通过私人邮驿（信局）在全国范围内发行"。（Available in two forms, a manuscript edition and a "long copy" (so-called because of its nine-by-four-inch size), and delivered throughout the empire by private post (hsin-chii).）[②] 他也谈到清代邸报的抄本与印本的问题，认为两种形态并列存在。

就目前研究来看，有清一代，抄本邸报与印本邸报孰轻孰重，无从确考。但是，随着印刷技术的不断提高和邸报阅读受众数量的增加，邸报的社会需求量与日俱增，印本邸报的优越性日趋明显。因此，可以肯定，印本邸报的比重在逐渐加大。

清代邸报的印刷形态与民间报房的崛起有很大关系。换言之，正是民间报房推进了清代印刷本邸报的快速发展。有学者认为："乾隆以后

---

① 王士祯．池北偶谈［M］．济南：齐鲁书社，2007：62.

② JONATHAN O. the British Museum's Peking Gazette［J］. Ch'ing shih wen- t'i. 1973, 2 (9)：35 - 49.

各民间报房所出的京报，基本上都是印刷的。”① 京报虽然不能完全等同于邸报，但是，雍正以后京报开始逐渐取代了邸报的称谓而为广大读者所接受。京报的印刷形态更加广泛，到清代后期，特别是同治以后，提塘报房基本萎缩，民间报房逐步兴盛，提塘邸报业务逐渐依附于民间报房，或者说完全委托民间报房来进行。同时，随着印刷技术的进步，印刷形态的邸报也就开始在清代中后期普及起来，邸报的抄本时代渐趋衰落。

就印刷类型来看，清代的邸报活字印刷和雕版印刷都存在过。实力较好的民间报房，多用活字印刷，活字的材质有胶泥活字和木活字之分。由于胶泥活字有易碎、很难上色、表面粗糙、极易划破纸张等缺点，自毕昇发明之后，只存在理论价值，几乎没有推广的可能。从北宋到清初，几乎没有几部像样的胶泥活字版图书。

不过，清代确有用胶泥活字印刷的京报，印刷质量很差。《清末京报琐谈》记载：“聚兴报房，印刷都用活字版，但所有的字，都是用胶泥烧成，字体自然很粗。按物质说，胶泥一经火烧，便成陶器性质，本可刻得相当精致，但他们不肯在这里下功夫，所以每一个字，总是歪斜不正。印刷时，即用平常锅煤烟子，加胶水，其臭难闻；看报之家，每日把报送到，放于屋中，则满屋都可闻到臭味。”② 为什么胶泥活字印刷质量如此之差，清代民间报房还使用这类印刷技术呢？笔者认为，这与邸报作为新闻媒介的性质有关。

首先，按照今天的话说，新闻纸是易碎品，受众阅读了报纸上的信息后，报纸也就完成了主要使命。所以，邸报印刷无须像图书那样讲究印刷的高质量。其次，为了节约成本。泥质高岭土做材料，显然既便宜

① 方汉奇．清代北京的民间报房与京报［J］．新闻研究资料，1990（52）：205－220.
② 齐如山．齐如山随笔［M］．沈阳：辽宁教育出版社，2007：47－48.

又易得，成本较低，符合民间报房节约成本的要求。最后，报纸发行时效性很强，来不及精雕细刻，而胶泥材质，可以快速制作，快速发行。目前能看到的一批胶泥活字京报，其印刷质量都很差，与胶泥活字材质低劣有直接关系。

当然，清代也有沿用明代以来的木活字印刷邸报的。由于我国古代主要使用烟墨作为印刷墨料，没有油墨，木活字易于吸收烟墨，所以木活字较为盛行。而金属活字不容易吸收烟墨，用油墨印刷效果才好，所以使用金属活字印刷的较少。直到清末木活字仍然很普及，原因正在于此。

除了活字印刷之外，清代雕版印刷的邸报也大量存在。雕版印刷属于整版印刷，在清代的民间报房叫作“泥版”，又称“豆腐干儿版”，是将文字直接雕刻在石膏之类的泥版上，然后用火烤硬后付印。这类印刷质量更差，泥版刻好文字后，一般用锅煤烟子加胶水调和成墨水，刷印在质量很差的薄川连纸上，报纸墨色暗淡，气味难闻。

据笔者掌握的资料，清光绪三十三年（1907 年）以前，京师各报房的京报印刷多为采用传统的印刷方式。光绪三十三年（1907 年）以后，印刷技术为之一变，西方的机械铅活字印刷技术开始陆续引进。

清代邸报的“一源多本”现象

清代没有如宋代邸报那样的“定本制度”，也就是说，朝廷没有一个统一的邸报版本。这就为邸报的多版本现象提供了客观的可能性。

所谓“一源多本”是指同一天的邸报存在多个内容不同的版本。所谓“一源”是指邸报的来源是唯一的，就是由皇帝批红、经由内阁传至六科廊房的各类奏章。发至六科廊房的章奏是邸报的唯一新闻来源。“多本”则是指同一天的邸报会有多个版本。这是清代邸报出版史上的特有现象。

清代邸报的“一源多本”现象，长期以来，似乎并未引起新闻史学者的注意。一般人可能认为同一天由政府发行的官报——邸报，应该只有一个版本。据笔者考察，同一天的邸报会出现多种不同的版本。这种现象主要是由清代邸报的抄传发行方式造成的。

从新闻事实的来源角度看，清代邸报均是由提塘官抄自六科，后来就由民间报房人代替提塘官抄自六科。其原始形态——姑且称之为“邸报祖本”，应该是同一类型，就是经过内阁票拟、皇帝批红，放置在红本房，由六科给事中抄写而形成的邸报本子。这种邸报“祖本”，应该是内容庞杂的皇帝谕旨、大臣奏折之类的大杂烩，是由六科给事中及六科廊房的抄手们誊抄出来的。

但是，内容庞杂的邸报原本，并非原原本本地、统一地直接抄印到京师各衙门和地方各省督抚提镇，而是由各省驻京提塘根据内容的重要性以及与本省的相关性，有选择地抄传，然后发下去。这就是“一源多本”产生的根源所在。

我们知道，清代邸报抄传到全国各地主要是由各省驻京提塘来完成。据《清史稿·职官志》《清会典》等记载，清代各省驻京师提塘官共 16 人，分别为：直隶、山东、山西、河南、江西、福建、浙江、江南、湖南、湖北、四川、广东、广西各 1 人；陕甘新疆 1 人；云贵 1 人；漕河 1 人。根据规定，六科每日要派一人到红本房去领取经过朱批的、可以发抄的皇帝谕旨和臣僚章奏，进入六科廊房，然后誊抄，形成所谓的邸报。至今我们还不太清楚，在六科廊房中，六科给事中们到底对皇帝的谕旨、臣僚的奏章是如何编辑整理的。据笔者分析，六科给事中们对于堆积如山的谕旨、奏章的处理不外乎有以下几种情况：

其一，他们只管从红本房将可以发抄的朱批奏折搬运进六科廊房，任由 16 名提塘自己抄传。从现有的史料看，这恐怕不太可能，皇帝和内阁大臣是不会同意的。如果是这种情况，那么，清代邸报就很有可能出现“多报多本”现象。而就目前所见，同一日邸报的核心内容是一致的，因此，六科给事中们没有进行编辑整理的可能性不大。

其二，先由六科廊房完整编辑整理过后，形成邸报的原始本子，再由提塘官根据六科的邸报原本，有选择地抄录，发回本省。

其三，六科给事中与16个驻京提塘，共同参与完成邸报的制作，最后发往各省。

从现有的邸报原件来看，同一天的邸报有一部分内容是相同或相似的，而有一部分内容却是不同的。这说明，六科给事中有参与，有要求。譬如，皇帝的谕旨部分就要求必须抄录，而臣僚的奏折部分则没有要求，各省提塘可以根据自己的兴趣，有选择地抄传。而臣僚奏折部分的不同，则说明各省提塘参与了编辑、选择和整理。他们有一定的自由度，可以根据本省情况，选择相关的奏折内容，抄传给本省的督抚大员。

据现有邸报实物看，各省驻京提塘并非将当日邸报的所有内容全部誊抄下来，而是根据邸报内容的重要性以及与本省的关联性，加以损益，进行筛选、取舍。首先，上谕部分属于皇帝谕旨，内容当然重要，必须抄传。其次，与本省督抚提镇紧密相关的内容，当然要详细抄录。最后，对于那些与本省关系不大的内容，或省略不抄，或摘要抄录，或仅抄目录。这样既可以节约版面，又可以节省时间。由此，就出现了同一天发往各省的邸报内容不尽相同的情形。这就是清代邸报中特有的“一天邸报多个版本”现象，笔者简称之为“一源多本”现象。

由于清代邸报存世的数量有限，不同的提塘报房出版的同一日邸报（京报）更是极难发现，无法比勘。最近，笔者有幸看到同一日的两种不同版本的邸报（京报），通过比较，笔者发现了清代邸报的“一源多本”现象。

下面是清光绪朝两个不同报房出版的同一日邸报（京报），极能说明清代邸报的“一源多版”问题。

光绪九年五月初一日邸抄（说明：抄本影印，无目录，上下书写，每页一般 12 行，每行多为 14－16 字）内容如下：

宫门抄

光绪九年五月初一，吏部翰林院镶红旗值日，翰林院引见八十六名，张得禄谢授广东高州镇总兵恩并请假十日。吏部呈进月官折，内阁奏派验放之王大臣六处三十一名，派出怡王额勒和布、邵亨豫、周家楣。外来夹板一份。

上谕五月初一日

奉旨叶大焯转补翰林院侍读学士、李端棻补授翰林院侍讲学士。钦此。

太常寺题：五月十三日祭关帝庙。奉旨：遣晋祺行礼后殿，遣文兴行礼。钦此。

又题：五月十八日夏至，大祀地于方泽。奉旨：遣本格恭代，四从坛遣全佑、恩庆、瑞兴、立瑞各分献。钦此。

奏报五月初一日

苏州织造奴才立山跪奏为光绪八年分壬午大运绸缎等项，织办告成，委员解京交纳恭折奏闻仰祈圣鉴事。窃查奴才衙门大运工需，每年由藩库拨银八万二千两，以三万两织造部派办缎纱，余银尽办内库缎绸等项。前年内务府以内库活计不敷供应奏，奉谕旨：饬由户部行文抚臣，酌度库款添拨岁需，俾得宽为办解。上届辛巳大运，藩库未能添拨，仍照成案办理。此次壬午大运，经奴才商之抚臣，饬由藩司于岁拨八万二千两之外，免筹银一万五千两为添办内库辛巳、壬午两运活计之用，共计由藩库拨到银九万七千两，当即采办买丝斤，督饬匠役、炼染开工计织办内库。壬午大运，上用官用缎纱四百匹件、绸缎三千二百匹、大小手帕三千个、白丝一千斤、衣线一千五十斤、丝线十斤、布三千匹。又补办辛巳欠解绸缎绫三百匹、大小手帕一千三百个、衣线一百斤。又部库任务大运缎纱一千八百匹，一律告成。敬谨分别装箱，派委笔帖式广治督同承差于光绪九年三月初二日起程管解进京，赴库交纳。除呈明户部、内务府差照外，所有壬午大运缎绸等项办齐，起解缘由理合恭折奏闻，伏乞皇太后、皇上圣鉴。谨奏军机大臣。奉旨：知道了。钦此。

太子太保大学士两江总督二等恪靖侯加一等轻车都尉臣左宗棠跪奏为已故漕臣遗爱在民，呼恳恩准建专祠，以彰功绩，而慰舆情，恭折具陈仰祈圣鉴事。窃臣恭读光绪八年十一月二十四日上谕：林肇元奏，已故大员功德在民，恳建专祠一折等因。钦此。仰见朝廷笃念功臣，有加无已。凡届有位，感诵同声，兹复赴署淮扬海道徐文达详称，淮安府知府孙云锦详赴山阳县绅士翰林院编修、前湖南学政顾云臣等、清河县绅士大挑知县张骏等、仪征县绅士教谕刘衍等，联合禀旨在黔建祠，而清淮祀典缺如，士民戴德之忱犹歉然有所未尽，造具事实清册，请于清淮地方建立专祠，转详请奏前来。窃以黎培敬官绩本末，林肇元折内已详言之，谕旨并嘉其在漕督任内，克称厥职，是其治漕政绩，固久在圣明洞见之中。兹既拔该绅士等，合词呼请，谨再拔是为我皇太后、皇上陈之。

查黎培敬于光绪六年奉旨补授漕运总督，是年十月到任。以为治漕必先治河。受事之始，即亲勘礼字河堵坝情形，念此处地形是全局关键，因年久失修，致洪湖大流全趋高室，势如建瓴。东西两堤情形岌岌，设有疏失，泰兴、泰州诸县即有漫溢之忧，而需水之蓝河转虞浅阻。黎培敬以此坝不堵则水有害而无利。亲诣河干，相度形势，南洪水深四丈、宽三十八丈，南北经四百数十丈，择要拖工，河工各员均以工具费繁为虑，黎培敬引为己任，毅然为之，竟于是年腊月合拢。臣抵任后，检阅旧牍，见其与前督臣刘坤一商论一切水利情形，切是详明，洞中肯綮，而属员禀报工程之件，尤悉心斟酌，准验攸宜。故僚众颐然推服，遵行恐后，窃叹其用心之苦而任事之诚也。……奏请奉旨于清江浦地方准建专祠。……谨会同漕运总督臣庆裕、江苏巡抚臣卫荣光恭折具陈，伏乞皇太后、皇上圣鉴训示，谨奏军机大臣。奉旨：着照所请，该部知道。钦此。[①]

这一日的邸抄，其主要内容有三大部分。第一，宫门抄。宫门抄是对当日发生的朝廷重大事件的报道，包括值日、引见、请假、谢恩、简放臣僚等。第二，上谕。上谕是皇帝的有关诏书。第三，奏报。奏报是地方官员的奏折。此为整个邸报的主体部分。邸报选登了两份奏折。一是苏州织造立山关于丝绸入库进京的奏疏。二是两江总督左宗棠建议为已故漕运总督黎培敬修建贤良祠的奏疏。

我们再看看同一日的另一份京报（邸报）的内容。光绪九年五月初一日京报（邸报）（说明：似泥活版印本影印，有目录，上下竖排，版心有“京报光绪九年五月驻京提塘”字样，四周为双栏，每页一般14行，每行多为22字）的具体内容如下：

（目录）

光绪九年五月初一日

目录

谕旨

湖督涂奏请

---

① 佚名．邸抄［M］．北京：北京图书馆出版社，2004：13893－13900.

闽督何奏请

(宫门抄)

五月初一日，吏部翰林院镶红旗值日，翰林院引见八十六名，广东高州镇总兵张得禄谢恩并请假十日。吏部呈进月官抧，内阁奏派验放之王大臣（六处三十一名），派出怡王额勒和布、邵亨豫、周家楣。(外来夹板一份）召见军机。

(上谕五月初一日)

（奉）旨叶大焯转补翰林院侍读学士、李端棻补授翰林院侍讲学士。钦此。

太常寺题：五月十三日祭关帝庙。（奉）旨遣晋祺行礼后殿，遣文兴行礼。钦此。

又题五月十八日夏至，大祀地于方泽。奉旨：遣本格恭代，四从坛遣全佑、恩庆、瑞兴、立瑞各分献。钦此。

(奏报)

湖广总督臣涂宗瀛、湖北巡抚臣彭祖贤跪奏为遵旨查明湖北宜昌府属沿江险滩添设救生红船。……奉旨：该部知道了。钦此。

何璟等片，再准吏部咨光绪九年正月十六日奉上谕：已革兵部左侍郎胡瑞澜、已革山西布政使林寿图、已革安徽布政使傅庆贻，均着来京交吏部带领引见。……奏军机大臣。奉旨：知道了。钦此。

湖南巡抚臣卞宝第跪奏为查明耒阳县煤窿，奸徒诱买穷民作工，入窿后，关禁凌虐，多戕生命。……奉旨：已录。

头品顶戴陕甘总督臣谭锺麟谨奏为拣员借补游击要缺，恭折仰祈圣鉴事……谨奏军机大臣。奉旨：兵部议奏。钦此。[①]

---

① 佚名．京报（邸报）：第5册［Z］．北京：全国图书馆文献缩微复制中心，2003：341-352.

这一日的京报（邸报）内容也包括三个部分。第一部分是宫门抄，传递当日朝政主要信息。第二部分是上谕，即皇帝的几份谕旨。第三部分是奏报，包括四份奏折。一是湖广总督涂宗瀛和湖北巡抚彭祖贤联名上的一份奏折，内容是关于湖北宜昌府沿江险滩添设救生船只事宜。二是浙闽总督何璟的奏折，内容是关于兵部左侍郎胡瑞澜、山西布政使林寿图、安徽布政使傅庆贻，革职进京引见之事。三是湖南巡抚卞宝第的奏折，内容是关于耒阳县煤矿虐待民工事件。四是陕甘总督谭锺麟的奏折，内容是关于补充游击士兵事宜。

通过比对，不难发现：

第一，两份邸报的宫门抄和上谕部分内容基本一致。除了没书写“上谕”二字和局部文字（括号部分）略有出入外，两份邸报记录的基本事实是一样的。这说明，六科给事中、提塘官们十分清楚，不管发往何省的邸报，朝政要事和皇帝的谕旨部分作为非常重要的新闻，都必须刊载，不可或缺。

第二，奏折部分内容则完全不同。邸抄主要刊载的是关于江南苏州织造和两江总督的内容；而京报（邸报）则主要刊登的是关于湖广、浙闽、陕甘总督的内容。通过比较发现，这两份邸报分别出自不同的报房之手，属于“一源多本”现象。当然，究竟是哪两家提塘报房所为，很难判断。同时，我们也很难判断，这两份邸报是由提塘报房，还是民间报房印刷出来的。如果真的是提塘报房印刷发行的，那肯定出自不同的提塘报房，不可能同一个提塘报房同一天内出两份不同的邸报。如果出自民间报房之手，也肯定是出自两家不同的民间报房。

之所以出现这一现象，我们分析：各省驻京提塘，往往根据相关性原则，除了皇帝谕旨和重要信息外，只选择与本省相关的奏折的内容，进行抄印，然后发往本省。因此，才出现宫门抄、谕旨部分基本相同，而奏折部分大不相同的现象。

据笔者推测，根据新闻的接近性原则，受众一般多关注自己身边的新闻事件，前一份邸抄内容是关于江南省的事件，因此，很有可能出自江南省的提塘之手，因为邸报刊登了苏州织造立山大运丝绸事宜和两江总督左宗棠的奏折。后一份京报（邸报）则很有可能来自湖广或陕甘等地的提塘。因为奏折的内容主要是湖广、陕甘等地的事宜。当然，以上只是一种推测，有待进一步考证。

由于清代驻京提塘多达 16 人，同一日的邸报，从理论上说，有可能抄写成 16 种版本，但是，实际上，真的会出现这么多个版本吗？我想是不会的。原因很简单，根据新闻的接近性原则，相邻省份的提塘可能会合并使用同一种版本的邸抄。由于还没有足够的邸报实物来比勘，目前还不好下结论。总之，不管有多少种版本，清代邸报的“一源多版”现象是确实存在的。

清代邸报的大号本与小号本

据笔者研究发现，就版式的大小而论，清代邸报还存在大号本与小号本之分。大号本是指版式较大、内容较为丰富的邸报本子。小号本则是指版本较小、版式精致、内容精选、传播较快的邸报版本。

《六部成语注解》一书中谈到过清代邸报的大小版本问题：

> 京报有小本抄写者，此类最佳。本日早间之事，晚间即可看见。有大本黄皮京报，分二种：一种全备无遗，一种间或不全。大约昨日之事，今日见之，此为中等。又有窄本黄皮报，曰题奏，全稿参差不全，往往此日之事，数日后乃得见，且每日换新者，即将旧者取回，看者不能存留，此为下等。其价值之贵贱，即以上中下

等次而定，间有低昂，不能大相悬殊也。[①]

《六部成语注解》关于邸报大小版本的解释，主要是根据信息传播的速度来判断。传播速度快的即为好的本子，如小抄本，本日早间之事，当晚即可看见，此为最佳版本。而那种昨日之事今日见之的大本黄皮京报，虽然本子较大，内容较全，也只是属于中等档次。至于那些专登题奏又参差不齐的窄本黄皮报，往往此日之事数日后才得见，传播速度太慢，不能满足人们的新闻欲，只能是最差等次了。《六部成语注解》已经充分认识到京报的新闻时效性特征，实属难能可贵。

大号本，又称长编本，是一种较为详细刊登朝政信息的邸报版本，即上文所言之大本黄皮京报一类。总体上看，大号本信息量较大，内容较广，它更加接近于六科廊房的邸报“祖本”。大号本每日一期，属日报类型。每期一本，大约 40 页左右，20 大张对开。就目前研究来看，大号本多为手抄本。大号本发行不够快，新闻时效性稍差，主要用于阅读后收藏的。

邸报大号本的阅读对象一般是清政府的高级官员，如在京的内阁大臣、六部掌印、王公贵族等，地方官员如各省总督、巡抚等。他们需要阅读和关注较为详细的各类臣僚的奏章资料。按照今天的说法，大号本类似于新闻的深度报道。由于这类官员人数有限，大号本一般无须版印，抄传即可。大号本的特点是：完整全面、内容翔实、信息量丰富、版本质量中等。与大号本类似的是窄本黄皮报，不过其内容往往不全，信息较为陈旧，版本等次最差。

小号本即精选本，是指内容单薄、信息量较小，但是内容重要的一种邸报版本。它是将当日邸报中最具新闻性的内容，精编成一小册。更为重要的是小号本发行速度最快，一般当日早间之事，当晚即可知道。

---

① 内藤乾吉原，校．六部成语注解［M］．杭州：浙江古籍出版社，1987：1－2.

小号本即王士祯所谓的“晚帖”，相当于今天的晚报、快报，一般为日刊，也有双日刊的，版面只有大号本的一半大小。每本邸报页码不一，或多或少，多有50来页，少则几页不等。内容的多寡主要是根据当日邸报信息而定。如果当日邸报的重要内容较多，则本子的页码就多一些，相反则少一些。宫门抄应该就是这种小号本的典型样本。

小号本的阅读对象主要是下级官员。他们平日获得朝政信息的渠道不畅，但又有强烈获取朝政重要新闻的欲望，于是，他们各显神通，通过各种渠道求得这类小号本快报。有的甚至花高价从在京的文吏那里购买，也有人花较少钱从各级官员或各地的文吏处租来阅读。容量较大的版本收费较高，一般人消费不起，而小号本收费偏低，因此，小号本邸报往往销量较大。为了满足各地方中下层官员的阅读需求，各驻京提塘报房或民间报房，纷纷抄印，发往各地。

方汉奇先生对于京报的容量有过研究：“京报一般一天一出。因为内阁发抄的时间在下午，出版的时间往往要拖到黄昏或晚上。春节前后的一个多月里，国制（笔者注：疑字有误）期内和重大新闻稿件不多的时候，也常常改出两日刊或多日刊。京报全部为竖排，一行到底，每行一般为22个字，每页14—18行不等，每期的总字数也不完全一样，少的时候仅千把来字，多的时候可以达到5 000多字。”① 虽然他没有明确提出清代邸报的大小号版本的问题，但是他已经认识到清代邸报的信息量差别很大。

清代邸报的官方本与非官方本

所谓官方本邸报，就是由提塘官从六科廊房抄出，经提塘报房的转

① 方汉奇．清代北京的民间报房与京报［J］．新闻研究资料，1990（52）：205－220.

抄或印刷，而后发往各省督抚提镇的邸报。从信息的编辑、整理到抄写印制，再到邸报的发布传播，每一个环节都是由提塘系统完成，带有鲜明的官方运营的色彩。有人曾提出清代邸报不具有官方色彩，主要依据是邸报的管理者身份不是中央政府选派的。笔者认为，提塘官是各省政府选派的，是经过中央政府认可或默许的，提塘官在提塘报房中制作、编辑、发行的邸报，自然属于官方本邸报。换言之，凡是经由驻京提塘所控制、提塘报房所经营的邸报，均属于官方本邸报。相反，凡是由民间报房编辑、整理、抄传的邸报，均属于非官方邸报，其版本自然就是非官方本。道理说起来简单，实际上，判断起来并不容易，因为，到了清代中后期，邸报的官本与非官本已经非常模糊了，官私融合，甚至到了无法分辨的程度，这也是有些学者认为清代邸报不具有官方色彩的原因之一。

应该说，清乾隆朝以前，邸报的官方色彩很浓。乾隆十六年（1751年）出现"伪孙家淦奏稿案"，乾隆二十年（1755年）御史杨开鼎上折"请除开设小报房之弊"，乾隆二十一年（1756年）该提议被议准："嗣后令各提塘公设报房，其应行抄事件，亲赴六科抄录。刷印转发各省。所有在京衙门抄报，总由公报房抄发。"[①] 意思是不准民间报房经营邸报业务。到了清代中后期，提塘报房开始名存实亡，提塘为了省力省钱，把大部分的邸报编辑、发行业务，交给了民间报房来经营，直至后来出现提塘官反而从民间报房那里定制、购买邸报的情形，很难分辨何为官方何为非官方。但是，两种不同性质的邸报类型，在清代是存在过的，特别是在清初的几个朝代，提塘邸报与民间报房邸报的经营管理在性质上是有区别的。

---

① 昆冈，等．钦定大清会典事例：第730卷［M/DB］．http：//www.guoxuedashi.com/guji/3242y/.

清代中期以后，邸报业务由官方走向非官方。纵观整个清代邸报发展史，其走向总体上是由官方走向非官方、由政府走向民间。一般来说，清代乾隆、嘉庆以前，邸报的发行基本上由官方垄断，或者说官办邸报占主导地位。邸报具有鲜明的官方色彩，其版本多属官版。

清代中期以后，随着民间报房的出现和增加，清代的民间报业开始崛起，特别是到了同治、光绪之后，民间报房数量大增。“嘉道年间有报房1—3家，咸丰、同治年间发展到6家，光绪年间有报房达15家之多，分别为聚兴、聚升、聚恒、合成、信义、杜记、集文、同顺、同文、天华、公兴、永兴、洪兴、连升、天铺等，以聚兴、聚升、聚恒报房影响最大。”① 民间报房在清中叶以后达到顶峰。在谈到清代民间报房勃兴的原因时，方汉奇先生这样解释：“由于雍正和乾隆初年都曾经禁止胥役市贩买阅邸报和私抄邸报，获准公开发行邸报的，在当时仅限于提塘及其所设的报房，因此，清代民间报房的出现和盛行，很可能是乾隆中叶以后的事情。”② 清制规定：“各省提塘官设报房，凡钦奉谕旨及题奏等事件，亲赴六科抄录刊印转发。”③ “各省发递科抄事件，例应责令提塘办理，以杜私抄讹传泄露之弊。”④ 这些条例是乾隆皇帝发现提塘报房被民间报人利用，产生了诸多弊端之后，下令制定的。各省驻京提塘必须“亲赴六科抄录”邸报。换言之，每日去六科廊房抄录邸报是提塘官的主要职责之一，不允许任何懈怠。邸报业务均由提塘公报房操办，民间私人报房的发展受到严重打击。

但是，随着时光飞逝，岁月流转，各省驻京提塘日益怠惰，并不能

---

① 李润波．北京报业的奠基石——《京报》［J］．北京档案，2007（06）：48-49.

② 方汉奇．清代北京的民间报房与京报［J］．新闻研究资料，1990（52）：205-220.

③ 昆冈，等．钦定大清会典：第51卷［M/DB］．http：//www.guoxuedashi.com/guji/3242y/.

④ 昆冈，等．钦定大清会典事例：第730卷［M/DB］．http：//www.guoxuedashi.com/guji/3242y/.

尽职尽责，各种弊端不断出现。根据规定，驻京提塘三年一任。但是有不少提塘不能及时更替、及时补缺。以至出现“期满而咨留七八年者”“私相授受，雇倩他省提塘代理”者。[①] 提塘管理日益废弛。更有甚者，部分驻京提塘将每日亲赴六科抄报的工作交给了民间报房去做。随着民间新闻出版日益活跃，开始出现民间报房代理提塘报房业务的情形。清代民间报房主人为了扩大报房业务，开始主动出击，兜揽业务，代替提塘官经营邸报业务。由此，非官方的民营邸报大行其道，实际上已经代替了官方的邸报业务。

美国学者乔纳森·奥克库指出：“根据条例，提塘官必须每天亲自赴六科抄写文件，在他们自己的报房进行印刷，然后，再由官方邮驿派送出去。实际上，提塘只是名义上管理着这些程序，报房的真正控制权落在私营的报房主手中，这些报房主同时也被赋予日常出入六科抄传邸报的责任。一些提塘与书商签订协议，由书商承担提塘的工作，提塘自己的报房不再运行。到了同治后期，官方邸报很可能都由私人出版商印刷，这些书商和出版商也发行他们自己的非官方的邸报。”（By law he was required to attend the Six Sections daily in person，copy the posted documents，print them at his own publishing house（pao-fang 报房），and then send the gazette out by official post. In practice，however，the t'i-t'ang exercised at best only nominal supervision over these procedures. Actual control of the pao-fang lay in the hands of private bookshop owners，who also assumed the responsibility of daily attendance at the Six Section. Some of the t'i-t'ang simply contracted out their work to book dealers rather than maintain their own pao-fang，and by late T'ung-chin all the official gazettes were probably printed by a single pri-

---

① 方汉奇．中国新闻事业通史：第1卷［M］．北京：中国人民大学出版社，1992：194.

vate publisher. These same book dealers and publishers also issued their own non-official gazettes.)[①]

乔纳森表述得非常清楚。清代中期以后，提塘官已经失去了对京报或邸报的实际管理能力，代之而起的是民间报房主人。民间报房主人取得了邸报的抄录权之后，再在自己的报房内进行编辑、整理、印刷，然后发行。邸报的官方性质迅速弱化，非官方性质明显增强。从这些民间报房出来的非官方邸报，如果没有官方的同意，是不能发行的。换言之，也正是因为得到了官方的默许，民间的非官方报业才开始迅速发展壮大起来，但其整体运作是属于私营化的。

可以这么说：清代中叶以前，官本邸报十分普遍，处于主流地位，而清代中叶以后，非官本邸报或民营邸报日益占据主导地位，逐步取代了官方邸报成为整个清代报业的主体。

（本文首发于《新闻与传播评论》2015 年刊）

① JONATHAN O. the British Museum's Peking Gazette ［J］. Ch'ing shih wen-t'i. 1973, 2 (9): 35 - 49.

十一、试析清代官报的抄传系统

清代是我国古代新闻事业最为发达的朝代。以邸报为中心的新闻媒介，无论是组织管理、内容生产，还是发行抄传、受众控制，都已形成一套完整的系统，建构起一套成熟的体系。新闻信息经过一系列的环节和过程，最后在六科廊坊汇集，进而形成邸报。邸报作为一种信息媒介，要实现传播，离不开畅通的发行渠道。那么，清代的邸报是如何发行与抄传的呢？清代邸报的抄传与发行，主要依靠两大系统来共同支撑。其一是驿传系统，其二是提塘发行系统。

清代的驿传系统

1644 年十月初一，清顺治帝福临在北京南郊告祭天下，正式登基，国号大清，是为顺治元年。清朝诸多典章制度均沿用明代定制。在中央和地方的信息传播方面，也基本沿袭明代的体制，全面继承明代的驿传系统。

中国古代，驿传系统向来被视为军务。两宋以降，驿传就由兵部负责管理，清代也不例外，清代驿传管理由兵部车驾清吏司负责。《清史稿》记载：“车驾掌牧马政令，以裕戎备。凡置邮曰驿、曰站、曰塘、曰台、曰所、曰铺，驰驿者验邮符，泄匿稽留者论如法。”[①]

① 清史馆．清史稿：第 114 卷［M］．北京：中华书局，1977：364.

清代的驿传主要有三大功能："各类文报的传递；官员的接待；各地物资的递运。"① 清代驿传集三种功能于一身，这是清代驿传的特点之一。清代以前，自春秋战国时期至元明两代，驿馆主要是用来接待官员的。而文报传输主要由铺或其他信息传递组织来承担。元明时期，驿站开始承接一些重要的军政文报。到了清代，文报传递、官员接待、物质递运就成为驿传的三大主要功能。其中，文报传递就包括邸报的传递与发行。

清代的驿传系统庞大而复杂，有一套完整的管理机构。清代还建立了庞大的驿传网络。

(一) 清朝中央的驿传系统

清朝中央的驿传管理系统由兵部车驾清吏司、理藩院、会同馆、通政使司、奏事处、兵部捷报处等部门组成。

兵部车驾清吏司的主要职责是邮符的管理，勘合、火牌的发放与收缴；制定驿传的相关规则，如过往驿站官员的待遇标准等；制定文报传递规则。文报传递是清代驿传的常规性基本功能，兵部车驾清吏司要负责制定相关运行制度，以确保文报的顺畅传递。

理藩院主要负责边疆地区，包括蒙古、新疆、西藏等地的驿传管理。负责台站官员的拣选，协助制定适合边疆地区的驿传管理制度，督察边疆地区的驿传运行状况。

清代的会同馆源于明代的会同馆。明代的会同馆属兵部，掌管京师的驿传事务，设有大使、副使。清代的会同馆是皇华驿的管理机构。皇华驿是京师通往全国的首要驿站。中央的各类文报以及出使官员均首发于此。会同馆负责皇华驿官员设置、遴选和监督。清代，皇华驿馆务由一名兵部侍郎担任。顺治时期其任期为三年，乾隆十九年（1784 年）

---

① 刘文鹏．清代驿传及其与疆域形成关系之研究［M］．北京：中国人民大学出版社，2004：1.

改为任期一年。其职责主要是处理皇华驿馆的日常馆务，包括驿马的喂养补给、驿车的调配；驿驰官员的登记安排等事务。

通政使司是邸报发行的主要机构。清代的通政使司源于明代，始设于顺治元年（1644 年）。与明代相比，清代通政使司所设职位、人数相差不大，其最大的特点在于实行“满汉双人双轨制”。其功能主要是：“掌受天下章奏，校阅送阁，稽查程限，而按其违失，有不如式者，劾论之。”①

清代的奏事处分为内外奏事处两个部分。外奏事处由侍卫一人、章京六人组成，负责在宫门外接收奏折，然后交给宫内的内奏事处。内奏事处由十八名太监担当，不设首领。其职责是将奏折呈送给皇帝。奏事处与通政使司的最大区别在于奏事处只能接送奏折，不能拆阅奏折，而通政使司不仅可以拆阅，而且还要作必要的处理。

兵部捷报处是清代驿传系统中的重要机构。特别是清代雍正以后实行密折制度，各省督抚提镇、边疆将军要密折递送皇帝的文报皆汇于捷报处，由捷报处负责接收、登记、勘验，转递奏事处，最后送呈皇帝。当然，皇帝的朱批谕旨也是交由捷报处转送驿站，驰驿全国各地。

（二）清代的行省驿传系统

清代的行省驿传系统包括省级和州县两个部分。两部分各司其职，各有侧重，共同完成清代地方驿传的运作和监管。

清代省级驿传事务由省派道员担当。清代承袭明制，在行省设立管理驿传的道员，简称驿道。驿道多为兼职。承平时期，驿传事务单一，为节约人力财力，一名道员往往要身兼数职，如兼管粮、盐等事务，由此形成驿粮道、驿盐道等职位。驿道的主要职责包括：建立道库，解决

---

① 钦定历代职官表［M/CD］//永瑢．四库全书·史部·职官类·官制之属．上海：上海人民出版社，迪志文化出版有限公司，1999.

驿传的粮食问题；购买驿传所需的车马；监督各地的邮符执行情况；监督稽查文报的传递是否合乎规范要求；等等。

一般而言，驿道多驻扎省城，以配合督抚臬司的工作，但是，驿传的工作性质又要求他们经常要到各地驿站去巡视，往往巡视一次就达数月，而且一个道员有时身兼粮盐多职，显然难以兼顾。同时，由于道员官级仅为四品，级别较低，一旦遇到品级较高的官员滋扰驿传之事，解决问题常常是力不从心。针对行省驿传中存在的问题，乾隆时期进行了有效的改革，提出“道员分管，臬司总核”的方案。“各省驿站事务，直隶则系臬司兼辖，其余俱系粮盐道员兼管。该员等俱驻扎省城，以一人而辖通省邮传，地方辽阔，稽察难周，莫若将各省驿站事务皆令各守巡道按其所属府州县分司其事，而以按察使总其成，不必令粮盐等道兼管。”[①] 经过改革，各巡道分管范围变小，稽查力度增强，效率大大提高。清代省级驿传管理形成道员分管、按察使司总核的运转体制，有效地解决了乾隆以前驿传中存在的诸种问题。

清代行省以下的驿传实行州县政府兼管的方式。明代的地方驿传是由驿丞官负责的，每驿馆设驿丞一名。清政府为了加强对地方驿传的管理，实行地方驿传管理改革，大规模裁撤驿丞，建立地方驿传州县兼管制度。《清会典事例》记载：至乾隆二十年（1755 年），清代裁撤的驿丞已达 134 处。[②] 乾隆皇帝在裁撤各地驿丞的同时，进一步强化州县对于地方驿传的兼管力度。乾隆二十年颁布谕旨：“驿站钱粮，均归州县经管，驿地止于应差喂马，不必更设专员。现在直省各驿，除向来原归州县并佐杂等官经管各驿毋庸议外，所有各省原设之驿丞或系附近州县

---

① 浙江巡抚王亶望奏为遵旨酌议驿站事务权责折（乾隆四十四年三月十二日），宫中档乾隆朝奏折：第 47 辑［M］．台北：台北故宫博物院，1982：122.

② 刘文鹏．清代驿传及其与疆域形成关系之研究［M］．北京：中国人民大学出版社，2004：138.

或移佐杂驻扎，均可裁汰以节冗费。至钱粮出入，原属州县正印官之专责，所有佐杂兼管，并酌留驿丞之各驿，一切夫马钱粮，均应统归州县经管。”①

概言之，清代的地方驿传系统，经过裁撤驿丞、加强州县兼管、压缩道员职责、实行臬司总核等一系列改革，最终形成“按察使—道员—州县官”一体的管理机制，确保了中央与地方之间驿传的有效实现。

（三）清代驿传网络的分布

清代以北京为中心，形成东北、东南、中南、西南、西北等五个线路的庞大的驿传网络。②

东北方向：北京向东经通州，经山海关，沿辽西走廊至奉天，奉天向北经开原至吉林，由吉林经齐齐哈尔至黑龙江的瑷珲城，再向西至蒙古，向北至俄罗斯，向南可到达朝鲜。

东南方向：北京向南从涿州的涿鹿驿经河间、景州入山东，至德州，分两路横穿山东全境。一路入江苏宿迁，经山阳、高邮、京口至苏州。由苏州向南进入浙江境内，至杭州分道西南，至兰溪、上杭，进入福建，至建阳、南平至福州，再由福州向西经清流进入广东潮州的饶平。另一路从江苏铜山沿宿州、凤阳至江宁，由凤阳分道西南，至合肥、桐城、安庆，由桐城分道西南至江西九江、南昌，由南昌分道两路，进入福建和广东。

中南方向：北京向西南经保定、正定、邢台、大名、磁州至河南安阳，由安阳分道向西至开封，向南至新郑分道。一路经信阳进入湖北，至武昌，向南至湖南长沙，由长沙分道向南经郴州进入广东，向西南经

---

① 昆冈，等．钦定大清会典事例：第730卷［M/DB］．http：//www.guoxuedashi.com/guji/3242y/.

② 参见刘文鹏．清代驿传及其与疆域形成关系之研究［M］．北京：中国人民大学出版社，2004：45－46.

湘潭、衡阳达广西全州、桂林，又向南至越南境内，向西至云南。另一路经新野、襄阳、公安进入湖南境内，至澧州、桃源、芷江进入贵州，最后至云南境内。

西南方向：北京向南由正定分道向西南经井陉至山西太原，向南经平遥、临汾至陕西潼关、西安。西安向南经咸阳渭水、宝鸡入四川，再经剑州、绵州达成都。成都向西北经打箭炉、里塘、巴塘进入西藏。西安向西北进入甘肃，经华亭、安定达兰州。兰州向西经平番、张掖、肃州，经嘉峪关达新疆的哈密。

西北方向：北京向西北分道，一路经张家口，向北经内蒙古、阿尔泰军台、乌里雅苏台军台、科布多军台，与新疆塔尔巴哈台相接。另一路经北京回龙观、长城南、直隶、山西、陕西、甘肃至嘉峪关，再进入新疆。

清代驿传网络分五条路线，全面覆盖整个大清帝国的地理版图，使得清代的文报传输便捷而又迅速。

（四）清代驿传本章的时限

清代的驿传有明确的时间限制，政府驿传的各类章奏，根据所达治所的里程，核定相应的时间期限。具体规定如下：

直隶总督、天津都统、古北口提督、宣化镇、天津镇，均限三日。热河副都统，限五日。马兰镇、泰宁，均限二日。正定镇、长芦盐政，均限四日。

奉天将军、府尹，均限八日。吉林将军，限十二日。宁古塔副都统，限十六日。白都讷副都统，限十五日。三姓副都统，限二十二日。黑龙江将军，限十八日。

山东巡抚，限五日。河东河道总督，驻扎山东济宁拜发者，限七日。巡防黄运两河在途次拜发者，按道里远近将日期增减。青州将军，限八日。登州镇，五、六、七、八月，限二十二日，余月限十六日。兖州镇，五、六、七、八月，限十六日，余月限十二日。

山西巡抚、建威将军、归化城都统，均限六日。右卫副都统，限五日。大同镇，限四日。太原镇，限九日。河东盐政，限二十日。

河南巡抚，限八日七时。河北镇，限八日十时。南阳镇，限十一日二时。

两江总督、江宁将军，均限十三日四时。漕运总督，限十二日。镇海将军、狼山镇，均限十三日。苏州巡抚，限十四日四时。安庆巡抚，限十五日。江南提督，限十七日。苏松镇、寿春镇，均限十四日。两淮盐政，限十六日。江南河道总督，驻扎清江浦拜发者，限十日。报奏销册籍繁多，限十二日。如遇巡勘工程在途次拜发者，按道里远近将日期增减。

江西巡抚、南昌镇，均限十八日。南赣镇，限二十二日六时。

福建总督巡抚、福州将军，均限二十七日。建宁镇，限二十三日。汀州镇、海坛镇，均限二十八日。陆路提督，限二十九日。水师提督，限三十日。台湾镇，除过海日期外，自大轮驿起，限三十日。金门镇自大轮驿起，限三十日。漳州镇，限三十一日。南澳镇，限三十二日。福宁镇，限三十三日。

浙江巡抚将军，均限十七日。乍浦副都统，限十六日。提督、衢州镇，均限二十日。定海镇，限二十二日。黄岩镇、处州镇，均限二十五日。温州镇，限二十七日。

湖广总督、湖北巡抚，均限十四日六时。荆州将军、宜昌镇，均限十六日。襄阳镇，限十四日。湖南巡抚，限十八日九时。湖广提督，限十八日。永州镇，限二十一日一时五刻。镇筸镇，限二十二日。

陕西总督，西安巡抚、将军，宁夏将军，均限十三日。延绥镇、河州镇，均限十五日。

甘肃巡抚、固原提督，均限十七日。兴汉镇，限十八日。庄浪副都统，限二十一日。宁夏镇，限二十三日。凉州将军、凉州镇、西宁镇，均限二十四日。甘肃提督，限二十八日。肃州镇，限三十一日。安西提督，限三十四日。

四川巡抚、副都统、提督、松潘镇，均限二十四日。川北镇，限二十三日。重庆镇，限二十九日。建昌镇，限三十四日。

广东总督、巡抚、将军，均限三十二日。左翼镇，限三十二日六时。右翼镇，限二十六日。广东提督，限三十四日。碣石镇，限三十五日六时。高州镇，限三十七日。潮州镇，限三十八日六时。琼州镇，限四十四日。

广西巡抚，限二十三日十一时五刻。提督，限二十六日十时五刻。左江镇，限三十一日十一时五刻。右江镇，限三十八日。

贵州巡抚，限二十八日。镇远镇，限二十五日。古州镇，限二十七日。提督、安笼镇，均限三十日。威宁镇，限三十五日。

云南总督、巡抚、临元镇、昭通镇，均限四十日。曲寻镇，限三十三日。楚姚镇，限四十二日。提督、开化镇，均限四十五日。鹤丽镇、永北镇，均限四十八日。永顺镇，限四十九日。普洱镇，限五十日。

以上规定时限，本章到京日期，本部备案，各督抚、将军、都统、副都统、提镇等，将本章颁发日期于批回内注明，投到通政使司时，按限察核，途中或猝遇大雨，或阴雨连绵，或河水暴涨，并路途泥泞，即将此等情由，系专差赍送者，取具经过地方官印结，系驿递驰送者，由该地方出具印结，均呈报通政使司，免其迟延处分。倘有无故迟延及提塘沉压，情弊察出，交与本部，照例议处。[①]

驿站递送的公文印信，提塘官不得沉匿、破损，否则司驿官、提塘官会受到惩罚，如清雍正五年覆准：

> 驿站递送公文，令司驿官各立印信号簿。上站号簿用下站官印

① 钦定大清会典则例：第121卷［M/CD］//永瑢．四库全书·史部·政书类·通制之属．上海：上海人民出版社，迪志文化出版有限公司，1999.

信。每月底，彼此移送察核。倘有沉匿，即行详报。若沉匿寻常公文，一角马夫杖六十，每一角加一等。司驿官各减二等议处。如沉匿军机紧要机密公文，不拘角数，马夫杖六十，徒一年，司驿官不准减等，即行革职。若有规避者，各从重论。①

本章破损也应受罚：

直省本章遇有霉湿破损，或由本处拜发之时，包封不谨，或由沿途赍送不谨，应分别参处。嗣后，督抚提镇有本章，将装本原箱严密封固，于到京之日，令提塘及赍本官役将装本原箱，由通政使司阅看，或系内里霉湿破损，抑或外面霉湿破损察验明确，一面揭送内阁，一面咨明本部，行察议处。②

据统计，清代前期，就建立了包括 2 000 多个驿站、70 000 多名驿夫、14 000 多个递铺、数百个塘站、40 000 多名铺兵的庞大驿传组织。驿传网络四通发达，纵横交错，其规模远远超过此前任何一个朝代。③

曾有学者认为，京师与各省之间的邸报传递在驿站、铺递之外另有塘递专线。④ 实际上，清代的驿传始终是参与邸报传递的。咸丰时期，张沛奏请刊刻邸报，皇帝就明确下谕旨道：

国家设官分职，各有专司。逐日所降明发谕旨及应行发抄内外臣工折奏，例由内阁传知各衙门通抄，即由该管衙门行知各直省，或由驿站，或交提塘分递。⑤

---

① 钦定大清会典则例：第 146 卷［M/CD］//永瑢．四库全书·史部·政书类·通制之属．上海：上海人民出版社，迪志文化出版有限公司，1999.

② 钦定大清会典则例：第 146 卷［M/CD］//永瑢．四库全书·史部·政书类·通制之属．上海：上海人民出版社，迪志文化出版有限公司，1999.

③ 程丽红．清代报人研究［M］．北京：社会科学文献出版社，2008：26.

④ 刘文鹏．清代提塘考［J］．清史研究，2007（4）：87－91.

⑤ 戈公振．中国报学史［M］．北京：中国新闻出版社，1985：36.

这段话明确提出，提塘和驿站均有传递“阁抄”的义务。而清代有所谓“驿报”者，就是通过驿传发递的：“凡经驿站传寄各省之官封，先由车驾司验妥盖戳，随即送往捷报处，经由马馆预备夫马，然后由京传至第一站，西路即系良乡县，东路则系通州；此一州一县，负转发下站之责，如是沿途递转，以达原封应投之处所。而各省之文报，亦系如是送达北京，即交提塘发交首站，再由各站递转，以达在京之车驾司。因此报由驿寄递也，故又称《驿报》。”①

根据清制，邸报与公文常常是合包递送的。顺治五年（1648 年）洪承畴的一封揭帖中就包括京报和公文两部分；道光元年（1821 年）山东驻京提塘发给山东省塘的公文中就包含“七十八号京报”。

凡此种种，都能说明，清代驿传或主动或被动，或直接或间接参与了邸报的发行工作。

清代完整的驿传网络系统和监管有序的驿传制度，确保了清代庞杂而繁重的文报传递运行。清代的驿传体系为清代邸报的运作和发行奠定了坚实的物质基础和制度保障。但是，直接担负清代邸报发行任务的还是清代的提塘。

清代“塘”的分类及提塘之设

（一）清代“塘”的类型

清代的“塘”主要有三种，即军塘、营塘和提塘。

1. 军塘

军塘是指设于甘肃的安西州、新疆的哈密厅和镇西厅三地的塘。每军塘配有军塘夫，专司军事情报的接送传递。军塘是特设于边疆地区的

---

① 戈公振．中国报学史［M］．北京：中国新闻出版社，1985：35.

军情通报机构，其任务是传递军事文报。《清会典》记载："塘，甘肃之安西州、新疆之哈密厅、镇西厅三属，除安西、镇西各本属公文差务仍设驿外，三属旧特设军塘，以达出入文报。自新疆改设行省后，裁哈密、镇西两属军塘，惟安西属军塘仍旧。每塘设有军塘夫以司接递；都司一人，督率稽查。夫马钱粮归文员奏销。"① 可见，军塘的设立带有临时性质，随设随撤。

2. 营塘

营塘是指设于内地行省驻军之地的塘，负责军事情报的传递。营塘的坐塘执行者叫塘兵。各省驻军多在偏远之地，山高路远，信息传递多有不便。为解决军营文报快速传递的问题，清代各提督、总兵均在自己的防区设置塘兵，专供文报传递。乾隆四十三年八月十九日，两江总督萨载奏报："缘江南各标计八十二营内，或道路迂阔，与文职并不同城，或避处三陬，或孤悬海外，一切公文不得不设立塘兵专司走递，以期无误公事。"②

塘兵一般专司文报。广州知府蓝鼎元的《覆制军台疆经理书》称："塘兵专递公文，多人无益。每塘止定三名。"③ 又如，《世宗宪皇帝上谕内阁》记载："雍正三年十二月十三日谕大学士等：康熙六十年，年羹尧奏请四川复设铺司，经部议准设立，每年支给工食银三万六千余两，及朕访闻四川并未设立铺司，仍令塘兵传递文书。"④

塘兵传递文书，是一个通行的惯例，四川省曾想设立铺司代替塘

---

① 昆冈，等．钦定大清会典：第 51 卷［M/DB］．http：//www.guoxuedashi.com/guji/3242y/.

② 刘文鹏．清代提塘考［J］．清史研究，2007（4）：87－91.

③ 蓝鼎元．平台纪略·东征集：第 3 卷［M/CD］//永瑢．四库全书·史部·纪事本末类．上海：上海人民出版社，迪志文化出版有限公司，1999.

④ 世宗宪皇帝上谕内阁：第 39 卷［M/CD］//永瑢．四库全书·史部·诏令奏议类．上海：上海人民出版社，迪志文化出版有限公司，1999.

兵，但未能实行。

3. 提塘

清代的提塘分京塘、省塘和州府提塘。

（1）京塘

京塘即驻京提塘。清代因袭明制，在京师设立提塘。京塘是各省驻扎在北京的提塘机构，其掌官称为提塘官。据《清史稿》《清会典》等载，直隶一员、山东一员、河南一员、山西一员、江南一员、江西一员、福建一员、浙江一员、广东一员、广西一员、湖广一员、四川一员、陕甘新共一员、云贵共一员、漕河一员，后来，湖广分成湖南、湖北各一员，派驻京师的提塘官，合计 16 人。提塘隶属兵部捷报处，负责邸报以及本省与中央各部院文报的往来传递，领送朝廷的各类敕书和印信等。提塘官受中央和地方的双重领导。提塘官由各省推荐送兵部，一般由各省督抚从本省的武进士、武举人或守备中选出。“各省提塘，令该督抚于本省武进士及候补候选守备内，拣选家道殷实小心谨慎之人，取具地方印结，申送考验，咨部顶补。三年期满，如果勤劳无过，由部注册照本班即用。”①

清代也曾设副提塘官，但没有多少实际意义，在乾隆年间被逐渐裁撤，一切塘务仍由正提塘办理。清代提塘的在京办事处地址仍有可考者，李虹若《朝市丛载》记载：

直隶提塘——陕西巷路东

河南提塘——香炉营头条胡同路北

山西提塘——棉花六条胡同路南

山东提塘——宣武门外裘家街

---

① 昆冈，等．钦定大清会典事例：第 566 卷［M/DB］．http：//www.guoxuedashi.com/gu-ji/3242y/.

陕西提塘（笔者注：陕甘新）——西河沿路南渭南馆

江南提塘——棉花头条胡同路南

湖北提塘——西阎旺庙街路西

江西提塘——春树上二条胡同路南

浙江提塘——宣武门外贾家胡同

四川提塘——大外廊营路东

湖南提塘——保安寺街东口路北

福建提塘——麻线胡同周宅

广西提塘——大安南营路北

广东提塘——鲜鱼口豆腐巷路东

云贵提塘——香炉营头条胡同路北①

驻京提塘办事处集中在北京城南，距离每日抄发邸报的六科不远。

（2）省塘和州府提塘

省塘是指驻扎在各省省会的提塘。由兵部车驾司、捷报处负责人员的遴选和管理。省塘负责人多为武举人担任，分驻直隶、江南、山东、山西、河南、江西、湖北、湖南、浙江、福建、广东、广西、四川、云南、陕甘等省的省会以及黄河沿线，共 16 人。省塘在省工作期间受各省按察使司管辖，主要负责京省之间官文书和官报的传递。

除了省塘之外，各省内部州府之间，也设有专司文书、官报传递的塘员。在贵州的安顺，江苏的江宁、苏州、松江等地，都有提塘之设，负责辖区内的官报发行业务。州府提塘翻刻京师的邸报，公开发售给本省的官绅和市民。州府一级的提塘应该是整个清代官办邸报发行的最后一环，完成邸报从中央六科到驻京提塘再到省塘最后至州府提塘的发行任务。

---

① 方汉奇．中国新闻事业通史：第 1 卷［M］．北京：中国人民大学出版社，1992：192－193.

（二）清代京塘的功能及邸报传递

1. 清代各省驻京提塘的功能

第一，收受递送地方与中央各部院之间的往来文书以及官员上奏朝廷的奏折。“雍正十二年议准，督抚提镇以下各衙门，有咨呈在京各部院公文，于公文之外别具印单，将角数及何年月日，封发之处，一一注明，令提塘随公文投递各部院，察对明白，于原来印单内注明收到日期，发还原行衙门，以凭稽考有无抽压遗漏。”①

第二，抄印发行邸报。抄印发行邸报是驻京提塘的主要职责。永瑢《历代职官表》卷二十一载：谕旨及奏疏下阁者，许提塘官誊录事目，传示四方，谓之邸抄。由于提塘官是各省选派的，自然要对地方大员负责。各省督抚最需要知道的自然是朝廷新近发生的事情。各省官员对于政治信息的需求，驱使各省提塘官积极主动地投入到邸报抄传的工作之中。

提塘的邸报发行工作程序是：提塘官赴六科誊抄邸报原本，筛选与本省相关的题本章奏，编辑整理成完整的本子，或印刷或抄传，然后封胶，最后交付驿传。各省京塘都有自己的私报房，可以自行印刷邸报。乾隆十六年（1751 年）著名的“孙嘉淦伪邸抄案”影响太大，乾隆皇帝大为震怒，乾隆二十一年（1756 年）下令设立公报房，要求所有京报部文由公报房抄发。

2. 塘拨传递邸报

提塘将邸报交付传递系统之后，邸报即开始运行，担当运送邸报任务的，一般是塘拨。② 塘拨原为营伍的兵勇，属于军队编制，原来的任

---

① 昆冈，等. 钦定大清会典事例：第 146 卷［M/DB］. http：//www.guoxuedashi.com/guji/3242y/.

② 刘文鹏先生认为，驿传一般不从事邸报传递工作，只进行政府文报。但是，清代京报经常是和公文同时发行的，这说明，驿传与提塘均参与邸报的传递工作。即使驿传不进行邸报递送，因邸报来源于文武百官的本章奏疏，清代的驿传系统对于清代邸报抄传的意义重大，不可或缺。

务是传送军情谍报，后来被抽调去专职传递京报公文。雍正年间，情形即是如此：

据镇营查覆，前来除正定、宣化二镇，保定、紫荆、马水沿河、白石等营原无京拨名色，……其津镇虽有抽去京拨兵五十八名，为数不多，且有现在营中支饷点验者，亦不必另为更定外，唯有提属密、蓟、永、昌四协抽去京拨兵二百六十二名，马兰镇属抽去京拨兵八十名……①

雍正初年，古北口提督杨鲲奏折中指出，提属密、蓟、永、昌四个协营抽调京拨 262 名，马兰镇属抽调京拨 80 名。他们的任务只有一项，就是沿途传递京报公文。②

由于塘拨多为军队的营兵担任，占用了军队的人力和军费开支，引起不少行省官员的不满。山东巡抚塞楞额就曾上疏言及此事：

雍正五年十一月二十四日，山东巡抚臣塞楞额谨奏，为请调回塘拨之兵，以专责成以实营伍事。伏查各省设立塘拨，递送部文、京报，俱系提塘招募土著，令其沿途递送，其工食银两出自通省各衙门，看报各官按季解贮藩库，提塘赴司请领。惟东省则不然，自省至京设立塘拨，悉用抚标两营步兵递送，由来已久，不知始自何年。但营兵自应随营操练，不便擅为塘拨之用。……其递送公文之人，即令提塘招募沿途土著良民承充。③

他提出由提塘官招募沿途良民，传递部文京报。雍正皇帝对此大加赞赏，并结合古北口提督杨鲲的奏折，对此作了批示：

---

① 世宗宪皇帝朱批谕旨：第 168 卷［M/CD］//永瑢．四库全书·史部·诏令奏议类．上海：上海人民出版社，迪志文化出版有限公司，1999.

② 方汉奇．中国新闻事业通史：第 1 卷［M］．北京：中国人民大学出版社，1992：194.

③ 世宗宪皇帝朱批谕旨：第 26 卷［M/CD］//永瑢．四库全书·史部·诏令奏议类．上海：上海人民出版社，迪志文化出版有限公司，1999.

此奏甚属可嘉，应如是料理。近日古北提臣杨鲲亦经折奏此事，当日派拨虽云未曾报部，今若不具题存案，恐将来仍蹈故辙，况他省塘拨不无类此者，见朕允尔题请，则亦不得不仿效而行矣。①

递送京报部文的任务，后来逐渐由沿途选拔而来的良民百姓来承担。实际上，邸报的发行任务开始由官方走向民间。

（三）提塘在京报管理上出现的问题

提塘管理京报也出现过提塘上下勾结，把持塘务现象。湖南巡抚赵弘恩就曾奏请革除湖南、湖北的提塘官。其奏折云：

湖北提塘袁炎、湖南提塘袁炽，兄弟二人，把持二省塘务，结交诸属，互通信息，素称多事。臣前曾告之迈柱，已将袁炎革黜所有，袁炽经前抚臣王国栋追缴委牌，仍敢把持塘务于新中文武举子，强索喜钱。臣细访的宽现在发司审拟，革此二人似此不法之徒，亟当严处示儆。之后将来北、南二省弊端，可以渐次清理矣。②

袁氏兄弟二人把持了两湖的塘务，而且袁炽在被追缴委任牌的情况下，仍敢“强索喜钱”，可谓胆大妄为，嚣张至极，最后被革职查办。

提塘对京报的管理也曾经历过考验。雍正时期，因提塘泄露机密，四川巡抚宪德奏请禁革。“雍正六年二月。又奉上谕：据四川巡抚宪德奏称，程如丝于未正法之先，自缢身死，固属地方该管各官疏忽之咎。但程如丝正法之旨于部文未到之先，此信已早到五六日，显系提塘于塘

① 世宗宪皇帝朱批谕旨：第 26 卷［M/CD］//永瑢．四库全书·史部·诏令奏议类．上海：上海人民出版社，迪志文化出版有限公司，1999.

② 世宗宪皇帝朱批谕旨：第 216 卷之二［M/CD］//永瑢．四库全书·史部·诏令奏议类．上海：上海人民出版社，迪志文化出版有限公司，1999.

报中先期漏泄。向来提塘之弊，似此预通信息者，甚多大有关系。请将各省提塘通行革退等语。朕思：提塘管理京报，设立已久，若禁革不用，似属难行。但伊等借邮船之名，作奸滋弊，习以为常，如奉旨正法之人，可以预通信息，早使闻知。亦可将奉旨宽宥之人，先期设词恐吓诈骗，其间弊端种种，不可不加防范。应否如宪德所请，将提塘通行禁革，或如何定例，俾紧要事件，不致先期漏泄，或以官人承充提塘，分别赏罚定其考成，着九卿确议具奏。”①

当然，宪德之请并没有奏效，提塘官始终管理京报部文之事。

清代邸报发行的经费问题

清代提塘担负着邸报发行的重要任务。驻京塘官由各省选派，受中央和地方的双重领导。提塘管理和发行邸报所需的经费从何而来呢？根据清政府的规定，提塘经费一切由地方承担，归入地方督抚正常的财政支出。《清会典事例》载：各省均有专门的提塘报资银两，专供提塘发行邸报之用。

雍正五年（1728 年）十一月二十四日，山东巡抚塞楞额的奏折称："惟东省则不然，自省至京设立塘拨，悉用抚标两营步兵递送，由来已久，不知始自何年。但营兵自应随营操练，不便擅为塘拨之用，况东省各州县，原有阅报银三千余两。尽可雇募，以供递送。臣请将原拨塘兵尽行撤回，以实营伍。其递送公文之人，即令提塘招募沿途土著良民承充。其通省阅报银两，亦令解贮藩库，按季支给提塘为募夫工食之费。

① 世宗宪皇帝上谕内阁：第 66 卷［M/CD］//永瑢．四库全书·史部·诏令奏议类．上海：上海人民出版社，迪志文化出版有限公司，1999.

如此则营伍塘拨均有裨益。”[①] 山东通省的阅报银大约 3 000 余两，按季度支付给提塘使用。

奉天省额定耗羡章程规定：“提塘公费银二百两。”[②]

直隶全省的提塘阅报银也是由官府提供的。古北口提督杨鲲谨的奏折称：“提塘供送四协营报钞，均需工墨，赍进本章并投领部文，亦资奔走，不可不酌给工食。臣请即于四协营撤回之拨兵中存留三十二名，不必招补，每年约得饷银四百八十两，以为赏给提塘工食之用。如此庶提塘得以竭力办公，而粮饷亦不致多占虚糜矣。相应据实奏明，至于存留名粮赏给之处，是否可行，伏乞圣训指示谨。”[③]

山西省的提塘阅报银，见于雍正五年十月二十日山西巡抚石麟的奏折：“臣莅任以来，即以清理钱粮为首务，所有晋省耗羡一项，按雍正元年十一月间前抚臣诺岷奏明提贮司库，酌量分别支用。原属以公济公也。臣查原奏折内，开有每年修理城垣衙署，并修筑汾河堤岸、义学束脩、沙虎口马匹料草、并倒毙马匹、各衙门心红纸张、书办工食、布政司搬银工价、提塘报资等项，共需银六万四千余两。”[④] 各项费用需求总额为六万多两，其中，“提塘京报银二千五百六十两”。[⑤]

雍正时期河南省的提塘报资也是地方政府提供。河南巡抚石文焯的奏折称：“雍正元年四月初六日河南巡抚臣石文焯谨奏，……此外本身每年公用，以及提塘报资、添设塘马、工料贴补解费、因公差遣盘费、

---

① 世宗宪皇帝朱批谕旨：第 26 卷［M/CD］//永瑢．四库全书·史部·诏令奏议类．上海：上海人民出版社，迪志文化出版有限公司，1999.

② 昆冈，等．钦定大清会典事例：第 170 卷［M/DB］．http：//www.guoxuedashi.com/guji/3242y/.

③ 世宗宪皇帝朱批谕旨：第 168 卷［M/CD］//永瑢．四库全书·史部·诏令奏议类．上海：上海人民出版社，迪志文化出版有限公司，1999.

④ 世宗宪皇帝朱批谕旨：第 217 卷之一［M/CD］//永瑢．四库全书·史部·诏令奏议类．上海：上海人民出版社，迪志文化出版有限公司，1999.

⑤ 昆冈，等．钦定大清会典事例（二）：第 170 卷［M/DB］．http：//www.guoxuedashi.com/guji/3242y/.

州县起解钱粮路费等项，皆于耗羡内支用，总计一年约共需银二十四五万两。”① 从中可以看出，政府耗羡中包括提塘资一项。

云贵总督高其倬的奏折也提到该省的提塘报资一事：“雍正二年十一月初十日，云贵总督臣高其倬谨奏，……至于那动库银，亦惟为办理科场、津贴塘报，以及修理城池、桥道、犒兵诸项不得已之公用，且经手俱系藩司、历任抚臣，皆捐自己俸工，非臣创始，即经批准，以俸工流抵原只，遵循旧例，以公完公，即毛文铨现任贵州，亦不能将公事废弛，而别有良策。”② 奏折中指出，“津贴塘报”是“遵循旧例”，并且指出，诸种“公用”，“俱系藩司、历任抚臣”的捐献俸禄所为。

关于江南省的京塘公费，在安徽巡抚魏廷珍的奏折中有明确记载：“雍正六年六月二十日江南安徽巡抚臣魏廷珍谨奏：一、江宁塘饷银一千两。臣前开坐京提塘，公费银四百两，是巡抚衙门中所给以办公务，此条原系工墨银二千一百八十两，系州县捐给。臣先议裁据署司，噶尔泰称坐京提塘，料理本省公事，查封部文，不止抄报。此项议裁，无人办公，今议酌减，照依下江开入耗羡中每年给银一千两。”③ 另有奏折记载：“雍正六年六月二十日江南安徽巡抚臣魏廷珍谨奏：一、布政司衙门各节表笺银一百四十两，此项亦照依下江，开入耗羡中，臣今议裁去，原折又有，巡抚南北提塘纸张、饭食银一百六十六两一项。此系江宁一处，凡江宁、安庆两处文书往来，恐有沉搁舛错，在此稽查分发。又有临淮一处，自京中部文，到临淮分路。一向江宁，一向安庆，恐有

① 世宗宪皇帝朱批谕旨：第30卷上［M/CD］//永瑢．四库全书·史部·诏令奏议类．上海：上海人民出版社，迪志文化出版有限公司，1999.

② 世宗宪皇帝朱批谕旨：第176卷［M/CD］//永瑢．四库全书·史部·诏令奏议类．上海：上海人民出版社，迪志文化出版有限公司，1999.

③ 世宗宪皇帝朱批谕旨：第149卷下［M/CD］//永瑢．四库全书·史部·诏令奏议类．上海：上海人民出版社，迪志文化出版有限公司，1999.

沉搁舛错，在此稽查分发。不在坐京提塘之中，合并声明。”①

由上面的引述可以得出：第一，清代提塘的邸报运营资费，一切均有地方政府拨付，中央政府只负责行政管理和信息控制，不负责经费支出。第二，各省京塘和省塘的费用，多由各省衙门和州县以下各级官员捐助而来。第三，各省邸报运行管理的费用多寡不一。

由于有政府部门的经费保障，清代提塘发行邸报一度较为正常，但是，随着地方财政经费的紧张，对提塘报资及塘兵银两的克扣在所难免，由此带来清代后期“提塘虚报塘兵名额，冒领塘兵饷银”“驻京提塘互相代理”等诸多弊端，严重影响了提塘邸报发行的正常进行。

（本文首发于《南昌大学学报》2015 年第 1 期）

① 世宗宪皇帝朱批谕旨：第 149 卷下［M/CD］//永瑢．四库全书·史部·诏令奏议类．上海：上海人民出版社，迪志文化出版有限公司，1999.

十二、民国初期新闻记者职业化现象探析

——以《申报》(1911[①]—1927) 招聘启事为中心

民国初期，随着国门的打开，西方各种新鲜事物涌入中土。记者行业也不例外，中国新闻记者的职业化正是起步于这一时期。记者职业化的出现，既有近代社会语境等外部因素的影响，也有近代中国知识分子报业救国梦想的内在激励原因。

民国初期记者职业化的社会语境

（一）改朝换代，新闻业在权力的夹缝中艰难生存

中国国门被西方的侵华战争打开之后，岌岌可危的清末政权在新政中有限度地开放了“报禁”和“言禁”，给予人们一定的创办报刊权。允许民间办报，为新闻事业的发展提供了一定的政策空间，中国的新闻事业进入了蓬勃发展的上升时期。当然，民国初期的言论自由环境并没有维持很久。袁世凯一直觊觎革命果实，眼见其权力受到人民的监督，其行为受到国民党派系报纸的干涉，于是，他采取了一系列钳制舆论的措施。“二次革命”之后，袁世凯变本加厉，先是篡夺革命成果窃取大总统之位，随后又解散国会，将当时的国家宪法——《中华民国临时约

① 虽然，中华民国建国是 1912 年，但是，1911 年的辛亥革命可以看作是民国的开端，因此，本章收集的《申报》资料时间从 1911 年始。

法》废除，对国民党系统派系报纸及所有反袁的报纸进行打压，对进步报人进行无情打压，通过创办御用报纸、收买其他报纸、制定法律等一系列措施，加强对新闻事业的控制，制造了新闻史上臭名昭著的“癸丑报灾”。“癸丑报灾”的直接结果是当时的报刊数量大大减少。就全国而言，到1913年底为止，报纸数量从五百余家减少到一百多家，北京地区的报纸甚至只剩下二十余家。

在黑暗的社会环境中，大多报刊都不多发评论，即便发评论也多是不痛不痒的短评。袁世凯去世之后政局再次陷入混乱，各大小军阀忙于军事，无暇顾及报业管控，对文化的钳制有所松懈，这在一定程度上给报人活动留下了较大的缝隙。“种种证据表明对新闻业最大的威胁不是来自政府，而是来自掌握政权之人的专擅和一念之间，他们出于各种集团和个人的目的，钳制新闻传布、捕杀报人，是新闻业面临的最大和最直接的政治威胁。”①

正是新闻的压制环境使得报刊开始放弃政论传统，向客观报道转变。在此背景下，以邵飘萍为代表的报人群体从思想到实践都开始自觉疏离政治，逐渐完成作为新闻记者对其职责的正确定位，逐渐将不偏不倚、客观公正的新闻报道理念确立为新闻记者安身立命的准则。

（二）西风东渐，先进办报实践和理念促进新闻职业化

众所周知，外国人在华办报对中国的新闻业影响巨大。某种程度上，中国的新闻事业也是西方列强带来的副产品。西方资本主义国家在完成了工业革命后迅速向外扩张，外国列强带给中国人民深重苦难的同时，也给中国带来了近代的新闻事业。军事侵略和文化入侵，成为近代西方列强对付中国的两种常规手段。近代中国，出现了大量外国人主办

① 王润泽．北洋政府时期的新闻业及其现代化（1916－1928）［D］．中国人民大学博士论文，2008：34.

的中文报刊，随之而来的还有西方先进的印刷技术以及较为成熟的报业管理和运营方法，新闻采编和编辑业务也让受雇于这些报社中的国人受益良多。为了更好地深入中国本土，外国报社聘请中国文人担当编译工作，撰写文章和评论，《万国公报》中的蔡尔康、王韬等就是典型代表。这批长期工作在外报中的中国新闻工作者，借鉴西方近代报业观念，从器物到理念都深受西方报刊理念的影响。例如，民国之前具有巨大社会影响力的《万国公报》载："万国公报于此际创刊，阐发报刊功能，推重主笔地位，创新保障体例，确立编辑方针，输入西方近代报业观念，知识分子乃获启发，而投注其心力于报章。至是三十年迟滞不进之中国报业，顿开生机。"[①] 到 19 世纪七八十年代，国人才开始了自己办报的历程，但大多都是效仿外国人的近代化报刊。

近代国人在不断吸取西方先进报刊理念的基础上取其精华，去其糟粕，在商业报刊不断发展的过程中强化对新闻报道的客观性要求。名记者们的努力也为其他新闻记者树立了榜样，对于增强新闻记者自身职业修养、形成行业规范、增强职业认同有深远的影响。

（三）近代以来复杂的政治运动提升了报业影响力

在中国报业发展的初期，那些在报社从事文字撰稿的人，在社会上很不受待见，所以有"文人末路"去办报一说，"江浙无赖文人，以报馆主笔为之末路之语"[②]。

到 19 世纪后半期，在学习西方办报的过程中，国人开始认识到报刊的作用。正如李彬所说："西方现代报业的发展首先是源于商业和贸易的需要，而中国近代报业的缘起则更多是基于'救亡'与'自强'的背景。"[③] 中国报人一直有着"文人论政"的传统，自王韬办报开始就

---

① 赖光临．中国近代报人与报业：上册［M］．台北：台湾商务印书馆，1980：92.
② 戈公振．中国报学史［M］．北京：中国新闻出版社，1985：84.
③ 李彬．中国新闻社会史［M］．上海，上海交通大学出版社，2007：50.

推动民间报纸将专业性与“论政”性相结合。王韬在《论日报渐行于中土》《论中国自设西文日报之利》等文章中，阐述了民间报刊的责任和职能。他希望可以办出类似西方《泰晤士报》那种言论自由的报刊，通过报刊鼓励民众参与“言论议政”，达到“上情下达”“民隐上达”的效果。

到戊戌变法时期，梁启超、康有为等人的新闻实践，不仅带来了国人办报的第一次高潮，更重要的是让国人看到了报刊“开明智，图国强”的舆论作用。“梁启超等在创办政论报刊时较多地论及报人使命、报刊责任等具体条款，开始意识到新闻职业的独特要求。”[①] 报人们的办报实践让国人意识到报人群体的力量，社会对于报人的看法也随之发生改变：“武昌举义，全国景从，报纸鼓吹之功，不可没也。”[②] 新闻从业者的社会地位在逐渐提高。

到民国时期，黄远生放弃官场，投身报业，其自身的报业实践在一定程度上让新闻记者作为一种职业赢得了世人的认可和尊重。

王韬的《循环日报》开创了政论报刊的历史，维新派更是将报刊作为鼓吹变法的阵地。虽然，报刊过度的政论化不完全有利于报业的发展，但是，这些由报刊集结起来的政治家代表着更先进的思想。在政治运动中人们看到了报刊的力量，新闻从业者的地位在这一时期得到较大改善，也就是在此时，新闻记者逐渐开始摆脱“末路文人”的尴尬境况。

《申报》刊登招聘新闻人启事概况

（一）招聘主体不断拓展：1921 年从报刊转向通讯社

在笔者收集的 1911 年至 1927 年的《申报》文本中，共收集不同类

---

① 张洁．新闻职业化的萌芽：重读黄远生的新闻实践与新闻思想［J］．新闻大学，2006（3）：28－33.

② 戈公振．中国报学史［M］．北京：中国新闻出版社，1985：147.

型的新闻记者招聘启事78篇，其中，每个年份的招聘主体见表12-1。

表12-1 1911年至1927年在《申报》上刊登新闻记者招聘启事的主体

招聘年份	招聘主体①
1911年	时事新报、申报
1912年	民声日报、东方杂报、太平洋报、天津民约报、民报、民国新闻社、亚东新报、鼓舞报、扬子江日报
1913年	申报、之江日报、生活日报
1914年	申报
1915年	申报、进步书局、上海亚细亚日报、中华新报、
1916年	民国日报、共和新报、国是报、民德报、东亚日报
1917年	亚洲日报
1918年	申报
1919年	平江日报，晚报发起人天虚我生、钝根等，苏报，大生日报，神州日报，中外新报
1920年	大公报、宁波时事公报、(安庆) 皖铎日报、商报
1921年	国闻通讯社、太平洋报、市场公报、上海四民报
1922年	国闻通讯社、公平通讯社
1923年	工商新闻、中外通讯社、苏民报
1924年	国闻通讯社、远东通讯社、东南日报、中南通讯社、东南日报
1925年	国闻通讯社、沪报、北京世界新闻编译社
1926年	中国报、中国英文日报、上海国民日报、南京晚报、天津大公报、丙寅通讯社、大浦东报、汉口民国日报、芜湖日报、小新闻报
1927年	世界新闻社、上海商业新闻社、民治通讯社、天津大公报、中央通讯社、芜湖民国日报

由上表可见，民国初年在《申报》上刊登新闻记者招聘启事的主体主要有报社（报馆）、通讯社两类，尤其是1921年之后，通讯社成为招聘的主要群体。在这些通讯社中，不仅有以收集和提供新闻为主要任务的普通通讯社，还有一些提供专业信息的商业通讯社，例如上海商业新闻社。商业通讯社要求的稿件内容并不是普通的消息，而是商业消息：

谨启者 同人等关于国际商业日益繁盛金融经济变化无常，特

① 表中的报纸实际上是指各报馆、报社，因此均不加书名号。

> 发起商业新闻社欲以最敏捷最确实之商业新闻供献于商界人士，勿以过去之事实定未来之标准，藉谋商业消息之灵通鼓励商业战争之进步……①

由邵飘萍主办的北京世界新闻编译社在同一时期影响较大。1916年8月，邵飘萍在担任《申报》驻京特派记者期间，创刊了北京世界新闻编译社。该社初创时期规模很小，主要采写北京通讯，每天会有一些特殊稿件发往本埠或外埠报社，因为消息及时准确、效率很高，其稿件多为各大报社采用。其在《申报》上发出的招聘启事如下：

> 本社设在北京西长街一零一号，现招聘广州、香港、上海、汉口、南京、杭州、徐州、福州、奉天、成都、长沙、安庆、济南、洛阳、开封、西安、南昌、天津、张家口等处通信员，愿就者请即试投稿三天，合则函复，不合恕不作答。②

通讯社被形象地比喻为“消息批发商”，它最主要的任务就是为各官方新闻发布机构提供新闻采访和写作方面的服务，它不同于报社，还会经营其他业务。

民国初期，我国的通讯社有很大的发展。“在1912年到1918年，新创办的通讯社有20余家，到1926年，全国共有通讯社155家，大部分规模小，影响也不大。”③ 民国初期这些通讯社通过招聘启事征集访员，访员逐渐形成了一个固定的职业群体。民国初期新闻业在新闻的生产和供给上逐渐开始了专业化进程。

（二）招聘对象类型：从招聘访员到招聘特别访员

《申报》开办伊始，就十分注重新闻的采写，在创刊期上就明确表

---

① 上海商业新闻社启事［N］. 申报，1927-02-10（1）.

② 北京世界新闻编译社招聘访员启事［N］. 申报，1925-06-22（1）、06-23（1）.

③ 戈公振. 中国报学史［M］. 北京：三联书店出版社，1955：253、256.

示："一切可惊可愕可喜之事，足以新人听闻者，靡不毕载。务求其真实无妄，使观者明白易晓。"[①] 开创初期，《申报》的新闻来源是一些民间友人。《申报》上第一则招聘访友的启事如下：

> 本馆兹欲延一抄录案件及采访新闻之友，必须学识兼长，通达世务，并植品行端方，实事求是者方于本馆有益。其薪金自当从丰酌送。如有能胜任愿于承办者，祈即来本馆面议可也。[②]

通过分析《申报》民国初期的招聘启事，笔者发现：自1911年开始，在《申报》自己的招聘启事和其他招聘主体发布的招聘启事中，都出现了"特别访友""特约访员""特约通信员"字样。例如，《申报》1911年10月份的一则《本报特别启事》中提及了由于特殊事件爆发需要特别访友：

> 川鄂事起瞬息万变，本报特于京汉各埠广订特别访友，发电每日不下数十通因此烦费颇巨。二十七日起加价一分，每份售大洋三分。藉费资助区域之忧。[③]

1912年5月，民国新闻社在《申报》上多次发布启事，明确将访员分为普通访员和特别访员两种：

> 访员：分特别普通二种，特别访员由本社特派或专函聘请及各同志之热心担任者为之，普通访员各人由本报出版前五日投稿三次，经本社认可，函定者为之薪资从优，不合者恕不回复。[④]

同一年《亚东快报》在五月份的招聘启事中，也明确将访员分为普

---

① 本馆告白［N］. 申报，1872-04-30（1）.
② 本馆告白［N］. 申报，1875-07-50（1）.
③ 本报特别启事［N］. 申报，1911-10-18（1）、10-19（1）、10-20（1）.
④ 民国新闻社广告［N］. 申报，1912-05-24（1）、05-25（1）、05-26（1）、05-27（1）、05-28（1）.

通访员和特殊访员两类：

> 本报延聘海内外通都大邑特别普通各访员，如就斯席者请于出版前数日寄稿。一经登载访薪优给。[①]

《申报》本社的访员招聘启事中也有“特别访员”字样。1913 年至 1915 年三年间，《申报》不间断地在头版头条用醒目的标题招聘特别访员。1913 年 1 月份的一则启事如下：

> 本馆先欲添请济南、开封、西安、重庆、保定、泸州、福州等特别访员。有消息灵通、愿承斯事者，请寄稿三日，以便订定。申报馆主笔房启。[②]

《申报》1912 年 8 月 13 日第二版刊登的“要闻一”，题名“参议院纪要”，署名“本馆参议院特别通信”，这是《申报》上第一篇来自北京的特约通信。这表明这一时期的《申报》已经出现了区别于一般访员的新闻作品。

在收集来的 78 篇招聘启事中，招聘特别访员、特别访事的启事有 23 篇，占近三分之一的比重。民国初期特别访员在各类新闻机构的需求下应运而生，访员身份的变化是新闻记者职业化进程中一个不可忽视的现象。

（三）招聘区域不断拓展

1. 由本埠及临近地区扩展至全国各地

以《申报》的招聘范围来看，民国初期几年的招聘范围比较集中于中原及附近地区：

> 本馆先欲添请济南、开封、西安、重庆、保定、泸州、福州等

① 快看亚东新报［N］. 申报，1912-05-30（1）、05-31（1）.

② 申报本馆访员告白［N］. 申报，1913-01-24（1）.

特别访员。[①]

随后将招聘范围扩展至比较偏远的边疆地区：

本馆现欲招请云南、贵州、山西、广西、新疆各边省访员。每月通长信一两次，愿任者请先寄稿一次。[②]

后来，将招聘范围扩展至商业发展比较繁荣的南方城市和通商港口地区：

本馆现增添聘宁波、绍兴、温州、湖州、常熟、南通、蚌埠、厦门、汕头等处通信员，如有愿任斯职者，即请通函三次，如果合适当即函定，否则恕不作复。[③]

除了《申报》，其他的招聘主体也根据业务需要在全国各地大规模征集访员。在逐渐增加的通讯社招聘中，有一个通讯社发布招聘次数最多，这就是由胡政之在1921年创办的国闻通讯社。

胡政之采访巴黎和会之际，在探访了世界几大著名通讯社之后，决定要创办一个涵盖范围广，“消息灵确，舆论健全”的通讯社。1921年8月17日，《申报》上出现了国闻通讯社的开办预告，8月26日出现了国闻通讯社的第一则招聘访员的启事：

本社现拟增聘长沙、奉天、南昌、九江、南京访员各一人，愿任者祈通信三日，合者函定，薪水从优。[④]

该社此时的招聘范围主要还是上海及其附近地区，随着业务的发展扩大，该社逐渐将招聘范围扩大至全国，既包括北方广大地区，也包括

① 本馆访员告白［N］．申报，1913－01－24（1）．
② 召请特别访员［N］．申报，1913－11－08（1）．
③ 本馆启事二［N］．申报，1918－07－08（1）．
④ 国闻通讯社出稿广告［N］．申报，1921－08－26（1）．

西南各省、中部城市及内陆和沿海的港口城市：

本社现拟添聘东京、香港、长沙、福州、太原、开封、西安、兰州各埠访员，愿就者请寄稿三天，合者函定，酬资从优。上海派克路三六三国闻通讯社。①

本社现拟添聘西安、兰州、洛阳、开封、蚌埠、长沙、重庆、奉天、吉林等处通信员，以消息灵确不偏不党为合格，愿就者请投稿三日，合则函定，酬报从优，上海山东路国闻通讯社总社启。②

国闻通讯社是当时中国最早将征稿范围扩展至全国各地的民营通讯社，它的这一行动有着重要的意义。通讯社在民国成立之后虽有所发展，但是“在国闻通讯社以前，其他通讯社都是仅在一个地方发稿，而且多半新闻走不出本地，也从没有一家在外埠专人常驻采访，更别说有相当规模了”③。国闻通讯社对于访员的广泛招聘是民国初期新闻业对于访员需求的一个缩影。

2. 由主要城市拓展至县区及乡镇

各报社最初招聘访员时，考虑到成本和受众，大多会选择一些省会城市或者是交通便利的市区。我国近代早期，报社很少需要县级以下地区访员，新闻业发展至民国初期，在一些报社的招聘启事上可以看到有些报纸对于县区访员的需求，不过一般是一些地方性小报纸。例如浙江地区的《之江日报》中明确提出对“本省各县”访员的需求：

本报聘请专门知名之士担任社说，本报特聘请专家担任编辑记载。本报招聘访员及代派员：（一）本报于中央各紧要机关各行省通商大埠暨本省各县均需聘请访员，……合格即行函定，薪水从

---

① 国闻通讯社添聘访员［N］. 申报，1922-10-06（2）.

② 国闻通讯社添聘访员［N］. 申报，1924-03-07（1）.

③ 陈纪滢. 胡政之与大公报［M］. 香港：掌故出版社，1974：76.

优，不合恕不作复。①

安徽安庆的《皖铎日报》提出对“本省六十县”访员的需求：

延聘京宁沪汉各大埠及本省六十县访员，愿就者请先投稿三日，合适即行函聘，薪金从优。皖铎日报社启。②

江苏的《苏民报》在出版预告中提出对“本省各县及附近各乡村访员”的需求：

招聘访员：本报除北京及各省各大埠均已聘定特约通讯员外，拟再添聘本省各县及附近各乡村访员若干人，如愿充任者连寄新闻三天，合则约见，不合恕不作复。③

中国新闻事业发展至民国初期，各大报社和主要通讯社的新闻访员范围都已经比较全面地覆盖了全国大部分城市，但是一些地方性的报纸开始有了对乡村地区访员的需求，这也是一个值得注意的现象。

3. 由国内需求拓展至国外需求

早在19世纪80年代，《申报》就派出专门记者随军队进行关于中法战争的报道，这被视为中国最早的外派记者。1883年，法国入侵越南时，《申报》专门聘请了俄国籍访员到法军军营中进行采访，力求获得最真实的情况。笔者观察民国初期的招聘启事，发现这一时期有些报社已经有了前文提及的特约通信员。例如，这一时期《太平洋报》在欧美和日本都有了自己的特约通信员：

延聘通信员，京、津、武汉、广州、重庆等埠及欧美、日本已

---

① 之江日报出版通告［N］. 申报，1913－03－18（1）、03－19（1）、03－20（1）、03－31（1）、04－04（1）、04－07（1）、04－08（1）.

② （安庆）皖铎日报启事［N］. 申报，1920－08－19（1）、08－21（3）、08－22（2）.

③ 苏民报出版预告［N］. 申报，1923－10－04（2）、10－05（1）、10－06（3）、10－07（3）、10－08（2）、10－09（2）.

定有特约通信员外，南京、杭州、南昌、保定、开封、济南、安庆、蚌埠、太原、福州、陕西、云南、广西、贵州等处如有于政治状况社会情形研究有素者请于九月十日以前连续赐函五日，如能合即专函延聘。①

在众多通讯社中，世界新闻社由于其专注国际关系和国际动向，其对境外访员的需求更广泛，欧洲、美洲、亚洲都在其招聘范围：

同人应时势之需求特别办一世界新闻社，以访世界各国之新闻及国内各大埠之新闻，编稿供给我全国报界为宗旨，兹定于一月二十日开始发稿，望尚需添聘伦敦、巴黎、柏林、维也纳、日内瓦、罗马、不鲁舍拉、安哥拉、莫斯科、华盛顿、斐列滨南美各国，日本、朝鲜、印度、缅甸、外蒙、西藏以及南洋各埠之通信员，薪酬从优，如有愿就者请先通信两次寄上海北四川路东福里九零六号本社以便函定。世界新闻社谨启。②

（四）对稿件质量要求不断提高

1. 更加强调稿件的真实性

最初的访员在一定意义上只是地方信息收集者，他们没有专业的采访技能和职业概念，他们大多只是将收集信息获得稿酬看作一种谋生手段，再加上当时的信息传播速度慢、范围小，交通也不发达，新闻机构对获得的信息无从核实，新闻的真实性大打折扣。《申报》这样的大报在创办初期十分重视新闻的质量，在出现不真实新闻的时候会在头版予以更正。

随着新闻事业的发展，新闻机构对访员稿件的质量要求越来越高。

---

① 太平洋报露布［N］．申报，1921-09-02（7）、09-03（7）、09-04（6）、09-05（6）、09-06（6）、09-07（6）、09-09（6）、09-11（3）、09-15（2）、09-17（6）、09-20（2）．

② 世界新闻社启事［N］．申报，1927-01-22（1）．

新闻消息已经不单单是满足人们的求知心理，它作为一种舆论导向的功能越来越显著。在众多涉及稿件内容的要求中，消息的真实性已经成为所有招聘启事中的共同要求。民国建立后的前几年，招聘启事中关于稿件内容的要求只是有所提及，如要求“消息灵通，不偏不党”：

凡关于外交内务财政军政教育实业诸重要事件，如能刺探确实消息灵通，不偏不党者请寄新闻三日，合格即行函定，薪水从优，不合恕不作复。①

随着报刊数量的增加和新闻从业者数量的增加，招聘启事开始将“消息灵通记载翔实”作为硬性要求：

本社为发展新闻事业起见，拟添聘奉天、哈尔滨、汉口、青岛、长沙、太原、云南等处特约通讯员，消息灵通记载翔实自信能作有薪系之报告而无偏袒者为合格，如愿就聘者请先寄稿五次，合者函定，不合者恕不作复，来稿即寄上海跑马厅张家滨本社编辑部收。②

后期的招聘启事中，新闻机构对新闻的准确性、真实性要求更严，甚至“惟不确切之新闻虽佳不取”：

本报……欢迎各界投稿（惟不确切之新闻虽佳不取）。③

在笔者收集到的 78 篇招聘启事中，对于稿件内容真实性有所要求的共有 32 篇。

2. 薪酬分等级，薪酬与新闻质量挂钩

民国初期的访员收集新闻信息质量不高的原因，一方面是职业知识

---

① 之江日报出版通告［N］. 申报，1913-03-18（1）、03-19（1）、03-20（1）、03-31（1）、04-04（1）、04-07（1）、04-08（1）.

② 远东通讯社添聘外埠通信员［N］. 申报，1924-06-20（1）、06-24（2）.

③ 小新闻报出版预告［N］. 申报，1926-11-27（2）.

和技能的匮乏，另一方面是一些报社的用稿标准很随意，对于稿件质量没有严格把关和要求。随着新闻事业的不断发展，我们在招聘启事中不仅可以看到新闻机构对新闻稿件内容真实性的要求，还可以看到供稿者的薪酬直接与稿件质量相关。稿件收入按照标准划分为一二三等，然后，根据等级赋予相应的报酬：

> 本报以促进和平巩固中央为主义，日出二大张，欲知南北和会真相者不可不读。如有崇论宏意见赐者一经登录甲等，每千字酬洋五元，乙等三元，丙等二元，并招请各埠访员及代派处，有愿担任者请速面知自有详章寄奉。①

民国初期新闻记者职业化的具体表现

美国学者麦金农曾断言：真正成为中国新闻业发展史上分水岭的，是 20 世纪 30 年代的记者对新闻的职业性和他们自己的职业身份的重新认识。② 有学者认为："我们就会发现新闻职业形成于民初是社会发展使然：民初，职业流动是报刊政论时代向职业的新闻时代转变的社会条件，职业意识形成是传统文人向新闻职业者转化的内在动力，职业制度是新闻自由和新闻职业形成的根本保障，职业组织的出现是报人团体捍卫自己利益的重要阵地。"③

民国时期，中国新闻记者职业化是在一定的政治环境和群体努力推动下开始起步发展的。笔者认为民国初期中国的新闻记者职业化发展主要表现在以下几个方面。

---

① 苏报启事［N］. 申报，1919-10-31（2）.

② 麦金农. 民国时期中国新闻史引言［J］. 现代中国，1997，23（1）：12-13.

③ 方艳，申凡. 我国新闻职业形成于民初的社会学解读［J］. 新闻与传播研究，2011（06）：97-112.

（一）新闻记者职业化观念的发展

1. 专职访员的新闻实践催生新闻职业意识

职业化的形成离不开职业意识的觉醒和发展。职业意识作为观念形态，是一种职业的从业人员经过实践形成的对行业功能、职业伦理道德等的认知和判断。职业意识的觉醒和发展是衡量职业化发展状况的重要标志之一。民国初期是新闻记者职业化萌发的阶段。当时一些报刊的社论和《申报》的招聘启事，对新闻职业理念和规范有所涉及，使得职业化新闻思想积淀日深。① 由此可见，该阶段出现了明显的新闻职业化倾向。

自清末开始，从事新闻工作的访员们最初是不被社会认可的，他们身份卑微，收入微薄，新闻工作对他们来说仅仅是谋生手段。随着政治环境的变化和办报高潮的出现，社会上从事新闻职业的人越来越多，人们日常信息的获取越来越离不开报纸，离不开访员。从事这一工作的人也越来越多样化，从市井小民到知识学者，应有尽有。最早真正有职业思想意识的还是那批“末路”文人。我们从招聘启事的文本中可以看到，不论是招聘主体的增加，还是招聘区域的扩大，都反映了新闻机构对新闻从业人员的需求。逐渐发展壮大的民间报业，在提供了更多就业机会的同时，也一定程度上让访员们逐渐认识和认可了这一职业。

2. 记者招聘启事的内容强调职业道德

自古以来我国就有诚实守信的文化传统，中国的新闻人在一开始就十分注重新闻职业道德规范建设。近代著名报人王韬曾指出：“其立论一秉公平，其居心务期诚正。”② 民国名记者邵飘萍在《实际应用新闻学》中指出：“记者精神上之要素，以品性为第一。”③ 1919 年，徐宝璜在我国

---

① 张晓锋．新闻职业化的理论探索［J］．当代传播，2008，(01)：26－28.

② 王韬．弢园文录外编：论日报渐行于中土［G］//李彬．中国新闻社会史文选．北京：清华大学出版社，2008：24.

③ 邵飘萍．实际应用新闻学［M］//邵飘萍，徐宝璜，休曼，等．新闻文存．北京：中国新闻出版社，1987：388.

第一本新闻学著作《新闻学》中专门列出“访员应守之金科玉律”①。

真实性是新闻的生命，也是新闻最基本、最重要的属性，但是，在中国最早的新闻实践中，由于访员的个人素质参差不齐，也由于袁世凯对新闻业进行管制，残害报人，镇压异己，民国时期的报界存在新闻不实现象。

但是这一时期，新闻的真实性被各报馆重视起来。笔者在翻阅这一时期的《申报》时，看到报社关于假稿件和冒名访员的解释和声明：

> 本馆特别启事：本馆城内某访员今日送来稿件恒有旧日公版改头换面希冀混淆当经本馆查出立予斥退此件。②

还有一则《申报》主笔关于来稿规范的声明。声明要求来稿字迹清楚。声明如下：

> 投函本报诸君如有来稿……字迹模糊印刷不清者本报不臆测不能登载请谅之。③

在征集访员的招聘启事中，确保消息真实几乎是必提事项。这一时期的报纸在招聘启事中提出了明确的征稿要求。访员应自觉遵循真实性原则已经成为一种行业内部的基本规范。招聘启事中的强调从某种程度上来说，也是给访员们提出的职业道德要求。

（二）新闻记者的职业能力要求专业化

1. 名记者倡导记者职业能力的专业化

早在19世纪后半叶，王韬、郑观应等人通过自己的办报实践逐渐改变人们对于这一行业从业人员的看法。王韬一直对西方报人优秀的业务能力十分赞赏：“西国之为日报主笔者，必精其选，非绝伦超群者，

---

① 徐宝璜．新闻学［M］．北京：中国人民大学出版社，1994：44.

② 假稿件声明［N］．申报，1911－06－07（1）．

③ 本报主笔房启［N］．申报，1912－10－30（1）．

不得预其列。”[①] 他的新闻人才观是：报人应是高才博识的“通才”。明确的人才要求为即将进入新闻行业的年轻人指明了努力的目标和发展的方向。

黄远生要求“刻画叙述，不溢不漏，尊重彼此之人格，力守绅士之态度”；他还提出，“吾人所综合之事实，当一面求其精确，一面求其系统”。[②] 有着“新闻学的开山祖”之称的徐宝璜在其著作中“第一次触及和研究中国报刊的职业化问题，并形成了中国新闻思想史上第一个关于新闻职业化的思潮”[③]。

新闻职业在逐渐得到社会认可的过程中逐渐发展，新闻从业者们也开始积极主动地在业务方面追求更多的独立性，主要表现为开始重视实事求是的新闻报道和新闻评论。渴望获得自由的言论空间和独立的社会地位，是新闻记者职业化发展过程中的关键一步，是新闻职业意识的觉醒，是对社会现实的反应，是新闻职业的基本特征之一。黄远生、邵飘萍之后，民国时期的优秀记者们都在以专业新闻记者的自我认知，在新闻领域内发挥着自己“社会瞭望者”的作用，引领着新闻观念和思想的走向。

2. 招聘启事的宗旨体现记者职业的能力要求

民国时期的一些报刊发刊词中有关于办刊宗旨的阐述，目的是为了增强报纸的影响力，也是为了吸引更多有才之人前来担任访员。例如，《时事新报扩张广告》中提及：所聘访员者政界中有名人物故议论记载皆与寻常访事不同；所聘主笔者皆东西洋卒业政法大家，故持论者皆根

---

① 王韬．弢园文录外编：论日报渐行于中土［G］//李彬．中国新闻社会史文选．北京：清华大学出版社，2008：24.

② 蒋含平，谢鼎新．简明中外新闻事业史［M］．合肥：合肥工业大学出版社，2007：77-78.

③ 黄旦．五四前后新闻思想的再认识［J］．浙江大学学报（人文社会科学版），2000，30（4）：5-13.

学理法理与信口空谈不同；访事外更有共和党各处党员之确实报告，信息之灵通机关之灵便非寻常营业者可比；主笔外更有共和党中有经验有名望之大政治家时刻准备登入本报以增光彩。[①] 民国时期各种报纸如雨后春笋般涌现，它们的招聘启事中对访员的能力提出了更高的要求，单纯的信息收集者已经不能满足这一时期报社的需求。

（三）新闻记者的职业认同提升

职业认同是指“个体对所从事职业的肯定性评价，它评定了个人自我认同中职业角色的重要性”[②]。职业认同主要包括社会认同和自我认同两方面，是在一定的社会环境中，经过长期的行业实践和行业认知最终形成的观念性认识。新闻事业发展到民国时期，新闻从业者中既有吸收西方先进新闻理念的海归学子，也有致力于办报立言的经验报人和职业记者，他们通过共同的新闻实践促成了民国时期“名记者”群体的诞生，在这个过程中，新闻记者们的职业认同感逐步加深。

1. 社会认同有所提升

第一，从“访员”到“记者”：称谓变化折射新闻从业者社会地位的提高。我国最早出现新闻信息收集工作者的时候，还没有“记者”这样的称呼，《申报》1872 年创刊之后，开始公开招聘从事新闻采访活动的专业工作者，这是其对中国近代报业发展的重大贡献之一。

在早期的《申报》招聘启事中，可以看到“访事”“访友”“访员”等称谓。由于这类人的队伍构成并不稳定，所以，也没有任何统一的称谓。后来，大多数报社或通讯社在招聘启事中都会比较固定地使用“访员”这一称谓。“记者”这一词汇是第一批出使日本的清朝外交官从日本引入中国的。在中国，“记者”一词最早出现在 1898 年梁启超《清议

---

① 时事新报扩张广告［N］. 申报，1912-07-30（1）.

② 魏淑华，宋广文，等. 国外教师职业认同研究综述［J］. 比较教育研究，2005（5）：61-66.

报》创刊号上的《俄国外交官评言》一文中。随后的一些报纸和杂志中也间或出现了“记者”字样。到1903年，日本学者松本君平的《新闻学》翻译为中文之时，里面“记者”一词一共出现了456次。[①]

《申报》最早使用“记者”一词是在1905年初对业务进行大改革之后。“记者”一词虽然没有直接出现在招聘启事中，但是，在一些评论性文章中有“记者曰”字样。随后其他有影响力的大报也开始使用“记者”一词。到黄远生和邵飘萍分别担任驻京特派员时，他们的文章中，已经直接以“记者”自称了。

民国时期，“记者”这一称呼不常出现在招聘启事的文本中，但时常见诸记者自己写的文章中。清末，梁启超等人借报刊宣传变法思想，让国人眼前一亮，国人对报刊的认识焕然一新，对新闻工作者的看法有所改善。民国时期，黄远生弃官从事新闻工作，并且以身示范，倡导更加专业的新闻职业规范，开创了通讯文体等，为社会上很多有心于新闻事业的人树立了榜样。

民国时期正是从政论报刊向新闻报道办刊转变的重要时期。这一时期，充满政治倾向的政论已经不符合此时知识分子对报刊内容的期待。“民国初年，派系间你死我活的争斗遍及各地，报人毫无自由可言，因此建立一种不介入政党政治的新闻业的想法，对报人们有着极大的吸引力。”[②] 更加客观公正为国人提供理性观点的评论和新闻报道是报业发展的需求。黄远生、邵飘萍等新闻人的努力，就十分适应社会对新闻的需求。从单纯收集新闻信息，到写出有观念、有主题、有指导意义的文章，新闻从业者的工作内容发生了变化，称谓也发生了变化，由“访

---

① 李谢莉．中国近现代新闻记者职业化进程研究（1840—1928）［D］．四川大学博士论文，2012.

② 纳里莫．中国新闻业的职业化历程——观念转换与商业化过程［J］．新闻研究资料，1992（3）：178－190.

员”变为“记者”。

从“访员”到“记者”，不仅仅是称谓的变化。记者在采访报道时更加注重自身能动性的发挥，更加注重自身价值的实现。记者这一职业的社会认可度不断提升。

第二，特别访员的出现提高了新闻记者职业化水平。在笔者收集到的 78 篇涉及新闻记者的招聘启事中，明确指出需要特别访员、特别访事、特别通讯员的共有 20 篇。特别访员之所以特别，不仅因为他们收入待遇高于普通访员，更因为这些访员采访的区域更具重要性。这些访员常驻特别区域，负责对区域内的一切新闻信息进行及时快速准确报道，相当于现代媒体的派驻记者。

特别访员的采访工作也是职业化的。民国初期的上海新闻界，根据区域将访员分为不同的等级：北京由于政治中心的地理位置优势为一等最重要之区域，天津为其次，广州、汉口随后，其他的便都是三等以下的普通区域了。上海报业对于北京新闻信息的需求不分重要与否，但凡有所相关的都悉数采进。邵飘萍曾在自述中说：“愚历任上海《申报》《新申报》《时事新报》等北京特派员，专司北京方面所发生之种种消息，不问新闻之性质如何，凡关于北京所发生者，皆须负迅速报告之责。”① 黄远生、邵飘萍等都曾经担任过《申报》的驻京特派员。

特别访员的发展过程中，黄远生的加入和成就对于提高访员的社会地位具有重要意义。黄远生将新闻记者作为一个“神圣职业”，努力实践自己的职业理想。他受到日本先进新闻理念的洗礼和启发，对封建官僚深恶痛绝，学成归来，毅然决然投身新闻行业。这一职业选择就是黄远生坚持职业道德观念的结果。他坚持独立的职业观，提倡加强个人修养和道德品格，他将“提倡个人修养，提倡独立自尊，提倡神圣职业，

① 邵飘萍．实际应用新闻学［M］．京报馆，1923：50.

提倡人格主义”作为个人修养的途径。不同于有人将“职业”仅仅作为个人自养的手段和社会生利之途，他更加深刻地认识到“职业”本身还具有对于国家可以“盛人才”，对于个人可以脱离“官界”的道德意义。[①]

站在新闻道德观立场上，黄远生在新闻实践中坚持“不党”“不私”的主张。黄远生的新闻择业，完全不是为了个人功成名就，“为民生社会请命”是黄远生从事新闻记者职业的出发点。此外不可忽视的是黄远生出色的采访技能和交往技能。

民国时期的著名记者除了黄远生还有邵飘萍。张季鸾肯定了邵飘萍对访员社会地位提升的作用：“飘萍每遇外交内政之大事，感觉最早，而采访必工。北京大官本恶见新闻记者，飘萍独能使之不得不见，见且不得不谈。旁敲侧击，数语已得要领。其有干时忌者，或婉曲披露，或直言攻讦，官僚无如之何也。”[②] 邵飘萍的新闻采访对象不仅有普通人也有军政要员，这对普通访员们来说是不可能做到的。

民国初期特别访员们坚持着客观中立的职业态度，将新闻工作作为一种理想追求，他们为之付出了自己的全部努力。黄远生和邵飘萍等人更是用自己的新闻实践提高了“访员”这一职业的社会声望和社会认可度。他们以真正新闻记者的身份从事着新闻活动，在报业的崛起中，大大提高了访员的社会地位。

2. 自我认同提升

第一，职业收入提高，生存环境改善。美国社会学家赛尔兹认为“职业”是“那种具有市场价值，一个人为了使收入源源而来所持续从事的特殊活动；这种活动并且决定了那个人的社会地位”[③]。收入是为

---

① 刘丽．黄远生新闻职业观研究［D］．安徽大学硕士论文，2006.

② 转引自方汉奇．中国新闻传播史［M］．北京：中国人民大学出版社，2014：130.

③ 泰勒．职业社会学［M］．张逢沛，译．台北：复兴书局，1972：7.

从事一个行业的人提供稳定物质保障的基础来源，在一个社会中职业收入的高低一定程度上也可以成为衡量这个职业社会地位和生存状况的标准。职业收入的高低也会影响这个职业群体的自我认知和职业忠诚等职业意识。职业收入的变化可以反映职业发展的状况。

1886年创办的《汉报》有对于访员报酬的明确规定："（甲）按月支坐薪，每日至少寄新闻四则。头等月薪二十四元，二等月薪十六元，三等月薪八元。（乙）按条计算，每月新闻不拘多寡，凡以二号字列题目者，每条酬洋五角。"① 这一时期普通访员的薪酬根据稿件质量来定，月薪八到二十四元不等。

资料显示，当时上海的司机月薪为十二元，木工十五元，钳工二十二元。② 可见民国之前普通访员的收入与社会上普通劳动力的收入差不多。到民国初期，在招聘启事中可以看到，访员月薪"几十元到一百元不等"。《中国报学史》记载：20世纪20年代的普通访员月薪在十元到三十元之间，特别访员月薪四十到六十元不等，一些国内要埠的访员月薪为四十元。《中国新闻事业通史》中记载的普通访员月薪在十元到三十元之间，本埠特别访员月薪在五十元左右。访员阶层月薪水平最高的都是特别访员。民国时期，普通访员的整体收入要比一般工人的收入高，这体现了自我职业认同的加强。

民国之前，《申报》主笔孙东吴每月的薪水只有二十八元。民国时期商业报刊大量崛起，销量不断增长，广告越来越多，报社盈利越来越多，报社中的供职者收入自然也水涨船高。《申报》各个层级新闻记者的收入是：总主笔月薪五百元，总编辑月薪三百元，其余编辑月薪一百元至二百五十元不等，采访部主任月薪一百五十元，外勤记者月薪五十

① 访友新章［N］. 汉报，1907－01－28.

② 徐雪筠，等. 上海近代社会经济发展概况（1882－1931）——《海关十年报告》译编［M］. 上海：上海社会科学院出版社，1985：233.

元至一百五十元不等。[①]《中国报学史》记载：20 世纪 20 年代大多数报馆中的总编辑收入在一百五十元到三百元之间。可见，这一时期主笔们的收入大大提高了。

普通访员和主笔薪资的变化表明，民国时期新闻从业者的薪资待遇较之前是有所提高的。收入水平的高低是衡量一个职业社会地位的重要因素，也会影响从事这个职业者的自我认知。收入能够满足日常生活需求甚至达到富裕程度，是促使从事某一职业的人继续努力的重要条件。这一时期特别访员，尤其是黄远生等“驻京特派员”丰厚的收入对于未进入新闻记者这一行业的人来说，也是一种诱惑和激励。在访员的社会地位已经有所提高的环境下，薪资待遇的提高又进一步加强了新闻访员们的自我认同。

第二，文章纷纷署名，名记者队伍崛起。维新时期报刊开始发挥力量，登上历史舞台。此时的作者们由于有着传统士人的文化习惯，同时也是为了避免遭受清政府的迫害，他们的文章大多使用笔名而不是真名。在随后的报业发展过程中，上海报界访员也大多是不署名的。关于上海早期报纸的署名问题，姚公鹤认为，不署访员真名的原因是为了保护访员，“故遇有记载失实，或有势力者故意寻衅，局外查询访员姓名，报告除依法更正外，绝对不负告知之义务。……此又沪上各报之道德也”[②]。当然，记者不署名，原因可能更复杂。

有学者在翻阅《申报》的过程中发现，从 1905 年 4 月 1 日到 1908 年 6 月 1 日，《申报》在本埠和国内新闻文本后有一个注释。该学者认为注释很可能是对当时不同区域访员的分类和标记。这种情况也仅仅存在于这短短的三年，虽然不是真正名字的标识，“但是这种行为的出现

① 王怡庵．上海之报界［G］//新四川日刊社编辑部．新四川日刊四周年纪念增刊．成都：新四川日刊社，1930：152.

② 吴德铎，姚公鹤．上海闲话［M］．上海：上海古籍出版社，1989：138.

说明了在此时新闻采访作为一种职业活动正在逐渐成为报纸业务的核心”。[①]

民国时期，我们可以在报纸上清晰地看到新闻记者的署名。《申报》上刊登征求新闻稿件的广告后，各类投寄作品为数不少。当时报馆规定，凡是投寄的稿件或读者来信，都要写明真实姓名：“务将姓名住址另列一号，未具真实姓名，本报照例不能刊登。”[②] 例如黄远生在《时报》任职时就已经使用了“远生”之名，在担任《申报》驻京特派员之后，他署名“本报驻京记者”或“本报驻京特派员”强调其身份。除了名记者，普通访员也可以在稿件中署名。当然，他们也经常以笔名的形式给其他报社供稿，毕竟当时的报社和访员之间是一种松散的雇佣关系。

在中国报业走向“新闻时代”的过程中，客观公正的新闻评论颇受欢迎，这和黄远生等名记者的带动有关，也和访员地位的提升有关。署名新闻作品的出现，直接强化了新闻记者的自我认同感，他们不再为了躲避政治迫害而隐姓埋名。社会认同的增强一定程度上促进了报社为访员们“正名”提供“外驱力”[③]。

姚公鹤在亲身见证访员社会地位提高的过程之后，感叹“今者新闻记者之头衔，唯恐人之不知。其地位之增高，不可谓不速也”。甚至到民国初年，北洋政府国务院都为新闻记者特设了新闻记者招待所，有专人负责接受记者的采访。到 20 世纪 20 年代，新闻记者已经成为普通人羡慕和极为向往的职业。新闻记者社会地位的提升是整个行业被认可的重要体现，有利于新闻职业未来发展空间的扩大和新闻从业者自身职业化的进一步提高。

---

① 刘丽．申报的早期访员是否署名［J］．新闻爱好者，2008（12）：92.

② 来札宜注名姓［N］．申报，1874-06-17.

③ 李谢莉．中国近现代新闻记者职业化进程研究（1840-1928）［D］．四川大学博士论文，2012.

综上所述，新闻记者群体称谓的变化和特别访员群体的崛起折射出新闻记者这一行业的社会认同性的提高，而职业收入的提高和新闻作品署名的变化，又进一步促进了新闻记者职业的自我认同，这些都是新闻记者职业化的必然进程。

结　语

民国初期，新闻从业者从“访员”到“记者”的职业化进程受到政治、经济、文化等多重因素的影响。20 世纪 30 年代初，我国新闻记者职业化正式起步。正如麦金农所言：“对中国新闻记者来说，真正成为中国新闻业发展史上的分水岭的，是 20 世纪 30 年代的记者对新闻的职业性和他们自己的职业身份的重新认识。”①

通过分析这一时期的招聘启事文本，可以看出，受几次办报高潮的影响，报刊数量大规模增加，反映到招聘启事中就是招聘主体数量不断增加。报刊数量的增加扩大了对新闻信息的需求和对记者数量的需求，这在客观上促进了新闻记者职业队伍的形成。

招聘启事对新闻稿件的质量要求更高，对新闻真实性、客观性的要求更加严格。报刊不党不私的办报立场更加明确。所有这些促使这一时期的新闻思想和新闻伦理不断发展。

新闻从业者的薪资待遇虽然在文本中提及不多，但是通过史料对比，我们看到这一时期新闻从业者的待遇较之过去还是有所提高的，尤其是一些主笔和名记者收入更高。民国时期，黄远生、邵飘萍等名记者的崛起具有标志性意义，他们的新闻实践对于提高记者的社会地位、提

① 田中初，刘少文．记者周报：同业媒体与新闻记者职业化［J］．广东社会科学，2014（4）：107－114.

高记者名声和社会认同感具有重要的示范引领作用，他们在新闻教育和职业理念方面给后世留下了宝贵的财富。另外，招聘启事中呈现的办报宗旨和立场，也是新闻记者职业化发展的重要标志。

虽然，这一时期的新闻记者职业化发展由于受到政治环境和经济因素的影响，报业和报人都不同程度缺乏独立性，但是，新闻职业化还是取得了长足进展。新闻从业者从传统的"文人"发展成为自由职业者。由于对新闻检查制度的反对和言论自由的关切与强调，新闻职业日益成型。[①] 特别是"五四"之后，记者在专业定位和新闻自律方面进一步完善，记者的身份认同有了新的发展。

《申报》（1911—1927 年）关于记者的招聘启事，可以视为近代中国新闻事业发展的历史标本。无论是招聘启事中体现的新闻理念的变迁，还是新闻机构对招聘对象的技术水平、职业操守的要求，都是当时新闻观念与实践准则的集中体现。由于史料收集仅限于 1911—1927 年之间的《申报》招聘广告，可能存在某种局限性。想要更清晰地呈现新闻记者职业化的发展历程，应当延长考察的时间段，这样结论或许会更加稳妥坚实。凡此种种，都有待于学者同人继续深入探究。

（本文首发于《新闻与传播评论》2016 年刊）

① 徐小群．民国时期的国家与社会自由职业团体在上海的兴起（1912－1937）［M］．北京：新星出版社，2007：257－286.

十三、试析中国近代报刊的历史文献价值

1815 年 8 月 5 日，《察世俗每月统记传》在东南亚的马六甲创刊，这是近代第一份中文报刊。1822 年 9 月 12 日，《蜜蜂华报》在澳门创办，这是我国领土上出现的第一份外文报刊。1833 年 8 月，普鲁士传教士郭士立在广州创办了《东西洋考每月统记传》，这是我国境内的第一份中文报纸，标志着一种全新的文化载体——近代报刊在古老的中国问世。著名新闻史家方汉奇教授总结："中国是世界上最先有报纸和最先有印刷报纸的国家，中国有将近 1 300 年的封建办报的历史，有 100 多年外国人在中国办报的历史，有 100 多年资产阶级办报的历史，有大半个世纪无产阶级办报的历史。在中国，先后创办过 6 万多种报刊。"[①] 综观中国近现代报刊史，报刊类型，丰富多彩；职业报人，人才辈出；报学思想，纷繁复杂。实际上，近现代报刊史就是这一时期中国历史的"生动缩影"，是用报刊形式"剪辑"而成的一幅形象鲜活的历史画卷。上述报刊是一笔极其宝贵的历史文献宝藏，有待我们去研究整理、开发利用。

作为一种近代文化现象，近代报刊是近代新闻学的研究对象，然而，汗牛充栋的近代报刊又不仅为新闻学界所专有，纷繁复杂的报业形态又承载了多维的社会历史空间和丰富的文化历史内涵。

就文献形态而言，近代报刊作为一种独特的文献形态，既不同于中

① 方汉奇．中国新闻事业通史：第 1 卷 [M]．北京：中国人民大学出版社，1992：2.

国几千年传统的文献形态，又与传统的历史文献有着千丝万缕的联系。笔者仅就近代报刊的历史文献价值作一粗浅梳理。

新闻即史

关于历史与新闻的关系问题，学术界进行过比较深入的探讨。学术界普遍认为两者关系密切，本质上是一致的。有人这样总结："历史是已经过去了的新闻，新闻是正在发展着的历史，历史是新闻的累积和连续，新闻是历史的片段。"①

历史学家们早就注意到历史与新闻的这种关系。宋代王安石就称《春秋》为"断烂朝报"，把古代的史学经典《春秋》比作唐宋以来的古代报刊——朝报。有人因此认为古代报纸起自《春秋》，而孔子就是我国第一个新闻记者。蔡元培先生也说："新闻者，史之流裔耳。古之人君，左史记言，右史记事，非犹今新闻中记某某之谈话或行动乎?"②新近发现的一篇李大钊的重要佚文——《报与史》，将历史与新闻的关系阐述得更为全面清晰：

> 报的性质，与记录的历史，尤其接近，由或种意味言之，亦可以说，"报是现在的史，史是过去的报"。……报纸上所记的事，虽然是片片段段，一鳞一爪的东西，而究其性质，实与记录的历史原无二致。故新闻记者的职分，亦与历史研究者极其近似。今日新闻记者整理所记述的材料，即为他日历史研究者所当搜集的一种重要史料。③

---

① 李敬一．中国传播史论［M］．武汉：武汉大学出版社，2003：30－31.
② 李敬一．中国传播史论［M］．武汉：武汉大学出版社，2003：30－31.
③ 李彬．唐代文明与新闻传播［M］．北京：新华出版社，1999：249.

这段话不仅明确提出报与史在性质上“原无二致”，而且认为新闻记者与历史研究者的工作也“极其近似”。

新闻传播学者对于新闻与历史的关系也有近似的论述。“自古以来，新闻与历史就是不可分的……二者实为一家。”[①]“今天的新闻，无论在内涵和形式上，都独立发展，成为一种新的科学，但是就它的起源来说，和上古的诗歌谣谚、历史记录很近似，是一种消息、资料和知识，新闻是人类社会活动的反映，这和诗歌谣谚以及历史记录并没有什么不同。”[②]

当然，新闻学者往往从新闻学的角度来分析历史资料的新闻价值。甚至，有新闻学者称唐代的众多“笔记史料”就相当于“一部林林总总的新闻大世界”[③]。历史学经典著作《史记》里也蕴含着新闻学原理。“我国古代的这位太史公，以其毕生精力采访写作《史记》，即使拿今天新闻记者的眼光来看，他也完全可以称得上是一位伟大的记者。”[④]

概而言之，新闻与历史的关系十分密切，二者有同有异。同在于“事”，不同在于“时”。同样的事实，当代人称为“新闻”，而后代人则称为“历史”。一言以蔽之，“新闻即史”[⑤]。

文献史料承载价值

弄清了新闻与历史的关系之后，就不难理解近代报刊的文献价值。报刊作为记录社会事件的特殊载体，除具有新闻学价值外，还具有丰富的文献承载价值。

---

① 甘惜分．新闻论争三十年［M］．北京：新华出版社，1988：294－295.

② 朱传誉．先秦唐宋明清传播事业论集［G］．台北：台湾商务印书馆，1988：26.

③ 李彬．唐代文明与新闻传播［M］．北京：新华出版社，1999：254.

④ 缪雨．史记与新闻学［M］．北京：新华出版社，2000：17.

⑤ 林帆．“新闻即史”论［J］．新闻大学，1999（2）：22－26.

报刊文献的史料价值是多方面的。正如方汉奇先生所述："报刊上还有一般书籍上所难以查到的，内容异常丰富的，有关哲学、史学、语言、文学、戏曲、电影、音乐、绘画、书法、雕刻、摄影、体育、宗教、婚姻、礼俗、风尚、伦理、道德、建筑、医药、交通、饮食、服饰等文化史方面的大量第一手材料。所以，研究文化史离不开各时期的报纸。"[①] 历史学家们不仅在理论上认识到报刊的文献承载价值，而且在进行史学研究时也特别重视从报刊上发现有价值的文献资料。

明末清初思想家顾炎武在给其弟子潘耒的书信中就明确指示要从明清时期的邸报中发掘史料。《明清史料》中的很多内容就是摘自当时的邸报、京报、塘报及良乡报等古近代报刊。明代邸报《万历邸钞》曾连续、跟踪报道了中国应朝鲜国王李（日公）之请出兵抗倭的过程，该报是我们了解这段历史的珍贵文献。[②]

1832 年，广州出版的《中国丛报》"记载了鸦片战争前后二十年期间有关中国社会、经济、语言、文字、风俗……方面的调查研究，其中包括了中外关系和外国人在中国的活动等许多极有价值的资料，是研究中国近代史开端时期的重要参考文献，各国史学家对此都很重视"[③]。可惜，至今中国新闻史学界对这样一份重要的近代报刊，似乎重视不够，研究成果也相当少。

又如，香港最早的中文报刊《遐迩贯珍》关于太平军占领南京的报道，其内容就十分宝贵。报道显示，太平天国运动初期欧美各国曾采取"中立"的立场。报道还对太平军的军纪予以赞赏：

党人士旅，每出城外，行止亦结队伍，进退步伐，掌号吹竽，

① 方汉奇．中国新闻事业通史：第 1 卷［M］．北京：中国人民大学出版社，1992：2.

② 尹韵公．中国明代新闻传播史［M］．重庆：重庆出版社，1990：91－93.

③ 顾长声．传教士与近代中国［M］．上海：上海人民出版社，2004：37.

仿习外国兵旅行阵之法。闻城中有妇人为队长，每队管五十人，极有材武胆略。①

这些报道及其视角在当时的官私档案文献中是绝无仅有的，对于研究太平天国早期历史意义重大，史料弥足珍贵。

再如，1884 年在广州出版的《述报》虽寿命不长，却十分难得，它是在中法战争期间报道中国人民抗法斗争情况最详尽、信息量最大、评论最及时的一份报纸。该报过去少有人提及，近年来经过李磊等学者的探索研究才被发现，是研究“中法战争史”不可不读的材料。

同样，近代史在研究王韬及其思想成就以及他在中国近代化过程中所扮演的角色时，就不能仅把他的政论集《弢园文录》和《弢园尺牍》等当作研究对象，还应该把他曾创办的影响极大的报刊——《循环日报》作为研究对象，因为，该报不仅反映了他的新闻学思想，而且承载了他的政治观、历史观、文化观和文学观。它是王韬思想的资料宝库，具有非常重要的历史文献价值。

近年，关于近代报刊的史料文献价值，又有一个重要事件引起新闻学界和历史文献学界的极大关注，这就是“末次档案资料”的发现。“末次档案资料”即“前日本末次研究所情报资料”。它是 1903 年至 1940 年 7 月这段时间内各种中文、英文及日文报刊的剪辑汇编，总计涉及 50 多种报纸，而且这些报纸大部分现在已不可得见。从文章类型来看，有电讯、社论、特稿、文件、译文、传记、史话、调查报告、专案报道、调查统计、论著、秘闻轶事、漫画及图片资料等，内容相当广泛庞杂。这是一笔宝贵的文献资料，无论对于新闻学研究，还是对于历史学研究都具有极其重要的史料价值。1933 年 11 月至 12 月一辑《共产党的事情》中抄录了许多报刊：中文报刊有《益世报》《华东日报》

① 卓南生．中国近代报业发展史［M］．北京：中国社会科学出版社，2002：79.

《华北日报》《大公报》《京报》《北平晨报》《世界日报》《庸报》《大美》；英文报刊有《PTT》；日文报刊有《满日》《京津》《新支》。有些史料信息更是闻所未闻，如《冀东报》1937年1月6日关于"西安事变"中蒋介石"腰部中弹，伤势溃烂""施行手术"的报道，就未曾见其他历史文献记载。所有这些报刊剪辑，为研究这一时期的历史与新闻，研究日本的侵华阴谋以及各政治集团之间争斗角力，提供了一份丰富而详尽的第一手材料。这份报刊史料已由广西师范大学出版社结集出版，为新闻学、历史学研究提供了很大的便利。

在当代最为宏大的一项文化工程——国家清史纂修工程的"文献组"就非常重视清代邸报、京报中的史料记载，并且充分发挥了其史料价值。据笔者所知，仅仅清代的邸报和京报缩影出版的就有283大册，其中邸报120册，京报163册。

由此可见，中国近代报刊的文献承载价值非常大，是史学研究不可忽略的重要领域，也可以说，它是今后历史学和新闻史学的新的学术增长点。

订正校勘史实价值

我们知道，新闻史学研究的一个重要方面是考证历史，追求真实。这一项工作始终是新闻史家工作的重点之一，而且可以说这项工作永无止境。报刊史实是在不断被订正中，一步步不断接近真实、接近真理的。新加坡著名新闻史学者卓南生先生在其著作《中国近代报业发展史(1815—1874)》中，就做了大量的史实订正和校勘工作，成为这项工作的典型代表。这项工作远没有结束，尚有很多问题有待从近代报刊中找到答案。

如，日本人在华办报起于何时的问题。根据近代报刊的记载会有不同的解释。方汉奇教授在《中国新闻事业通史》中认为：日本人在华办报始于19世纪90年代，1890年6月5日松野平三郎在英租界修文书馆创办《上海新报》(周刊)，上海日本青年会于1892年创办《上海时报》(杂志)，是日本人“最早的在华办报活动”。“1894年在上海创办的中文《佛门日报》。它是日本人在华创办的第一家中文报刊。”① 但是，根据《西国近事汇编》记载，日本人在华办报活动应该更早。1882年，“上海日本商人新出报章一本，共28页，其中虽以贸易为主，然亦兼论国事及别种要情，嗣后按月一出。上海日商不多而竟能设报，殊属难得”②。《上海的定期刊物》记载：有一份刊物名为 *Fast East*，中文译名《远东》，该刊1870年5月在日本创刊，1875年10月停刊，1876年该刊迁至上海复刊，续办至1877年6月。③ 从时间看，《远东》要比《上海新报》早14年，比《西国近事汇编》上记载的“报章”也要早6年。

又如，在近代中国，是谁最早提出向日本学习的问题。这个问题也可以根据近代报刊上的记载予以校正。根据黄遵宪的《日本国志》，学界普遍认为：“主张向日本学习的中国人的最早代表”是黄遵宪。王晓秋、吕万和等学者都这么认为。这一观点可以从钟叔河的《走向世界——近代中国知识分子考察西方的历史》和王晓秋的《近代中日文化交流史》等著作中发现。然而，这一观点值得商榷。早在《日本国志》出炉之前，就有媒体更早认识到学习日本的重要性。如《西国近事汇编》在1875年就把洋务运动的特征归纳为“尚制造者，期于船坚炮利而已，讲训练者，止于步伐止齐而已。此非务本之政也”④，认为中国与日本

---

① 方汉奇．中国新闻事业通史：第1卷［M］．北京：中国人民大学出版社，1992：317－318.

② 西国近事汇编（壬午）［J］．1882（夏季卷）：79.

③ 上海的定期刊物［J］．上海市通志馆期刊，1935，1（3）：876.

④ 西国近事汇编（乙亥）［J］．1875（冬季卷）：18.

“皆仿泰西，惟华则以次变通。日则骤然改革，其迟速为不同”[①]。到了1887年，《西国近事汇编》则更为详细报道日本已收回治外法权，废除所有不平等条约，与各国签订新的平等条约。1888年《西国近事汇编》关注和报道日本的内容更多更广。而黄遵宪的《日本国志》此时正在写作之中，可以说，黄遵宪的著作不仅吸收了大量的日本国内资料，也可能参阅了当时的各种报刊资料，特别是《西国近事汇编》这类著名的西学报集。

其实，早在19世纪六七十年代，《上海新报》上就开始报道日本消息，充分肯定日本人学习西方的做法，指出学习西方，中国不如日本。如，1871年5月，该报就说：“日本人学习西国诸法后于华人，而华人所学究不若日本人。”[②]

从以上所列，可以看出中国近代报刊在订正史实、考证历史事实等方面具有重要的参考价值，因此，在进行近代史学研究时，我们不能忽略近代报刊的文献史料价值。

当然，我们必须注意，在使用近代报刊文献时，应注意甄别是非，参校相关文献，互证是非，择善而从，否则会出现史料失真的现象。因为，中国近代新闻记者在进行新闻报道时有道听途说、捕风捉影的坏习惯，他们出于自我保护的需要，经常来一个“有闻必录”，以规避个人或报馆的风险。因此，必须审慎地利用近代报刊文献。

（本文首发于《出版发行研究》，2004年第3期）

① 西国近事汇编（乙亥）[J]．1875（春季卷）：64.
② 日本人有志于学西国诸法［N］．上海新报，1871-05-07（5）．

十四、关于新闻史学研究范式的若干思考

新中国六十年的新闻史研究硕果累累，研究深度与广度均呈现出全方位掘进之势。从史料挖掘到史实呈现，从理论总结到观念探讨，从通史撰写到断代考察，从人物传记到新闻事件，都有标志性成果问世。从研究观念、研究范式上看，中国新闻史研究呈现出多元化趋势。

“政治化”“革命史”的研究范式

新中国六十年新闻史研究范式经历过几种观念形态的转变和超越。这种研究范式的变化，与中国社会的历史进程和史学研究的范式变化密切相关。众所周知，一部近代中国社会的历史，实际就是一部政治斗争的革命史，这一背景决定了社会历史的研究方法，基本遵循着两种逻辑：政治史的逻辑和革命史的逻辑。这两种逻辑范式统领学界数十年，人文社会科学，无出其囿。历史、哲学、文学研究皆然，新闻史学研究，也不例外。

这种传统或正统的研究观念，可以说代表了中国新闻史研究的主流。从戈公振的《中国报学史》到方汉奇的《中国新闻事业通史》（三卷本），以及当下多种新闻史学著作，基本上是沿着这一研究逻辑展开的。

“政治化”“革命史”的研究范式其特点是紧扣时代背景，特别是政治斗争的背景，来建立研究框架，以新闻事业发展的时间为经，新闻业

态为纬，展开研究。“政治化”“革命史”的研究范式的产生，与中国新闻业的意识形态属性有关。

历史本体论的研究观念

历史本体论是史学研究的基本观念，是指历史研究应回归历史本身，揭示历史发展的自身逻辑和客观规律。就新闻史学而言，就是要尊重新闻史自身发展演变的规律，还新闻史以本来面目，摆脱强加于新闻史学研究上的种种政治化、革命性的内容，寻求新闻史自身的发展逻辑。

21 世纪以来，新闻史学研究回归本体的意识明显增强。历史本体论是当下新闻史学研究的热点话题，不少学者都曾进行过有益的尝试，一批新闻思想史、学术史著作开始问世。

较早的著作有胡太春的《中国近代新闻思想史》，徐培汀、裘正义的《中国新闻传播学说史》，张育仁的《中国自由主义新闻思想史》。新近出版的著作有李秀云的《中国新闻学术史》和《中国现代新闻思想史》以及许正林的《中国新闻史》等。这些著作都是从新闻自身发展的逻辑出发，站在新闻史学本体论的高度，反思新闻史研究，重新审视中国新闻思想史和学术史，这无疑是新闻史学研究的深度开掘。

李秀云的《中国新闻学术史（1834—1949）》“注重新闻学术本身发展的过程，将新闻学术史的研究和探讨新闻学的走向有机融合在一起。该书不囿陈说，超越学术界一般按照政治史分期研究中国新闻学发展过程的现有理论格局，突破阶级分析的传统理论框架，具体以新闻学自身发展过程中的重大转变为标志，以新闻学理论形态的变迁为基本线索，以新闻学特有的概念、范畴、原理为分析框架，将中国新闻学从 1834 年至 1949 年百余年演化过程分为前新闻学的历史考察、中国近代新闻学的建立、战时新闻学的兴起、纯粹新闻学与大众新闻学的分野四个阶段，从而揭示了新闻学发展的内在规律，令人耳目一新”①。

现代化的研究观念

改革开放以后，中国历史学的研究观念发生了明显的变化。出现了“现代化的逻辑”和“现代性的逻辑”范式。新闻史学研究也不例外，在新闻史学研究中出现了“媒介社会学”的研究视角。虽然，类似这样的研究成果还很少，但足以代表新闻史学研究观念的改变。

陈昌凤的《中国新闻传播史：媒介社会学的视角》就是一次有益的尝试。它以媒介与社会的互动为框架，从现代化的视角考察传媒的社会功能，描述传媒对古代中国社会形态的维护，阐述近现代以来传媒在中国社会物质现代化、制度现代化、思想现代化中的意义，从人的现代化、社会进步视角，探讨中国新闻事业的流变，路径独特，视角新颖。

社会文化学的观念主张采取“新史学”的研究理路和研究方法审视新闻史，又称新新闻史研究。其特点在于：一是注重当代性和现实指向；二是注重对新闻思想性的探索；三是运用“新史学”的叙事方法。这种研究范式以克罗齐的“一切真正的历史都是当代的历史”和科林伍德的“一切历史都是思想的历史”为逻辑支点，认为历史研究与当代问题有关，新闻史研究不能脱离现实。它始终坚持新闻史研究的现实指向，立足当下，面向历史，广泛运用社会史的研究范式和叙事学的抒写方法，将两者结合起来，综合考察新闻传播史的衍变与现实的关联。

所谓社会史的范式，就是将新闻传播作为社会运动的一个有机环节，既关注新闻本体的内在关系，也探究新闻与社会的外在关联。社会

① 李秀云．中国新闻学术史（1834－1949）[M]．北京：新华出版社，2004：6.

史范式更多地体现为三个融合：新闻与社会的融合、理论与实践的融合、新闻学与传播学的融合。叙事学的抒写方法就是要还原新闻史上的历史状貌、新闻人物的活动轨迹及其行为特点，激活历史发生的原过程和历史事件的原始形态。

这一研究理念已广泛应用于普通历史学的研究之中，但其应用于新闻史研究，成果尚不多见。李彬的《中国新闻社会史（1815—2005）》是一个开拓性的研究成果。该研究是从黑格尔《历史哲学》中历史观察的三种方法，即原始的历史、反省的历史、哲学的历史出发，反思中国新闻史的研究现状，认为“我国的新闻传播史研究基本上还处于第一个层面”①，即克罗齐所说的“纪念碑式的历史”。

这部分学者认为新闻史不仅是一部事件史，更是一部文化史、思想史，应该运用跨学科的研究方法，关注传者和受者的心态，注重日常生活与新闻传播之间的关系，运用语言学、符号学理论进行分析，使新闻史的研究能呈现出广阔的社会生活景观。

关于新中国六十年新闻史学研究的几点思考

新中国六十年新闻史学研究呈现出几个方面的特点。

其一，成绩显著，硕果累累。就学术研究的深度和广度来看，新闻史学研究基本上反映了整个新闻学研究的水平和高度。

其二，观念更新，路径变化。虽然采用新思路、新方法、新视角、新路径所形成的研究成果还比较少，但这种探索的趋势已经形成，必将产生积极的效应。

其三，保持传统，深度开掘。个案研究、史料积累，是新闻史学研

---

① 李彬．中国新闻社会史（1815—2005）［M］．上海：上海交通大学出版社，2007：6.

究的重要方法或主要方法。“学习新理论、提出新课题、挖掘新史料、提炼新观点、倡导新评述”的“五新法”,[①] 是我们使用的主要研究方法。

其四，发挥优势，奠定基础。新闻史学研究为新闻学科建设奠定了坚实的基础。有此厚实而肥沃的土壤，新闻学科这株稚嫩的幼苗终将郁郁葱葱，长成参天大树。

毋庸讳言，新中国六十年新闻史学研究也存在诸多问题。

其一，研究成果交叉重复现象严重。尤其是教材类成果，最为突出。据统计，目前，类似于“中国新闻传播史”这样的成果达60多种。

其二，研究模式一成不变，研究方法较为单一。“政治化”“革命史”的叙事逻辑仍占绝对优势，新闻史研究多元化局面仍没有真正出现。

其三，研究功底有待夯实。当下，除了方汉奇等老一代学者具有相当深厚的治学功底之外，中青年一代的新闻史学者，在史学基础、治史方法、学术训练、学术规范等方面，均需不断加强。

其四，研究视野的“内卷化”。中国新闻史研究的活动区域多限于中国大陆和中国港台地区，国际交流十分有限，国际合作研究成果难得一见。

上述问题有待新闻史学者共同努力，不断加以解决。

---

① 赵玉明．声屏史苑探索录（二）——回忆与访谈［M］．北京：中国传媒大学出版社，2004：209.

下编

出版史论

出版史与新闻史原是关系密切的姊妹学科，它们只是媒体分工不同、载体样式略有区别而已。出版史主要是研究图书期刊的发生发展及其演变的规律，而新闻史的主要研究对象是报纸、广播、电视、网络等大众传播媒介。

如果说近代以后，新闻史与出版史的研究对象因大众传媒的出现而有所分别，那么，古近代的新闻史与出版史的研究对象几乎就没有太大分别，因为，古近代的新闻出版媒介多是图书形态——纸质册子。

当然，出版史研究的内容肯定与新闻史有所不同。出版史研究出版技术问题、图书管理问题、图书版本问题、出版法规问题、图书典藏问题等。在中国古代出版史上，有两项技术堪称中华民族对于世界文明的重大贡献：造纸术和印刷术。这两个出版史研究的重大核心课题，自古以来，研究成果可谓汗牛充栋，然而，结论至今仍然莫衷一是，难有定说。本编将各类观点，甄别胪列，以便于学者同好宏观鸟瞰和接续研究。

另外，本编论及中国古代的图书版权保护，唐代的科举制度与出版业的关系，晚明的图书盗版现象，近代稿费制度对近代出版业的影响等论题，与大家分享笔者这些年在出版史研究上的点滴发现。

十五、汉代古纸及其发明时间考索

中国西汉时代是否已发明造纸术，一直是学术界争论的重大问题。在多年来的考古发掘中，先后多次出土了被认为是西汉时代的古纸，但这些古纸是否符合造纸的基本工序，在学术界存在争议，为此形成了西汉有纸说和东汉有纸说两种不同的观点。在中国古纸起源的研究中，这两种观点长期并存，影响至今。

纸的概念及判定

什么是纸？在研究造纸技术时，这个问题要首先解决。与此相关的是中国古代文献中记载的“纸”的含义，中国早期的纸是由什么原料制成的？它的外观又是怎样的呢？

在中国的历史上，人们对“纸”的概念的理解经历了很长的发展演变过程。先秦文献中很少有“纸”字出现，那时书写的材料是简牍和缣帛，称为简札和帛书。先秦著作中，与书写材料相关的文字有简、削、券、契、帛、板、柬、札等，而没有“纸”字。

“纸”在汉代文献中出现较多，最初解释此字的是东汉文字学家许慎（约58—147年）。其《说文解字》指出：“纸，絮一箈也。从糸，氏声。”[①]“絮”指粗的丝绵，也指类似棉絮的植物纤维，如麻絮。“箈”与

① 许慎．说文解字注［M］．段玉裁，注．上海：上海文盛书局，1908：9.

“箦”通，指竹帘或竹席。早期的纸就是在水中漂丝时，附粘在竹席上的粗丝绵干了以后，揭下来的一种薄丝绵片。

继许慎之后，东汉灵帝时，服虔《通俗文》亦曰：“方絮曰纸，字从糸氏，无氏下从巾者。”《释名》曰：纸者，砥也。谓平滑如砥也。幡纸，古者以缣帛，依书长短随事截之，以代竹简也。《周礼》有史官掌邦国，大事书于策，小事简牍而已。而古又用札，《释名》云：札者，栉也，如栉之比编之也，亦策之类也。宋人苏易简《文房四宝·纸谱》载：汉兴已有幡纸代简，而未通用。至和帝时，蔡伦用树皮及敝布渔网以为纸奏上，帝善其能。自是天下咸谓之“蔡侯纸”。

1979 年版的《辞海》将纸定义为：“用以书写、印刷、绘画或包装等的片状纤维制品。一般由经过纸浆处理的植物纤维的水悬浮液，在网上交错组合，初步脱水，再经压榨、烘干而成。”①

中国科学院科学技术史研究所潘吉星给纸下的定义是：“传统上所谓的纸，指植物纤维原料经机械、化学作用制成纯度较大的分散纤维，与水配成溶液，使浆液流经多孔模具帘滤去水，纤维在帘的表面形成湿的薄层，干燥后形成具有一定强度的由纤维素靠氢键缔合交结成的片状物，用作书写、印刷和包装等用途的材料。”②

古纸起源的三种说法

关于古纸起源的问题，学界一直存在不少争论，一种意见认为纸是东汉蔡伦于 105 年发明的，主要依据是文献记载；另一种意见主张蔡伦

---

① 辞海［Z］．上海：上海辞书出版社，1980：1156.
② 潘吉星．中国科学技术史：造纸与印刷卷［M］．北京：科学出版社，1998：3.

前的西汉已有纸，蔡伦是造纸术革新者，主要依据是考古发现。[①] 此外，还有学者提出“战国说”，认为在战国时代就已有纸的出现。

（一）东汉说

造纸术的发明，开创了图文载体的新纪元，对人类文明与进步作出了重大贡献。北魏学者贾思勰在《齐民要术》中称这项技术乃属“益国利民，不朽之术也”[②]。蔡伦是造纸术的发明人，史书上有明确记载并为历朝历代所称颂。

《后汉书·蔡伦传》有关于造纸术发明人和发明时间的最为明确的记载：

> 蔡伦，字敬仲，桂阳人也。以永平末始给事宫掖，建初中，为小黄门。及和帝即位，转中常侍，豫参帷幄。伦有才学，尽心敦慎，数犯严颜，匡弼得失。每至休沐，辄闭门绝宾，暴体田野。后加位尚方令。永元九年，监作秘剑及诸器械，莫不精工坚密，为后世法。
>
> 自古书契，多编以竹简，其用缣帛者，谓之纸。缣贵而简重，并不便于人，伦乃造意，用树肤、麻头及敝布、渔网以为纸。元兴元年奏上之，帝善其能，自是莫不从用焉，故天下咸称“蔡侯纸”。[③]

早于《后汉书》大约300年的官修史书《东观汉记·蔡伦传》中也有类似的记载：“蔡伦，字敬仲，桂阳人。为中常侍，有才学，尽忠重慎。每至休沐，辄闭门绝宾客，暴体田野。典作尚方，造意用树皮及敝布、渔网作纸。元兴元年奏之，帝善其能，自是莫不用，天下咸称‘蔡

---

① 潘吉星．从考古发现和出土古纸的化验看造纸术起源［J］．化学通报，1999（1）：55－56.

② 贾思勰．齐民要术译注［M］．上海：上海古籍出版社，2006：1

③ 范晔．后汉书：第108卷［M］．上海：上海古籍出版社，1986：1022.

侯纸’。”

上述记载是东汉说的主要依据。主张这一观点的人认为，蔡伦以前的“纸”实际是缣帛的一种，而真正的植物纤维纸则是由蔡伦于元兴元年（105年）发明的。这是长期以来被大多数人所接受的一种观点。

东汉末的董巴《舆服志》是较早记载蔡伦造纸的书，但此书已佚，现在仅有《太平御览》卷六〇五引《董巴记》曰：“东京有蔡侯纸，即伦也，用故麻，名麻纸，木皮，名縠纸；用故渔网作纸，名网纸也。”[①]

与范晔同时代的北魏贾思勰《齐民要术》称：“神农、仓颉，圣人也；其于事也，……蔡伦立意造纸，岂方缣、牍之烦？……益国利民，不朽之术也。”[②]

北魏郦道元《水经注·耒水》卷三十九载：“耒水经耒阳……西北迳蔡洲，洲西即蔡伦故宅。旁有蔡子池。伦，汉黄门，顺帝之世，捣故渔网为纸，用代简素，自其始也。”[③]

以上所述充分表明，蔡伦发明造纸术，史书上一直都有明确的记载，民间也广为颂扬。

而对于20世纪陆续出土的“西汉古纸”，持东汉说的学者有不同的解释。有造纸专家认为，“灞桥纸不是纸，而是一些废旧麻絮、绳头、线头等的堆积物。扶风纸和居延纸原料来自回收纺织下脚料和破布”，因此不符合现代造纸技术上的条件；同时，纸上“既无字迹文献根据，又无各自入土年限的历史和科学测定的根据”，因此“西汉麻纸断代尚难成立”。[④] 中国社会科学院原副院长夏鼐在1955年表示：西汉有纸证据不足，尚不能作出否定（蔡伦发明纸）的结论。

---

① 李昉，等．太平御览［M］．台北：台湾商务印书馆，1986：556－557.

② 贾思勰．齐民要术译注［M］．上海：上海古籍出版社，2006：1

③ 郦道元．水经注［M/DB］．http：//www.guoxue123.com/shibu/0301/00sjz/039.htm.

④ 王菊华，李玉华．从几种汉纸的分析鉴定试论我国造纸术的发明［J］．文物，1980（1）：78－85.

（二）西汉说

1. 蔡侯纸之前关于纸的文字证据

传统的东汉造纸说主要依据是《后汉书·蔡伦传》中的记载，然而，范晔为南朝宋文帝时人，著《后汉书》时离蔡伦去世（121 年）已 300 余年。《后汉书》的参考史料主要为蔡伦同时代人所著的《东观汉记》。

东汉官修史书《东观汉记》中对蔡伦造纸也有记载，但是，此书至元朝已经失传，明清只有辗转相传的辑佚本。今天人们所看到的辑本对此问题并列了两种不同的说法：一个是（蔡）伦典上方造意用树皮……造纸；另一个是蔡伦典尚方作纸。“典”即主管，“上方”与“尚方”同指宫廷御用的作坊，“造意”即发明创造。两种说法并不一致，导致后人对此争论不休。

到了唐朝以后，更是有不少人对蔡伦发明造纸术提出异议。唐朝张怀瓘在《书断》中写道：“汉兴，有纸代简，至和帝时，蔡伦工为之。”[①]《资治通鉴》中则说：后汉蔡伦以渔网、木皮为纸，俗以为纸始于蔡伦，非也。

这些学者的观点主要依据于古代文献中关于“纸”字的记载。在古代典籍中，“纸”字在蔡伦前已数次出现：

晋代张澎《三辅故事》中记载：汉武帝太始四年（前 93 年），卫太子大鼻，武帝病，太子入省；江充曰：“上恶大鼻，当持纸蔽其鼻而入。”卫太子是卫夫人所生太子刘据，后来为武帝所杀。江充是武帝宠臣。“持纸蔽其鼻”之事，时间为太始四年，即在蔡伦造纸之前约 200 年，是“纸”字在文献中年代最早的记载。

《汉书·赵皇后传》中记载：赵飞燕为毒死被汉成帝宠幸而怀孕的宫女曹官，指使人给狱中的曹官一个小绿箧；发箧中，有裹药二枚，赫

---

① 张怀瓘．书断列传：第 1 卷［M/DB］．http：//www. yuedu. 163. com/book _ reader/.

蹏书曰……此“赫蹏”，唐颜师古注引东汉末年人应劭的解释：“赫蹏，薄小纸也。”又引曹魏孟康注曰：“染纸素令赤而书之。”[①] 由此可知，“赫蹏”应是指染成红色并写有文字的薄小纸。赵飞燕以“赫蹏”裹药之事，时间为元延元年（前 12 年），在蔡伦造纸之前约 100 年。

《后汉书·贾逵传》记载：章帝曾令逵自选公羊严、颜诸生高才者二十人，教以《左氏》，与简、纸经传各一通。章怀注“简纸”曰：竹简及纸也。此事发生于建初元年（76 年），在蔡伦造纸之前约 30 年。

东汉人应劭《风俗通义》记载：建武元年（25 年）冬，汉光武帝车驾徙都洛阳，载素、简、纸经凡两千辆。素指的是缣帛，简是竹片或木片，纸即纸张。此事发生在蔡伦造纸之前约 80 年。

《后汉书·百官志》载：东汉光武帝时，在少府设左右丞各一人，“右丞假署印绶及纸笔墨诸财用库藏”。此事发生时间比蔡伦纸早。

《后汉书·皇后记·和熹邓皇后》记载：汉和帝的皇后邓绥不喜欢珠玉宝器，却爱好纸墨；是时方国贡献，竞求珍丽之物，自后即位，悉令禁绝，岁时但供纸墨而已。此事发生于永元十四年（102 年），为蔡伦造纸前 3 年。

从文献中可以看出，早期的纸发明后，并未直接运用于书写，甚至纸早期的发明意义并不在于书写。“贫不及素，但以纸耳”从一个侧面反映出纸张发明初期人们轻纸重帛的观念。直至东汉蔡伦改进造纸术后，纸张的大批量生产才得以实现，纸才逐渐广泛地运用于书写。

2. 实物证据

20 世纪 30 年代以来，在我国新疆、甘肃、陕西等地区，探险家和考古学者先后数次发现了西汉时期的大量实物残纸。这些西汉古纸的发现，为西汉造纸说提供了新的证据。目前出土的古纸有：西汉早期的放

---

① 苏莹辉．赫蹏考［J］．大陆杂志，1967，34（11）．

马滩纸，西汉中期的罗布淖尔纸、灞桥纸、中颜村纸、马圈湾纸、悬泉纸，西汉晚期的金关纸等。现将出土古纸按出土年份依次简要介绍。

（1）罗布淖尔纸

1933年夏天，考古学家黄文弼在新疆罗布淖尔汉代烽燧亭遗址里，首次发掘出一片西汉纸。黄文弼在发掘报告中对这张纸作出如下描述：

> 麻质，白色，作方块薄片，四周不完整长约40厘米，宽约100厘米。质甚粗糙，不均净，纸面尚存麻筋，盖为初造纸时所作，故不精细也。按此纸出罗布淖尔古烽燧亭中，同时出土者有黄龙元年（前49年）之木简，为汉宣帝（前73—前49年在位）年号。则此纸亦当为西汉故物也。[①]

黄先生接下引《后汉书·蔡伦传》及《前汉书·外戚传》后，作出结论："据此，是西汉时已有纸可书矣。今予又得实物上之证明，是西汉有纸，毫无可疑。不过西汉时纸较粗，而蔡伦所作更为精细耳。"

1937年，当黄文弼率领西北科学考察团，携带文物从新疆返回南京时，抗战爆发。这批文物又紧急转运武汉。不幸的是，西北考察团文物在武汉举办文物展时，遭遇日本飞机轰炸，所有展品全部被毁，其中也包括这张麻纸。所幸，黄文弼手中还保留有考察笔记的手稿和照片。抗战结束后，黄文弼回到北平，将新疆考察资料整理成《罗布淖尔考古记》，1948年由国立北京大学出版部出版。

（2）查科尔帖纸

1942年秋，考古学家劳榦和石璋如在甘肃额济纳河沿岸汉代居延地区清理瑞典人贝格曼（Folke Bergman）发掘过的遗址时，在查科尔帖的烽燧下，"挖出了一张汉代的纸，这张纸已经揉成团，在掘过的坑位

① 黄文弼．罗布淖尔考古记［M］．北京：北平研究院，1948.：168.

图 15-1 查科尔帖纸

下，藏在未掘过的土里面。他们到了重庆李庄以后，请同济大学生物系主任吴印禅先生审定，认为系植物的纤维所作。根据《中瑞考察报告》第 4 册第 140 面贝格曼先生说，查科尔帖就是他发现过 78 根汉简的地方。这 78 根简，其中大部分是永元五年（93 年）至永元七年（95 年）的兵器簿，还有另一根是永元十年（98 年）正月的邮驿记录。……这一张纸是在坑位下面的，即其埋到地下比永元十年的简要早些"[1]。

此纸埋于永元十年以后的可能性极小。1975 年，劳榦重新写的文章中指出：

> 与其讨论居延纸（查科尔帖纸）的时代，下限可以到永元，上限还是可以溯至昭、宣（前 89—前 49 年）。……因为居延这一带发现过的木简，永平兵器册是时代最晚的一套编册。其余各简的最大多数都在西汉时代，尤其是昭帝和宣帝的时期。[2]

（3）灞桥纸

1957 年 5 月，陕西西安市区灞桥砖瓦厂工人取土时，触动一座地

---

① 劳榦．论中国造纸术之原始［J］．历史语言研究所集刊，1948（19）．

② 劳榦．中国古代书史·后序［M］//钱存训．中国古代书史．香港：香港中文大学出版社，1975：183-184.

下古墓，挖出铜镜、铜剑等物。省博物馆随即派考古人员程学华先生前往现场调查。省馆人员清理文物时发现在三弦纽青铜镜下粘有麻布，布下有数层粘在一起的纸，遂将纸揭下，但已裂成碎片，较大一片为8厘米×12厘米。布与纸均有铜锈绿斑。①

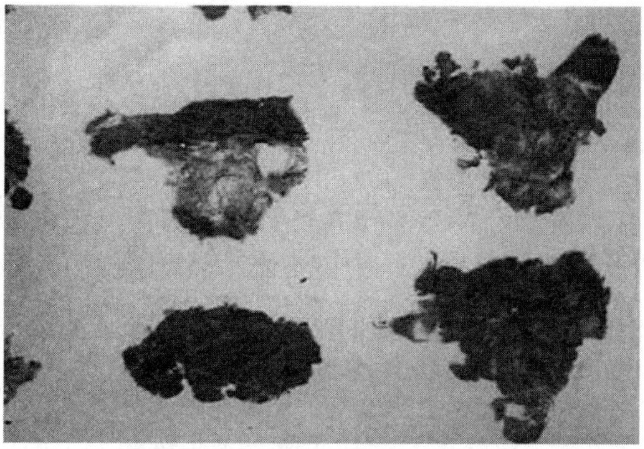

图15-2　灞桥纸

经考证，这一墓葬不会晚于汉武帝元年（前118年），因此灞桥纸的年代也可大致确定在公元前118年以前。这个时间比蔡伦造纸的年代要早200多年。当年至现场调查的程学华1989年著文说："该现场在取土时，除发现这座墓葬外，并无其他建筑遗址或墓葬遗迹遗物，我们在调查过程中也作了较详细的观察。在发现被挖的断崖壁面上仍保留一道扰土，即当时回填的五花土。同时从崖壁顶往下深2米许，还有一层已腐朽的淡白色棺灰，结合文物出土位置，可以断定这是一座南北向的土室墓。……从上述出土器物看，这个墓葬不会晚于西汉武帝（前140—前87年）。"②

灞桥纸纸色暗黄，经化验分析，原料主要是麻，掺有少量苎麻。在

① 田野．陕西省灞桥发现西汉的纸［J］．文物参考资料，1957（7）．

② 程学华．西汉灞桥纸墓的断代与有关情况的说明［G］//中国科学院自然科学史研究所．科技史文集．上海：上海科学技术出版社，1989：17-22.

显微镜下观察，纸中纤维长度1毫米左右，绝大部分纤维作不规则异向排列，有明显被切断、打溃的帚化纤维，说明在制造过程中经历过被切断、蒸煮、舂捣及抄造等处理，质地还比较粗糙，表面也不够平滑。①

灞桥古纸一直是中国古代造纸起源争论的焦点，被认为是新中国成立后首次出土的西汉古纸，出土数量大，达八十多片。灞桥古纸的发现在国内外产生广泛的影响，还曾写入中国的中小学生历史教材。

（4）居延金关纸

1973年，甘肃居延金关汉代亭燧故址出土了古纸②，称“居延纸”或“金关纸”，属西汉晚期。该纸内尚存麻筋及线头、麻布的残留物。额济纳河流域古称居延，汉武帝时就在居延的金关一带有大规模政治及军事活动，后一直延续到西汉末年废置时为止。考古学家徐苹芳认为，此纸出土地点清楚，遗址中各部位明确，文物堆积有土层层位关系。③

金关纸现陈列于甘肃省博物馆。古纸的长宽，1张是12厘米×19厘米，另1张为11.5厘米×9厘米，已破碎为大小不等的残片。前人的研究已肯定其原料为麻纤维，但在其制造工艺上有争议。潘吉星认为是纸，王菊华等认为该纸经历了初步舂捣和一定程度切断的基本工序，可视为纸的雏形或原始纸。

金关纸表面较白，说明其造纸时已经过日光漂白。纸面厚薄不均，上面有多个孔洞，似虫蛀过，但金关纸仍属厚纸类型，外表与陕西扶风出土的中颜纸极为相像，二者应是制作技术处于同一水平的古纸。

（5）扶风中颜纸

1978年12月，陕西省扶风县太白乡中颜村西汉窖藏出土古纸，称

---

① 潘吉星．世界上最早的植物纤维纸［J］．文物，1964（11）：48－49．潘吉星．关于造纸术的起源——中国古代造纸技术史专题研究之一［J］．文物，1973（9）：45－51．

② 甘肃居延考古队．居延汉代遗址的发掘和新出土的简册［J］．文物，1978（1）：1－25＋98－104．

③ 徐苹芳．居延考古发掘的新收获［J］．文物，1978（1）：26－29＋34．

“中颜纸”，属于西汉中期，纸内含有较多的麻类纤维束及未打散的麻绳头。

当时，在一处汉代文化层的建筑遗址区瓦片堆积层下的圆形坑穴内，清理出窖藏陶罐。据参加清理发掘的考古工作者介绍，他们打开盖在罐口的铜盘后，发现大陶罐内装满铜器、货币（半两钱、四铢钱和五铢钱）等文物 90 多件。铜器中包括漆器装饰件铜泡，即圆帽铜钉，而在铜泡中间则填塞有古纸，已揉成团。最大一片为 6.8 厘米×7.2 厘米，白色，柔韧，纸上带有铜锈斑。①

中颜纸出土地点考古土层明确，又是完整的西汉窖藏文物，没有任何外在的干扰因素，依然保持窖藏时的原有状态。考古工作者认为其年代应在西汉平帝之前，而麻纸的制造年代，很可能在西汉宣帝时。

（6）马圈湾纸

1979 年 10 月，甘肃省长城联合调查组在古丝绸之路上的名城敦煌西北 95 公里处的马圈湾西汉屯戍遗址作了大规模发掘。此汉代烽燧出土的古纸，称“马圈湾纸”，属西汉中后期，纸面麻类纤维分布不均。

出土麻纸共五件八片，均已揉皱。纸Ⅰ（原编号 T12：47），黄色，较粗糙，32 厘米×20 厘米，四边清晰，是迄今所见最完整的一张纸。同一土层出土的纪年木简最早为宣帝元康（前 65—前 62 年），最晚为甘露年间（前 53—前 50 年）。纸Ⅱ（原编号 T10：06）及纸Ⅲ（原编号 T9：26）共四片，与畜粪堆在一起，颜色被污染为土黄色，但质地较细。……同出纪年木简为王莽时期（9—23 年）。②

马圈湾出土纸数量多。参与发掘的考古人员认为，马圈湾烽燧遗址的发掘，是近数十年来在敦煌首次严格按着科学要求进行的烽燧遗址发

① 罗西章．陕西扶风县中颜村发现西汉窖藏铜器和古纸［J］．文物，1979（9）：17－20＋100.

② 岳邦湖，等．敦煌马圈湾汉代烽燧遗址发掘简报［J］．文物，1981（10）：1－8＋97－99.

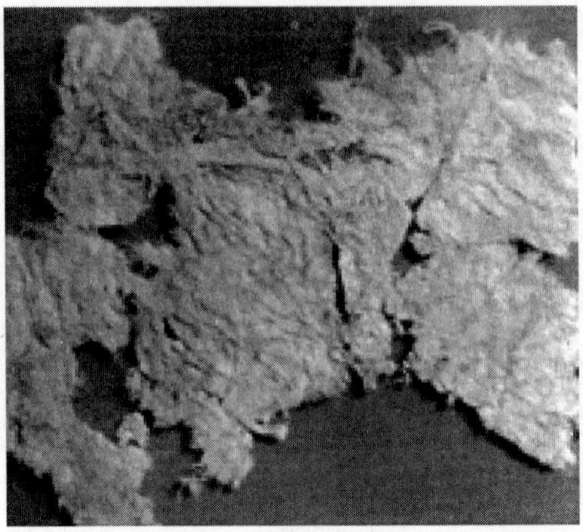

图 15-3 马圈湾纸

掘。各纸出土土层关系明确，且都有同一土层的纪年木简出土，这就为断代提供了准确的依据。

(7) 放马滩纸

1986 年 6 月至 9 月，甘肃天水放马滩西汉早期墓葬出土西汉初年文、景二帝时期（前 179 —前 141 年）的古纸，称“放马滩纸”。纸长 5.5 厘米，宽 2.6 厘米，造纸原料亦为麻类，该纸残片纸面平整光滑，纸上有用细墨线勾画的山川道路图形，是目前所发现的世界上最早的一张纸地图，也是目前发现的世界上最早的植物纤维纸。①

考古工作者指出：“墓葬结构与秦墓相同，但随葬器物特点接近于陕西、湖北云梦等地早期汉墓的同类器物，所以此墓的时代当在西汉文、景时期（前 176—前 141 年）。……随葬器物中有纸质地图一幅，位于棺内死者胸部，纸质薄而软，因墓内积水受潮，仅存不规则碎片。”②

放马滩纸外表为黄色，纸面平整光滑，纤维分布十分均匀而紧密，类似薄纸类型的纸张，与其他早期纸有明显的区别。因该纸出土于墓

① 何双全．甘肃天水放马滩秦汉墓群的发掘［J］．文物，1989（2）：1-11.
② 何双全．甘肃天水放马滩秦汉墓群的发掘［J］．文物，1989（2）：1-11.

图 15－4　放马滩纸

葬，考古工作者认为年代也是确定的。但考察中，人们发现此纸的外观技术相当成熟，很像晚期的纸张，如唐代的硬黄纸之类。这种技术上高度成熟的纸张竟出现于西汉的墓葬中，真是不可思议。而且出土古纸的墓葬中因积水受潮，其他有机物包括尸骨都已腐败无存，唯有容易腐败的纸张尚存，也让人心中疑问重重。

（8）悬泉纸

图 15－5　悬泉纸

1990—1992 年，在敦煌甜水井汉代悬泉置遗址出土 460 余片纸文书残片和麻纸，[①] 称为悬泉纸。其中就有西汉武、昭帝时期的 3 件及汉

---

① 甘肃省文物考古研究所．甘肃敦煌汉代悬泉置遗址发掘简报［J］．文物，2000（5）：4－20.

宣帝至成帝时期的4件纪年纸文书。悬泉置成为目前中国考古发掘中发现古纸最多的地方。“从残留在纸面上的残渣看，这些古纸主要用麻纤维制作，用于书写文书、信件及包裹物品。这些实物都有力地证明了中国早在西汉初期就发明了可用于书写和绘画的纸。”①

潘吉星曾将西汉古纸的历次出土情况汇总于一张表中，并作了分析归纳，现转录如下：

表15-1 西汉古纸历年出土情况②：

序号	纸名	纸的年代（公元）	出土年代	出土地点	尺寸（厘米）	外观描述
1	罗布淖尔纸	前73—前49年	1933	新疆罗布淖尔（罗布泊）汉烽燧遗址	4×10	白色薄纸，质地粗糙，纸上纤维束及未打散的麻筋较多
2	查科尔帖纸	前89—97年	1942	甘肃额济纳河东岸查科尔帖汉烽燧遗址	10×11.3	纸上有文字7行，共50字，可辨认出20字，纸黄间灰色
3	灞桥纸	前140—前87年	1957	陕西西安灞桥汉代葬区	8×12 10×10	浅黄色薄纸，多层叠压在铜镜下，揭裂成88片，纤维束较多，交织不匀，纸上有铜锈绿斑
4	金关纸-Ⅰ	前52年	1973	甘肃额济纳河东岸金关屯戍遗址	12×19	白色，柔韧，质地细，强度大，纤维束较少
5	金关纸-Ⅱ	前6年	1973	甘肃额济纳河东岸金关屯戍遗址	9×11.5	暗黄色，质地较粗糙
6	中颜纸	1—5年	1978	陕西扶风中颜村汉建筑遗址	6.8×7.2	白色，柔韧，纸较好，纸上可见帘纹，此纸与其他文物为窖藏品
7	马圈湾纸-Ⅰ	前53—前50年	1979	甘肃敦煌马圈湾汉屯戍遗址	32×20	黄色，较粗糙，四周有自然边缘，是最完整的一张纸

① 刘庆柱，白云翔．中国考古学：秦汉卷［M］．北京：中国社会科学出版社，2010：56.
② 潘吉星．中国科学技术史：造纸与印刷卷［M］．北京：科学出版社，1998：55-57.

续表

序号	纸名	纸的年代（公元）	出土年代	出土地点	尺寸（厘米）	外观描述
8	马圈湾纸-Ⅲ	前32—1年	1979	甘肃敦煌马圈湾汉屯戍遗址	9.5×16	共两片，原白色，污染成土黄色，个别部位仍色白，制作精细
9	马圈湾纸-Ⅳ	1—5年	1979	甘肃敦煌马圈湾汉屯戍遗址	9×15.5	白色，质细，纤维束少，纸帘纹明显
10	马圈湾纸-Ⅴ	8—23年	1979	甘肃敦煌马圈湾汉屯戍遗址	17.5×18.5	白色，质细，纤维束少，强度较大
11	放马滩纸	前179—前141年	1986	甘肃天水放马滩汉代墓葬区	5.5×2.6	出土时黄色，现褪成黄间浅灰色，纸薄而软，纸上绘有地图，表面有污点
12	悬泉纸-Ⅰ	前86—前7年	1990	甘肃敦煌甜水井汉悬泉邮驿遗址	12×10	浅黄色，质地好，稍厚
13	悬泉纸-Ⅱ	8—23年	1990	甘肃敦煌甜水井汉悬泉邮驿遗址	13.5×14.5	白色间浅黄色，纤维细，质地好，纸上有文字，纸面有帘纹，帘条纹粗0.3毫米。纸薄，厚0.286毫米
14	悬泉纸-Ⅲ	8—23年	1990	甘肃敦煌甜水井汉悬泉邮驿遗址	27.5×18	浅黄色，稍厚，纸上有文字，纸较好
15	悬泉纸-Ⅳ	8—23年	1990	甘肃敦煌甜水井汉悬泉邮驿遗址	13.7×7	浅黄色，稍厚，有一定强度，纤维基本分散

（三）战国说

钱存训先生根据湖北云梦睡虎地出土的战国秦简中有“纸”字的记载，对古纸起源问题提出了新的观点。

1975年，湖北云梦县睡虎地的战国秦墓中出土大批竹简，其中

《日书》简上有一“纸”字，字迹清楚，此简为战国秦昭襄王（前3世纪）时代之物。文曰：

> 人毋故而发挢，若虫及须眉，是是恙气；处之，乃煮……屦以纸，即止矣。

这一段文字的大意是说：如果没有原因，人的头发像虫子或须眉一样竖立起来，这是秽气。处理之法是煮草鞋以纸。①

另一新证是1935年长沙出土的战国时代的一件漆马，内有纸胎。此马为木质所制，高约1.2米，木面涂有黏性物质，上盖有衬纸。

“根据以上所述，纸在公元前2世纪的西汉时代已经通行，仅作为衬垫、包裹等日常生活的用品，甚至可供绘制地图之用。虽然迄今还没有长篇有字的文献发现，但相信纸在西汉已经通行。如果纸的发明是由于漂絮而来，而战国文献中已有漂絮的记载，则纸的起源上溯至战国时代，应该是十分合理的推测。”②

结　语

其实，早在商代以前，我国就已经能植桑养蚕，缫丝织绢。缫丝方法比较简单，而制作丝绵方法比较复杂，要先把次等茧用水煮沸，脱去胶质，用手工把茧剥开，直至蚕衣被捣碎，使蚕茧散开连成一片，丝绵方能取出，这就叫漂絮法。古代典籍《考工记》里就有“湖漂絮”的字句。这说明漂絮法很早即为我国劳动人民所掌握。而后来所发现的造纸法——用破麻布的植物纤维为原料，通过草木灰水蒸煮、漂洗、捶打，再将纤维悬浮于水中，用多孔罗面或篾帘捞起，晒干后形成薄片的纸，

---

① 钱存训．书于竹帛［M］．上海：上海书店出版社，2006：98.

② 钱存训．纸的起源新证：试论战国秦简中的纸字［J］．文献，2002（1）：4－11.

明显受了漂絮法的很大启发。

不难得出，至少从战国起，中国人已在缫蚕茧丝过程中发明出漂絮造纸法，至西汉又扩大到漂麻絮的方法，东汉蔡伦发明了捣浆造纸法，后逐步使造纸业走向社会化，飘絮法在中国造纸史上具有重要启示意义。

蔡伦改进造纸技术，提高了纸质，扩大了造纸原料的来源，把树皮、破布、麻头和渔网这些废弃物品都充分利用起来，大大降低了造纸的成本，为造纸业的发展开辟了广阔的前景。尽管蔡伦不是纸的最早的发明者，但是他改进造纸技术，推广纸的使用，使书籍、文献资料的数量猛增，在中国造纸史上具有划时代的意义，

笔者也期待着，关于中国古纸发明的更多证据出现，以解开关于造纸术发明时间的千年悬案。

十六、雕版印刷术发明时间问题纵论

关于雕版印刷术的起源，自宋代起，就众说纷纭，至今仍无定论。归纳起来，有以下几种主流观点：东汉说、晋代说、六朝说、隋代说、唐代说、五代说。兹就各种观点的代表人物及其主要依据逐一介绍。

雕版印刷的起源问题

（一）问题的缘起

印刷术是中国古代四大发明之一。印刷术的产生极大地推动了人类文明的进程，在人类文化史上具有划时代意义。印刷术主要分为雕版印刷和活字印刷两类，笔者仅就雕版印刷起源问题进行追述和总结。

考证印刷术的发明年代，是研究中国印刷史的一个重要课题，也是中外印刷史学家共同关心的问题。早在 1925 年，卡特在其著作《印刷术的发明和它的西传》中宣称："雕版印刷的发明，在中国确实就是印刷术的发明"，而"真正的雕版印刷，究竟开始于什么时候？这个问题仍隐蔽在神秘之中"。①

中国印刷史专家张秀民说："对于发明雕版印刷术的年代问题，向来就是一个谜。几百年来，古今中外学者约五六十家，各有各的说法。归纳起来大约有七种：汉朝说、东晋说、六朝说、隋朝说、唐朝说、五

① 卡特．中国印刷术的发明和它的西传［M］．吴泽炎，译．上海：商务印书馆，1957：37、44.

代说、北宋说。”① 目前意见比较集中的是隋朝说和唐朝说。

冯鹏生是隋朝说的支持者。他认为，许多史料证实，在隋代已具备了产生雕印术的技术条件和物质基础，《敦煌隋木刻加彩佛像》等历史文物已向世人证实我国隋代就有印刷术，因此雕印术“肇自隋时”是可靠的。② 肖东发也是这一观点的支持者，他认为，印刷术发明于隋代，而且以佛像等宗教宣传品为滥觞，隋代大业三年（607 年）的《敦煌隋木刻加彩佛像》是强有力的证据，应该已经为持续上千年的争论作了明确的结论。③ 许正文则是唐朝说的支持者。他认为，雕版印刷术的发明始于唐前期，而兴盛普及于唐中后期。唐代之所以能发明雕版印刷术，一是因为人文社会科学的大力发展，书籍所需量极大增加；二是这一发明所需的主要物质（纸张）和技术条件已基本具备。④

（二）雕版印刷术的概念

雕版印刷术的起源一直为学界所争论，至今未有定论，一方面是由于年代久远，文献与考古资料缺乏；另一方面，在“什么是印刷术”这一问题上并没有达成共识，导致了观点相差悬殊。此外，关于雕版印刷的对象也是研究中需要解决的问题。雕版印刷术只是针对书籍的印刷吗？简单地将印刷史等同于印书史会不会有失偏颇呢？张树栋曾撰文提出：“为‘印刷术’下一个较为准确的定义，是研究印刷发明年代的前提条件。”⑤

给“印刷术”下定义，不应受时代的限制。从这层意义出发，张树栋为印刷术下的定义是：把油墨（或水墨）从印版表面转移到纸（或其

---

① 张秀民．雕版印刷源流［M］．北京：印刷工业出版社，1990：189.

② 冯鹏生．雕版印刷的渊源及发明［J］．出版发行研究，2000（4）：75－77.

③ 肖东发．振叶以寻根 观澜而索源—《中国木版水印概说》与印刷术的起源［J］．中国出版，2000（5）：43－44.

④ 许正文．论中国古代雕版印刷术的发明与革新［J］．陕西师范大学学报，1998（1）：168－171.

⑤ 张树栋．试论中国印刷历史研究上存在的几个问题［J］．印刷杂志，1990（3）.

他材料）上，以复制图像或文字的工艺技术。[①]

钱存训在为李约瑟《中国科学技术史》巨著撰写的《纸和印刷》中说："印刷是用油墨把反体或翻转的形象翻印到纸张上或其他表面上去的方法。"[②] 他在这个定义里特别强调了从反到正的原则。应该说，以"反体"取得"正文"是印刷术发明的一个基本原理，是中国人发明印刷术的一种巧妙构思。

（三）印刷品类

关于雕版印刷术的研究对象、雕版印刷术起源的各种论述，起先差不多全是讨论印书的问题。譬如，宋代沈括《梦溪笔谈》记载："版印书籍，唐人尚未盛之，自冯瀛王始印五经，已后典籍皆为版本。"[③]

宋代朱翌《猗觉寮杂记》记载：雕印文字，唐以前无之，唐末益州始有墨版。[④]

宋代王应麟《困学纪闻》记载："国史艺文志，唐末益州，始有墨版。"[⑤]

孙毓修《中国雕板源流考》记载："世言书籍之有雕板，始自冯道。其实不然。——监本始自冯道耳。"[⑥]

清人叶德辉《书林清话》记载："书籍自唐时镂版以来，至天水一朝，号为极盛。"[⑦]

到了近代，伴随着印刷业的发展，人们才开始着意于探讨印刷术的发明年代，同时，自觉不自觉地将印刷术的起源与印书之始混同起来。

---

① 张树栋．试论中国印刷史的历史分期问题［J］．印刷技术，1992（10）．
② 钱存训．纸和印刷［M］．上海：上海古籍出版社，1990：120.
③ 沈括．梦溪笔谈［M］．北京：文物出版社，1975：15.
④ 朱翌．猗觉寮杂记［M］．北京：中华书局，1999：15.
⑤ 王应麟．困学纪闻［M］．上海：商务印书馆，1935：20.
⑥ 孙毓修．中国雕板源流考［M］．上海：商务印书馆，1918：1.
⑦ 叶德辉．书林清话［M］．上海：上海古籍出版社，2012：1.

其实，印刷书籍是件复杂的工作，印刷术从发明到印刷书籍有一个渐进的过程，说中国印书史就是印刷史是不妥当的。不弄清这一点，只能将印刷术起源乃至印刷史的研究弄得更加扑朔迷离。

李书华在《唐代以前有无雕版印刷》一文中肯定地说："总之，无论文献与实物，全找不出唐代以前已有雕版印刷的证据，除将来另有新发现外，我们现在可以作一结论，就是唐代以前未有雕版印刷。"① 值得指出的是，文中差不多全是讨论印书问题的文字，"文献与实物"也全为印书方面的内容，只因唐以前在印书方面缺乏文献与实物证据，就说唐以前未有雕版印刷，这个结论下得过于武断了。

张秀民曾著四文论述雕版印刷（后改为雕版印书）始于唐初贞观说②。其所著《中国印刷史》论述的是自唐初贞观至清末宣统 1 300 余年的印刷发展史。他认为"只有用白纸黑墨印成图书，广泛流通，才能超出空间时间，在人类文化史上发生伟大深远的影响。所以印本书籍的出现，才是雕版印刷术真正的开端"③。他也认为中国雕版印刷术是从印刷书籍开始的。

更有人进一步指出："雕版专指刻书而言，雕版印刷术其实就是专指用凸版制成反字的印版。利用黑墨或其他色料印刷或刷印在纸上的图文而言，属于印书术的一种。"④ 这就是说，印书就是印刷，印刷术就是印书术。

实际上，印刷的范畴要广泛得多。钱存训在《纸和印刷》一书中说："在中国，类似于印刷的技术，在印刷术发明前已有悠久的历史。其中包括用印章盖在陶器上，后来盖在丝绸和纸张上；也包括用模板把

---

① 李书华．唐代以前有无雕版印刷［J］．大陆杂志，1957，14（4）．

② 张秀民．张秀民印刷史论文集［G］．北京：印刷工业出版社，1988.76.

③ 张秀民．论印刷史与印书史［J］．中国印刷，1991（34）．

④ 朱仕贤．三论中国雕版印刷史上的几个问题［J］．印刷科技，1987，3（4）．

图案复印在织物和纸张上；还包括碑石的墨拓。所有这些过程逐渐演变为更有效地机械印制复本的方法。”① 这一论述视野就较为开阔。

雕版印刷术发明的条件

（一）印章——雕版印刷的雏形

雕版印刷术发明于中国并非偶然，它是在我国古代一些原始印刷方法的启发下产生的。古代的石碑和印章是印刷术发明的源头。我们的祖先很早就懂得在石头上刻字，现存最早的刻石是秦国的石鼓，共有 10 个。这套石鼓文的产生年代无法确立，一般认为是春秋初年秦文公所造。后来，人们把刻上了字的长方形大石块立在地上，这就有了石碑。

从某种意义上说，印章是雕版印刷的雏形。卡特曾论道：“从印章摹刻过渡到真正的雕版印刷，似乎曾有两种发展路线。一条路线是佛教的，结果除经咒以外，产生了大量的木刻图画和书籍。……另一条路线是道教的。……总之，佛教徒的或道教徒的符箓，是印章到雕版印刷的过渡。随着印成的经咒符箓的出现，复印、大规模的复印就变成最主要的用途了。”②

（二）墨拓——孕育雕版印刷的方法

汉朝盛行石刻，从汉武帝起，历代皇帝大多利用石碑作为维护王权统治的工具。到了东汉末年，石碑成为重要典籍的标准本。例如，著名的“熹平石经”立在洛阳太学的门外，作为标准本供大家抄写和校对。但为了节省抄写之时间，尤其是免除抄错抄漏的缺憾，我们的祖先又发明了拓碑的方法。最早的拓碑方法是先在石碑上涂上墨，然后覆上一张

① 钱存训．纸和印刷［M］．上海：上海古籍出版社，1990：120.

② 卡特．中国印刷术的发明和它的西传［M］．吴泽炎，译．北京：商务印书馆，1957：25－26.

纸把字印下来，印出的碑文是黑底白字，但字是反的，读起来很不方便。后来改变了方法，用布包着棉花在上面敲几遍，使碑文凹陷的笔画清楚地出现在纸面，然后上墨，这样就拓出了画面的黑底白字，这种技术叫“拓石”。

刻石技术接近于雕版，而墨拓碑铭又类似于雕版印刷。墨拓石刻铭文在原理和目的上与印刷类似，所不同的是操作过程及最后的产品。两者都是把一种镌刻的对象翻印到纸张上，但是不同的操作方法造成了不同性质的复刻品。墨拓石刻在中国终于发展成为可以拓印镌刻在任何坚硬表面上的图形文字。正是这种用墨在纸张上拓印的技术和反体刻印艺术的合流，孕育了雕版印刷的方法。①

（三）纸墨笔——印刷术发明的物质条件

雕版印刷是将捶拓与印章技术相结合，将前者版面缩小，后者版面扩大，用捶拓的办法将刻成阳文反字的木板放在下面，在板上施墨铺纸，通过刷试在纸上加压，这样整版的字迹便可以清楚地印在纸上。可见，雕版印刷离不开纸、墨、木材和笔等物质材料。

笔在先秦便已有之，不过名称各异：楚谓之聿，吴蜀谓之不律，燕谓之弗，秦谓之笔。古时的笔大约为一种竹挺，点漆而书；晋时尚有漆笔。到了秦时的蒙恬，才造一种拓木为管，鹿毛为柱，羊毛为被的毛笔。

制墨技术是先秦发明的，东汉时技术已成熟，并出现了专业的制墨作坊。后汉时期发明了松烟墨。在松烟墨的制造者中，以魏晋间韦诞（仲将）最为有名。韦氏的《笔墨方》至今尚残留一二。唐代以后，制墨大家更是人才辈出。

毛笔和松烟墨俱已发明，书写工具已经有了，但是，缣帛载体依然很贵，写作之时虽然便利，但不经济；于是乃有蔡伦改进造纸术，应时

① 钱存训．纸和印刷［M］．上海：上海古籍出版社，1990：6－7.

势之要求而生。可见，这些技术的发明均为雕版印刷的发明奠定了坚实的物质基础。

（四）印刷术的先驱

纸墨笔的发明，为印刷术的发明铺就了一条大路，可是还需有其他条件的配合方能使印刷术的发明成为可能。概言之，有以下三点：

其一，文字发生变迁。中国的文字在先秦时代，通用的多以篆籀为主，汉代隶书渐兴。篆籀隶书写都不方便。魏晋以后，佛教传入中国，一时风尚趋于简易，文字也渐变为行草，于是行草遂兴。随着文化的普及，书写文字的人日益增多，文字应用也较以前更为广泛，社会各界需要简单易写的文字书写字样。真书之起即是应着此种潮流而生的。真书一兴，书写刊刻，大行便利。

其二，儒释两家石经盛行。《后汉书·蔡邕传》载：

> 邕以经籍去圣久远，文字多谬，俗儒穿凿，贻误后学。熹平四年（175 年）乃与五官中郎将堂溪典，光禄大夫杨赐，谏议大夫马日，议郎张驯、韩说，大史令单飏等，奏求正定六经文字。灵帝许之。邕乃自书册于碑，使工镌刻，立于太学门外。于是后儒晚学咸取正焉。及碑始立，其观视及摹写者车乘日千余辆，填塞街陌。

其三，佛经佛像雕印。肖东发在《中国印刷图书文化的源与流》一文中说道："雕版印刷术产生于隋至初唐之际，其先驱是早已有之的凸版印花及 6 世纪盛行的捶拓和印章及捺印千佛像。7 世纪前期的佛像雕印是雕版印刷术的最初形式；8 世纪大量出现的经咒印本标志雕版技术已有长足的进步；9 世纪图文并茂的整部佛经《金刚经》印本说明雕版印刷术已臻成熟。"① 可见，佛经佛像雕印对雕版印术的发明产生了独

---

① 肖东发．中国印刷图书文化的源与流［J］．图书情报工作，2000（7）：5－9＋51.

特的影响。

关于雕版印刷术起源的几种说法

（一）东汉说

关于雕版印刷术的起源，最早者为东汉说。持此说者主要有元代王幼学、明代朱厚烨、清代郑机和当代学者李致忠等，见表16-1。

表16-1　东汉说代表人物

论点	论者	时代	论点出处
东汉说	王幼学	元	《通鉴纲目集览》卷十二
	朱厚烨	明	《勿斋集》卷一
	郑机	清	《师竹斋读书随笔汇编》卷十二
	李致忠	当代	《中国古代书籍史》

东汉后期，发生了“党锢之祸”。汉灵帝建宁二年（169年），宦官侯览仗势欺人，鱼肉乡里，山阳都督张俭弹劾侯览，侯览则唆使爪牙朱并反咬一口，诬陷张俭与同郡二十四人结为死党，试图谋反。朝廷因此“刊章捕俭”。朱熹《资治通鉴纲目》中也载，“侯览怨张俭尤甚，览乡人朱并上书告俭与同乡二十四人别相署号，共为部党，图危社稷”，故汉灵帝“诏刊章捕俭等”。[①] 后来的争论便由“刊章捕俭”而展开。

王幼学在元延祐泰定年间所著的《通鉴纲目集览》指出：“刊章，印行之文，如今版榜。”[②] 他将“刊章”二字理解为刻版印制通缉人犯的文告。明益藩庄王朱厚烨，在嘉靖年间依据此事更明确地说：“汉灵帝时诏刊章捕张俭等，是刻印之法，汉已有之。既有刻印之法，而书籍乃日用不可缺之物，却乃抄写，恐无事理，则刻书实始于汉人。”[③] 至

① 朱熹．资治通鉴纲目［M］．上海：上海古籍出版社，2002：763.
② 转引自辛德勇．中国印刷史研究［M］．北京：生活·读书·新知三联书店，2016：15.
③ 转引自辛德勇．中国印刷史研究［M］．北京：生活·读书·新知三联书店，2016：15.

清朝咸同年间，湖北江陵人郑机又引申王幼学的看法："汉刊章，捕张俭等，是印版不始于五代。"①

沿承这一说法的，当代学者李致忠最有代表性，他对相关史料问题作了系统的阐释。在《中国古代书籍史》一书中，他详细论证了王幼学的观点，认为"刊章"就是刻印海捕公文。他说："李贤的解释是由于死硬地直训'刊'字字义而导出来的。其实，'刊''刻'互训古代已有多例。……李贤硬把'刊章'直接解释成削毁章表，很难自圆其说，也是不符合当时的实际情况的。皇帝捕人，无须削毁上告人的章表，汉灵帝刊刻通缉张俭的海捕公文，也无须一定要宣露朱并的大名。看来，还是元朝王幼学的解释较好，文义通达，符合情理。……总之，有汉灵帝要火速讨捕张俭等人的政治需要，有造纸术在此之前的发明改进和纸的进一步应用，有墨的广泛使用，又有玺印镌刻技术的直接启示，有'刊章捕俭'的证明，因此说，雕版印刷术发明在我国历史上的东汉后期，即公元2世纪的中叶，是完全有可能的。"②

张秀民、曹之等学者对此提出了异议。张秀民在《中国印刷术的发明及其影响》一书中说："单凭元朝人间接的解释，是很难使人信服的。假使2世纪真有印刷术，为什么对以后四五百年再也不发生一点影响呢？这显然是不合理的。"③ 曹之在《中国古籍版本学》中利用校勘学和训诂学的研究方法，说明"刊"字并非刻印之意。刊章原本有刊写、书写之义。

（二）晋代说

主张雕印始于晋成帝咸和年间的，有法国学者德拉克伯里（Terrien de Lacouperie，旧译作"拉克伯里"或"拉柯柏利"），见表16-2。

---

① 转引自辛德勇．中国印刷史研究［M］．北京：生活·读书·新知三联书店，2016：15.

② 李致忠．中国古代书籍史［M］．北京：文物出版社，1985：23.

③ 张秀民．中国印刷术的发明及其影响［M］．北京：人民出版社，1958：29.

他于 1894 年对这一时期应用雕版印刷技术的情况作了具体的论述。

表 16-2 晋代说代表人物

论点	论者	时代	论点出处
晋代说	【法】德拉克伯里	清	West Origin of Chinese Civilisation

中国学者向达在 1928 年发表的《唐代刊书考》一文，较早对德拉克伯里的观点作出评议，后来的相关论述，大多只是转述向达的说法。向氏当年只是简单地介绍说德拉克伯里“谓东晋成帝咸和时蜀中成都即有雕版印书之举，拉氏所据为《蜀志》及《后周书》”，并谓“说者常訾其以模拓碑版误为印书”，向达本人“曾为覆检二书，未得其据，因不具论”。①

（三）六朝说

主张雕版印书始于六朝的，有清道光年间的李元复和日本学者岛田翰，见表 16-3。

表 16-3 六朝说代表人物

论点	论者	时代	论点出处
六朝说	李元复	清	《常谈丛录》卷一
	【日】岛田翰	清	《古文旧书考》卷二

李元复在《常谈丛录》卷一说：“书籍自雕镌版印之法行，而流布始广，亦借以永传。然创之者初不必甚难，以自古有符玺可师其意，正无待奇想巧思也。窃意汉蔡伦造纸之后，当魏晋六朝，宜有继起而为之者矣，但未盛行耳。乃谓肇兴于宋，是其不然。”② 此后张秀民指出：上述说法，只凭主观臆断，并没有具体依据，因而不足以取信于人。③

日本人岛田翰在 1905 年印行的汉文著述《古文旧书考》中论述道：

> 予以为墨版盖昉于六朝，何以知之？《颜氏家训》曰：“江南书

---

① 转引自辛德勇．中国印刷史研究［M］．北京：生活·读书·新知三联书店，2016：30.
② 转引自辛德勇．中国印刷史研究［M］．北京：生活·读书·新知三联书店，2016：28.
③ 张秀民．中国印刷术的发明及其影响［M］．北京：人民出版社，1958：29.

> 本，'穴'皆误作'六'。"夫"书本"之为言，乃对墨版而言之也。颜之推北齐人，则北齐时既知雕版矣。《玉烛宝典》引《字训》解"淪"字曰："其字或草下，或水旁，或火旁，皆依书本。"已曰"皆依书本"，亦可以证其对"墨版"也。是隋以前有墨版之证。[①]

他从文字名词上推论，北齐颜之推时期就有墨版印刷了。

（四）隋代说

隋朝已经发明雕版技术并应用雕版技术印刷书籍的说法，最早由陆深提出。支持此说的又有明朝的胡应麟、方以智，清代的高士奇，近人孙毓修等，见表16-4。

表16-4 隋代说代表人物

论点	论者	时代	论点出处
隋代说	陆深	明	《河汾燕闲录》卷上
	胡应麟	明	《少室山房笔丛》卷四
	方以智	明	《通雅》卷三十一
	高士奇	清	《天禄识余》卷八
	阮葵生	清	《茶余客话》卷六
	陆风藻	清	《小知录》卷七
	魏崧	清	《壹是纪始》卷九
	王士禛	清	《池北偶谈》卷十七
	顾安	清	《唐诗消夏录》
	王仁俊	清	《格致精华录》卷二
	顾槐三	现	《补五代史艺文志》
	孙毓修	现	《中国雕板源流考》
	柳诒徵	现	《中国文化史》
	张舜徽	现	《中国古代劳动人民创物志》
	张志哲	现	《印刷术发明于隋朝的新证》
	傅乐焕	现	《一件最早的中国印刷品》
	潘吉星	现	《中国、韩国与欧洲早期印刷术的比较》
	周心慧	现	《中国古代佛教版画史综论》

明世宗嘉靖九年，时人陆深在其所著的《河汾燕闲录》中考述说：

① 岛田翰．古文旧书考［M］．北京：北京图书馆出版社，2003：249-250.

"隋文帝开皇十三年（593 年）十二月八日，敕废像遗经，悉令雕撰。此印书之始，又在冯瀛王先矣。"① "冯瀛王"系指五代主持刊刻九经的宰相冯道，后周世宗追封为瀛王。《河汾燕闲录》的这一说法，万历年间得到胡应麟的认可，并被其写入专门讲述历代典籍制度的著述《经籍会通》："载阅陆（深）《河汾燕闲录》云：隋文帝开皇十三年十二月八日敕废像遗经，悉令雕版。此印书之始。据斯说则印书实自隋朝始。"②

方以智《通雅》卷三十一说："雕版印书，隋唐有其法，至五代而行，至宋而盛，今则极矣。……废像遗经，悉令雕版……"③ 近人孙毓修在《中国雕板源流考》里，除沿袭胡应麟的说法外，又说："按费长房《历代三宝记》亦谓隋代已有雕本，是我国雕板托始于隋。"④ 同时又引罗振玉的《鸣沙石室秘录》说：有宋太平兴国五年，翻雕隋刻《大隋求陀罗尼》为据。

历来主张隋代说的学者较多，他们分别提出了文字证据和实物证据。

1. 文字证据

其一，隋人费长房《历代三宝记》中"废像遗经，悉令雕撰"的记载，最早由明人陆深拿来作为隋代说的证据，其后附和者数十人。他们认为，此之"雕"字即雕版印刷之意。为更准确理解其含义，现将原文抄录如下：

> 开皇十三年十二月八日，隋皇帝佛弟子姓名敬白："十方尽虚空遍法界一切诸佛、一切诸法、一切诸大贤圣僧，仰惟如来慈悲，弘道垂教，救拔尘境，济渡含生，断邪恶之源，开仁寿之路。自朝

---

① 陆深．俨山外集［M］．上海：上海古籍出版社，1993：22.
② 胡应麟．少室山房笔丛［M］．上海：上海书店出版社，2001：44－45.
③ 转引自辛德勇．中国印刷史研究［M］．北京：生活·读书·新知三联书店，2016：79.
④ 孙毓修．中国雕板源流考［M］．上海：商务印书馆，1918：1－2.

及野，咸所依凭。属周代乱常，侮蔑圣迹，塔宇（德勇案：《大正藏》校出“塔宇”别本作“塔寺”）毁废，经像沦亡。无隔华夷，扫地悉尽。致使愚者无以道惛迷，智者无以寻灵圣。弟子往借三宝因缘，今膺千年昌运，作民父母，思拯黎元。重显尊容，再崇神化。颓基毁迹，更事庄严；废像遗经，悉令雕撰。虽诚心恳到，犹恐未周；故重勤求，令得显出。而沈顿积年，污毁非处，如此之事，事由弟子，今于三宝前至心发露忏悔。周室除灭之时，自上及下，或因公禁，或起私情，毁像残经，慢僧破寺，如此之人，罪实深重。今于三宝前悉为发露忏悔，敬施一切毁废经像绢十二万匹，皇后又敬施绢十二万匹，王公已下，爰至黔黎，又人敬施钱百万，愿一切诸佛、一切诸法、一切诸大贤圣僧，为作证明，受弟子忏悔。”于时台宫主将、省府官僚、诸寺僧尼、县州佐史，并京城诸老登并相劝率，再日设斋，奉庆经像，日十万人。寺别敕使，香汤浴像。[①]

这是一篇佛教信仰者的发愿文，发愿者是隋文帝杨坚。通读这篇发愿文可得知，其发愿敬事佛法，是基于周帝灭佛，致使“塔宇毁废，经像沦亡”。正因如此，隋文帝才誓愿使“颓基毁迹，更事庄严；废像遗经，悉令雕撰”。因此，解读“雕撰”二字的含义，一定要把废毁的佛像和散佚的佛经并列为雕撰的对象。

清代以来，便不断有学者对陆深和胡应麟等人的主张提出批评。乾隆年间纂修《四库全书》时，四库馆臣针对胡应麟的说法进行辨正：“（胡应麟）又云刊版当始于隋，引开皇十三年‘敕废像遗经，悉令雕

① 转引自辛德勇．中国印刷史研究［M］．北京：生活·读书·新知三联书店，2016：81－82.

版’为证，然史文乃‘废像遗经，悉令雕造’，非‘雕版’也。”[①] 王士禛在《居易录》中亦说：“陆文裕《燕闲录》云：‘隋文帝开皇十三年十二月八日，敕废象遗经，悉令雕撰。此印书之始。’予详其文义，盖雕者乃像，撰者乃经，俨山连读之误耳。”[②]

其二，《隋书·艺术传》记载卢太翼事迹云：

> 本姓章仇氏。七岁诣学，日诵数千言，州里号曰神童。及长，……博综群书，爰及佛道，皆得其精微。尤善占候算历之术，隐于白鹿山，数年徙居林虑山茱萸涧，请业者自远而至，初无所拒。后惮其烦，逃于五台山。……皇太子勇闻而召之，太翼知太子必不为嗣，谓所亲曰：“吾拘逼而来，不知所税驾也!”及太子废，坐法当死。高祖惜其才而不害，配为官奴。久之，乃释。其后目盲，以手摸书而知其字。仁寿末，高祖将避暑仁寿宫，太翼固谏不纳，至于再三。太翼曰：“臣愚岂敢饰词，但恐是行銮舆不反。”高祖大怒，系之长安狱，期还而斩之。高祖至宫寝疾，临崩，谓皇太子曰：“章仇翼，非常人也，前后言事，未尝不中。吾来日道当不反，今果至此，尔宜释之。”及炀帝即位，汉王谅反，帝以问之。答曰：“上稽玄象，下参人事，何所能为?”未几，谅果败。……大业九年，从驾至辽东，太翼言于帝曰：“黎阳有兵气。”后数日而玄感反书闻，帝甚异之，数加赏赐。太翼所言天文之事，不可称数，关诸秘密，世莫得闻。[③]

《北史·艺术传》记卢太翼行事大略相同，亦谓卢太翼目盲后“以手摸书而知其字”[④]。近人燕义权亦谓当时卢太翼“所摸者当为‘书

---

① 永瑢．四库全书总目：第123卷［M］．北京：中华书局，1965：1064.
② 转引自辛德勇．中国印刷史研究［M］．北京：生活·读书·新知三联书店，2016：84.
③ 转引自辛德勇．中国印刷史研究［M］．北京：生活·读书·新知三联书店，2016：89.
④ 李延寿．北史：第89卷［M］．北京：中华书局，1974：2950－2951.

版'，可能是以前看到过雕版，目盲后乃想出利用手摸雕版辨字的方法"，由此可知"雕版在当时的应用已有推广"。[①] 潘吉星亦"将其所摸之书释为书版"，用这条史料与《历代三宝记》的记载相互印证，显示出"印刷术就这样在隋朝出现于地平线上"。[②]

2. 实物证据

其一，孙毓修认为敦煌出土有大隋《永陀罗尼本经》，并将其作为雕版印刷技术发明于隋代的证据。孙毓修在《中国雕板源流考》中指出："《敦煌石室书录》：'大隋《永陀罗尼本经》上面，左有施主李和顺一行，右有王文沼雕板一行。宋太平兴国五年，翻雕隋本。'"[③]

孙毓修的说法，很多人进行辩驳。日本学者市村瓒次郎最早对此表示怀疑，而日本学者藤田丰八的论述更为具体有力：

> 所谓"大随求"者，系梵语 Mahapratisara 之对译，乃陀罗尼之名，其为不空金刚所译者，亦称《大随求陀罗尼经》。然而，《源流考》作者却将其误认作"隋唐"之"隋"。《敦煌石室书录》著录的宋刻本《陀罗尼》，依据的是伯希和从千佛洞所获得的一件，而我们在斯坦因的图录里也可以看到同样的物品。[④]

张秀民也认为："大隋"本为"大随"之误，"永"字亦为"求"字之误，而经文准确的正式名称为《大随求即得大自在陀罗尼》，唐代始由梵文译出汉字经本。[⑤]

其二，吐鲁番出土了"家有恶狗，行人慎之"牌记。英国探险

---

① 燕义权．铜版和套色版印刷的发明于发展［M］．北京：生活·读书·新知三联书店，1955：205、215.

② 潘吉星．中国古代四大发明——源流、外传及世界影响［M］．合肥：中国科学技术大学出版社，2002：114-115.

③ 孙毓修．中国雕板源流考［M］．上海：商务印书馆，1918：1.

④ 转引自辛德勇．中国印刷史研究［M］．北京：生活·读书·新知三联书店，2016：102.

⑤ 张秀民．中国印刷术的发明及其影响［M］．北京：人民出版社，1958：34.

家斯坦因（Marc Aurel Stein）在亚洲考古时得到了一件吐鲁番出土的提醒行人留意家中恶狗的牌记。牌记上有“延昌三十四年甲寅”字样。延昌三十四年即 594 年，属于隋代。该牌记成为隋代有雕版印刷术的实物证据。

（五）唐代说

当代学者大多主张印刷术产生于唐代，但在具体的形成时间上有所不同。大致可以分为初唐说、中唐说、唐末说三大派别，见表 16－5。

表 16－5 唐代说代表人物

论点	论者	时代	论点出处
初唐说	张秀民	现	《中国印刷术的发明及其影响》
中唐说	沈括	宋	《梦溪笔谈》卷十八
	程大昌	宋	《演繁露》卷七
	邵博	宋	《邵氏闻见后录》卷五
	高承	宋	《事物纪原》卷四
	叶适	宋	《爱日斋丛钞卷一》
	胡正亨	明	《读书杂记》
	刘仲达	明	《刘氏鸿书》卷六十七
	胡文焕	明	《格致丛书》
	赵翼	清	《陔余丛考》卷三十三
	王国维	清	《两浙古刊本考》
	叶德辉	清	《书林清话》卷一
	查继佐	清	《罪惟录》
	王颂蔚	清	《藏书纪事诗序》
	丁文保	现	《中国版本略说》
	范文澜	现	《中国通史》
	赵万里	现	《中国版刻图录序》
	刘国钧	现	《中国书史简编》
	【美】卡特	现	《中国印刷术的发明和它的西传》
	【美】钱存训	现	《纸与印刷》
	曹之	现	《中国印刷术的起源》
	赵永东	现	《中国印刷术的起源》

续表

论点	论者	时代	论点出处
唐末说	叶梦得	宋	《石林燕语》卷八
	朱翌	宋	《猗觉寮杂记》卷六
	朗瑛	明	《七修类稿》卷下
	张和仲	明	《千百年眼》卷九
	朱明镐	明	《史纠》卷五
	纪昀	清	《四库全书总目》卷一五一
	朱彝尊	清	《经义考》卷二百九十三

1. 初唐说

20世纪50年代，张秀民在一一分析有关印刷术起源的各种观点之后，大力主张印刷术肇始于唐太宗贞观年间。其论据有三：

第一，清咸同年间人郑机的《师竹斋读书随笔汇编》中有如下一段论述：

> 《宏简录》：唐皇后长孙撰《女则》十篇，帝览而嘉叹，以后此书足传后代，令梓行之。可见梓行书籍，不始于冯道。①

第二，唐朝冯贽《云仙杂记》卷五云：玄奘以回锋纸印普贤像，施于四众，每岁五驮无余。张秀民认为这是最早的佛像雕版。赵永东则认为记载玄奘此举的《云仙杂记》一书是伪书，玄奘印普贤像事亦属虚构，故不足信据。②

第三，唐太宗时出现印刷品叶子格（纸牌）。张秀民认为，“此种玩具，不会在请客吃酒时临时自己赶制”，故需要量大，疑当时即有印刷品，“此亦可作为贞观有印刷之旁证”。③

2. 中唐说

中唐说的倡导者有明代的胡震亨，清代的赵翼、王国维、叶德辉

---

① 转引自辛德勇．中国印刷史研究［M］．北京：生活·读书·新知三联书店，2016：117.

② 赵永东．雕版印刷始于唐初贞观说的两个论据驳议［J］．南开学报，1989（6）.

③ 张秀民．中国印刷史［M］．杭州：浙江古籍出版社，2006：34－35.

等。美国人卡特亦持此说。叶德辉认为："书有刻本，世皆以为始于五代冯道，其实唐禧宗中和年间已有之。……唐元微之为白居易《长庆集》作序，有缮写模勒衒卖于市井之语。"[①]

中唐说最早是明人胡震亨提出的。他发现元稹给白居易诗歌写的序言中有一个词"缮写模勒"，认为雕版印刷应始于唐代长庆年间。元稹《白氏长庆集序》原文如下：

> 予始与乐天同校秘书之名，多以诗章相赠答。会予谴掾江陵，乐天犹在翰林，寄予百韵律诗及杂体，前后数十章，是后各佐江、通，复相酬寄。巴蜀江楚间洎长安中少年，递相仿效，竞作新词，自谓"元和诗"；而乐天《秦中吟》《贺雨》讽喻等篇，时人罕能知者。然而二十年间，禁省、观寺、邮候墙壁之上无不书，王公妾妇、牛童马走之口无不道。至于缮写模勒，衒卖于市井，或持之以交酒茗者，处处皆是。[②]

胡震亨在《读书杂录》一书中，最早将"模勒"元、白诗事，视作唐朝已盛行雕版印刷的例证[③]，开中唐发明雕版印刷之说的先河。清乾诗人赵翼亦认为"模勒""即刊刻也"，他推论，或许当时已经使用雕版印刷术。[④]

3. 唐末说

唐末说的倡导者有宋代的叶梦得、朱翌，明代的郎瑛、张和仲、朱明镐，清代的朱彝尊、纪昀等。

叶梦得《石林燕语》卷八说：世言雕版印书始冯道，此不然，但监本五经版，道为之耳。晚唐人柳（王比）在《家训序》中云：

---

① 叶德辉．书林清话［M］．上海：上海古籍出版社，2012：2.
② 元稹．元稹集［M］．北京：中华书局，1982：554-555.
③ 胡震亨．读书杂录［M］．济南：齐鲁书社，1996：711.
④ 赵翼．陔余从考［M］．北京：商务印书馆，1957：695.

> 中和三年癸卯（883年）夏，銮舆在蜀之三年也，余为中书舍人，旬休，阅书于重城之东南。其书多阴阳杂记、占梦、相宅，九宫五纬之流，又有字书、小学，率雕版印纸，浸染不可尽晓。①

（六）五代说

五代说的倡导者有宋代的王明清、罗璧、孔平仲、魏了翁，元代的脱脱、王祯、盛如梓，明代的罗欣、杨慎、秦镤、于慎行，清代的万斯同、袁栋、包世臣、李佐贤等，见表16-6。

表16-6　五代说代表人物

论点	论者	时代	论点出处
五代说	王明清	宋	《挥麈录话》卷二
	罗璧	宋	《罗氏识遗》卷一
	魏了翁	宋	《鹤山集》卷五十三
	孔平仲	宋	《珩璜新论》
	脱脱	元	《宋史艺文志序》
	王祯	元	《造活字印书法》
	盛如梓	元	《庶斋老学丛谈》卷中
	罗欣	明	《物原》
	秦镤	明	《九经白文序》
	于慎行	明	《谷山笔尘》卷七
	万斯同	清	《唐宋石经考》
	顾炎武	清	《金石文字记》卷二
	袁栋	清	《书隐丛说》卷十四
	包世臣	清	《泥版试印初编序》
	李佐贤	清	《吾庐笔谈》卷二

认为雕版始于五代的学者，或是提到五代时雕版印刷事例，或是讨论冯瀛王组织雕版印刷九经之事，或是谈政府刻书的开始时间，也有谈雕印儒家经典的开始时间，所说与雕版印刷的发明已经没有多大关系。既然唐代已有大量的雕版文献和实物证据，那么，五代说就不攻自破了。

---

① 肖东发．中国编辑出版史［M］．沈阳：辽宁教育出版社，1996.206.

结 语

关于雕版印刷术发明的时间，学界目前尚无法给出定论，也许这本身就说明雕版印刷术的发明，难以有一个确切的时间点。就像很多伟大的发明一样，雕版印刷这项技术，也是在不断探索的过程中逐渐产生的，很难有一个准确发明的时间节点。

史学研究无非靠不断发现的文献资料和新出土的实物资料进行互证，即靠所谓的“二重证据法”来进行。在新资料尚未发现之前，我们不能够轻易地推翻前人的观点，也不宜另立新论。因此，笔者的主要目的在于搜集整理历来学界关于雕版印刷术起源问题的主要观点及系列论据，试图将古今学者的相关论述作一个较为全面的呈现。笔者参阅和引述了诸多学人的观点和材料，在此一并致谢。

十七、科举制度与隋唐五代的图书出版事业

在中国古代出版史上，影响图书出版业发展的因素是多方面的，不同的历史时期总有一些因素至关重要。隋唐五代时期，科举制度的诞生成为这一时期图书出版业飞速发展的重要动因。科举文化对于隋唐五代时期图书类型、图书复制技术（雕版印刷术的发明）、图书贸易都产生过广泛而深远的影响，形成中国图书史上极富特色的出版景观。

科举制度催生进士阶层

科举制度首创于隋朝大业年间，隋代科举考试未及形成社会风气，影响不大。唐沿隋制，从唐高祖武德五年（622 年）开科取士，到武则天统治时期，社会相对稳定，世风渐转，弃武尚文，参加科考的士人渐多起来。唐玄宗朝，科举入仕已成时代风气，社会上才智之士，趋之若骛，后来甚至到了“士有不由文学而进，谈者所耻”[①] 的程度，科举制度下的士人是当时社会中最活跃的分子。五代时期，虽然社会动荡，朝代更迭，但科举之风未绝。科举制度使得这批以读书仕进为业的知识分子能够通过读书考试的方式步入政坛，从而实现自己的政治抱负和人生理想。

隋唐五代时期到底有多少知识分子参加过科举考试，已难以确考。

---

① 梁肃．李公墓志铭［M/CD］//永瑢．四库全书·集部·总集类．上海：上海人民出版社，迪志文化出版有限公司，1999.

《新唐书·选举志》记载，在唐代，“方其盛时，著于令者，纳课品子万人，诸馆及州县学六万三千七十人，太史历生三十六人，天文生百五十人”。由此可见，唐代高峰时期，参加进士科举的士人竟达六七万人。当然，为了获得进士考试资格而参加各级县、州考试的士人，“则多得难以全面统计了”①。隋唐五代进士阶层的出现，主要缘于科举考试制度的确立。

从考试的类型来看，这一时期，科举考试主要分制科和常科两种形式。以唐代为例，制科是以选拔特殊才能的人为目的，考试名目繁多，内容形式各异，参加考试人数相对较少。常科以明经和进士两科为主。其中，明经科主要以儒家经典为考试内容，即所谓的“帖经”；进士科考试内容主要是“杂文”，包括箴、铭、论、表之类。中晚唐后，发展到以考文词——文学作品为主，所以，进士科又称“词科”。由此可见，中国社会的一个特殊阶层——进士阶层，是由科举制度的诞生而催生出来的。

科举制度的诞生，进士阶层的出现，特别是制科与常科的考试内容，对于隋唐五代的编辑出版业影响极大，主要体现在图书类型、图书复制技术、图书贸易等方面。

科举考试类图书大量出现

科举制度的确立，使得大批身处乡野的知识分子看到了读书仕进的希望，读书考试逐渐成为一种时代风尚。要读书考试，必须有书可读。隋唐五代时期，社会对图书的需要是一种巨大的出版动力，于是，与科举有关的图书应运而生。根据不同的考试内容之需，考试用书一般可分

① 李彬．唐代文明与新闻传播［M］．北京：新华出版社，1999：222.

为以下几类：

（一）童蒙读物

童蒙读物主要是指初入学的儿童读物，包括小学、字书、韵书和“兔园策”之类。

小学、字书和韵书属于识字类初级图书，主要是帮助入学儿童识字、识音使用。早在唐代，这类图书就被大量刻印。唐人柳仳在《柳氏家训序》中记载：“中和三年（883 年）癸卯夏，銮舆在蜀之三年也，余为中书舍人，旬休，阅书于重城之东南。其书……有字书、小学，率雕版印纸，浸染不可尽晓。”此段文字不仅是唐代存有雕版印刷术品的重要证据，也是当时童蒙识字读物大量出版的有力证明。

“兔园策”是指按照科举考试的科目而设计的一种模拟试题图书，相当于今天的模拟考试卷。宋人王应麟《困学纪闻》卷十四《考史》记载：“《兔园策府》三十卷，唐蒋王恽令僚佐杜嗣先仿应科目策，自设问对，引经史为训注。”李恽是唐太宗的儿子，“仿应科目策”就是模仿科举考试的形式，设计模拟试题对学生进行考试训练，这也许是“中国式模拟考试”的最早记录。据称杜嗣先的《兔园策府》残卷还在敦煌经卷中发现过。

五代以后，“兔园策”在乡村私塾教学中普遍使用，甚至到了家藏一本的程度。南宋晁公武《郡斋读书志》卷十四载：“《兔园策》十卷，唐虞世南撰。奉王命，纂古今事为四十八门，皆偶俪之语。至五代时，行于民间，村野以授学童，故有‘遗下兔园策’之诮。”可见，“兔园策”之类的童蒙考试图书在初唐至五代已相当普及。

（二）儒家经典

由前文可知，唐代的科举考试有明经一科，明经科的考试内容以儒家经典为主，对儒经的熟悉与否是能否高中进士的关键，因此，儒家经典是当时知识分子必备的指南类考试图书。

在唐代，常考的儒经有九部：《易经》《尚书》《诗经》《周礼》《仪礼》《礼记》《春秋左氏传》《公羊传》《谷梁传》。其中，依据文字多少把《礼记》《春秋左氏传》称为大经，把《诗经》《周礼》《仪礼》称为中经，而把《易经》《尚书》《公羊传》《谷梁传》称为小经。而且，根据考生报考的内容，明经科又可分为五经、三经、二经、学究一经等科目。《新唐书·选举志》记载："通二经者，大经、小经各一，若中经二。通三经者，大经、中经、小经各一。通五经者，大经皆通，余经各一。"

由于科举考试的需要，隋唐以来，朝廷对儒经编辑校勘发行等非常重视。据《旧唐书·儒学传》记载，唐太宗继位后，"诏前中书侍郎颜师古考定《五经》，颁于天下，命学者习焉。又以儒学多门，章句繁杂，诏国子祭酒孔颖达与诸儒撰定《五经》义疏，凡一百七十卷，名曰《五经正义》，令天下传习"。颜师古、孔颖达考定的《五经定本》由朝廷颁布天下，成为书生们考试的通行读本。到唐高宗永徽四年（653 年），《五经正义》被作为每年明经科考试的唯一标准文本，考试范围、考试标准皆以此为蓝本。可见，儒家经典在唐代的大量出版发行是与科举制度有直接关系的。

五代时期沿袭唐制，尽管社会动荡，朝代更迭频繁，但是科举制度并未中断。因此，儒家经典的发行仍然没有停止。"冯道雕印儒经"就是中国出版史上最为著名的事件之一。冯道为后唐宰相，后唐长兴三年（932 年），他奏请皇帝刊印儒经，说："尝见吴蜀之人鬻印版文字，色类绝多，终不及经典。如经典校定，雕摹流行，深益于文教矣。"五代国子监从 932 年到 953 年，花了 22 年的时间雕印出 9 部儒家经典。[①] 五

① 具体雕印儒经品种，学界说法不一。王国维认为是 12 部，包括《周易》《尚书》《诗经》《周礼》《仪礼》《礼记》《左传》《公羊传》《谷梁传》《孝经》《论语》《尔雅》。

代时冯道主持雕印儒经是中国印刷史上的一件大事，标志我国官刻图书的开始。

（三）文学作品

科举制度在客观上刺激了儒家经典和童蒙读物的大量出现，同时，也使得诗歌、散文和传奇小说等文学作品空前繁荣。这与进士科的考试内容及形式有直接关系。

在唐代，科举诸科中最受人关注的是进士科。正如五代人王定保所说：

> 进士科始于隋大业中，盛于贞观、永徽之际；缙绅虽位极人臣，不由进士者，终不为美，以至岁贡常不减八九百人。其推重谓之“白衣公卿”，又曰“一品白衫”；其艰难谓之“三十老明经，五十少进士”。①

唐朝时期，进士科考试有一项重要内容是考“杂文”——箴、铭、论、表。中晚唐后，发展到完全考文词，即文学作品，包括诗歌、散文、唐传奇等。文学才华成了士人能否考取进士的关键因素。

唐代科举考试实行“不糊名制”，即考卷上考生姓名直接面对主考官，由此，在唐代的科举文化中，出现了一种特有的文化传播现象——士人行卷。所谓“行卷”就是“应试的举子将自己的文学作品加以编辑，写成卷轴，在考试以前送呈当时在社会上、政治上和文坛上有地位的人，请求他们向主司即主持考试的礼部侍郎推荐，从而增加自己及第的希望的一种手段”②。具体做法是：准备应试的士人在考前将精心创作的文学作品（包括诗歌、散文和传奇等）送呈给当世的显人或主考

① 王定保．唐摭言：第1卷［M］//唐五代笔记小说大观．上海：上海古籍出版社，2000：1578.

② 程千帆．唐代进士行卷与文学［M］．上海：上海古籍出版社，1980：3.

官，然后，主考官判卷时就可以通过卷子上面的姓名决定去取、分出名次。不少学者研究认为，“行卷之风”对于唐代文学的发展具有重要的刺激作用，推动了唐代文学作品大量出版传播。

唐诗别集的繁荣与唐代科举制度有关。[①] 明朝胡震亨《唐音癸签》卷三十统计：唐诗别集总数有 691 家、8 000 余卷。唐代可考诗文作者 6 500 人，不少人生前就有诗集问世。但是，哪些作品属于与科举考试有关的行卷之作，已经难以细考。

宋人赵彦卫说：“进士则多以诗为贽，今有唐诗集数百种行于世者是也。”[②] 可见，南宋时期，仍有大量唐人科举“行卷”诗集存于世。另外，王安石曾编过一本《唐百家诗选》，共收唐诗人 104 位，其中“绝大多数是与进士词科有关的人物。他们的诗，必然有一些是专门为了行卷而写的，还有许多则是通过行卷这种特殊风尚才流传开来的”[③]。行卷之作中有的脍炙人口、流传至今，如崔颢的《黄鹤楼》，王昌龄的《长信怨》《出塞》，张继的《枫桥夜泊》，李贺的《雁门太守行》，白居易的《赋得古原草送别》等。可见，唐代科举文化对唐代诗集的大量出版有直接推动作用。

散文是唐代文人展示文学才华的又一重要载体。唐人文集流传至今的仍有 240 多种，唐代古文运动的倡导者韩愈、柳宗元、李观、欧阳詹、张籍、李翱、李汉、皇甫湜、沈亚之、孙樵等，在参加科举考试过程中，都曾运用古文进行过行卷传播，时称“韩门弟子”。著名的唐人文集如皮日休的《文薮》、罗隐的《谗书》就是行卷之作。所以，唐代文集的大量出现也是在科举考试的刺激下产生的，与科举文化有着密切的关系。

---

① 曹之．中国古籍编撰史［M］．武汉：武汉大学出版社，1999：173.

② 赵彦卫．云麓漫钞［M］．沈阳：辽宁教育出版社，1998：82.

③ 程千帆．唐代进士行卷与文学［M］．上海：上海古籍出版社，1980：62.

中唐以后，唐传奇小说开始大量问世，它们也属行卷之作。鲁迅先生对此有过精辟论述："诗文既滥，人不欲观，有的就用传奇文，来希图一新耳目，获得特效了，于是那时的传奇文，也就和'敲门砖'很有关系。"①

在唐代，知识分子用诗歌、散文进行行卷传播一段时间后，人们觉得不新鲜，知识分子就改用传奇文——小说来行卷，结果令人耳目一新，获得了特殊的效果。冯沅君先生统计：现存唐传奇作品约 60 种，有姓名可考的作者 48 人。"唐传奇的杰作与杂俎中的知名者多出进士之手。"② 据考，现存唐传奇作品至少有三部专集曾用于行卷传播：一是牛僧儒的《幽怪录》，本名《玄怪录》，现存三十三篇；二是李复言的《续玄怪录》，现存三十五篇；三是裴铏的《传奇》，现存二十四篇。当然，由于优秀的传奇作品能够体现出作者的史才、史笔和议论水平，它们更能博得公卿大僚的青睐和推荐，这也是中唐以后唐传奇出版物大量涌现的另一个重要原因。

总之，科举文化的兴盛是隋唐五代图书业发达的重要原因，它直接或间接地推动了这一时期图书业的进步与繁荣。

科举制度是刺激雕版印刷术发明的重要因素

一般认为，雕版印刷术产生于我国唐代。决定该项技术发明的因素是多方面的，包括唐代社会稳定、经济繁荣和文化发达的时代背景以及造纸术、捶拓印章术和制墨术的日臻成熟。但更为重要的是社会大众对各种图书的大量需求，这种需求成为雕版印刷技术发明的内在动力。在

① 鲁迅．且介亭杂文二集［M］//鲁迅全集：第 6 卷．北京：人民文学出版社，1981：324.

② 转引自程千帆．唐代进士行卷与文学［M］．上海：上海古籍出版社，1980：79.

唐代，社会上需求量最大的图书主要有三类，即佛经、历书和科举应试图书。它们是图书复制技术发生质的飞跃的根本动因。本节仅讨论科举应试用书与雕版印刷术的关系。

前文已述，与科举有关的图书相当广泛，包括童蒙读物、儒家经典和大量的与进士科有关的文学作品——行卷之作。

在唐代，童蒙读物由于需求数量巨大，一般的手抄已经不能满足读书人的需要，这在客观上需要一种新的图书复制技术来代替传统的抄传方式。

隋唐时期，作为官学的儒家经典，主要的复制方法仍然以手抄为主，原因是多方面的。一方面，唐代虽发明了雕版印刷术，但它被视为奇技淫巧，为朝廷所不齿。另一方面，由于人们习惯于手抄儒经的传统方法，一时难以改弦易辙。直到五代以后，冯道等人才开始大规模雕印儒经，开官刻儒经之先河。科举考试需要大量的儒家经典图书，促使人们发明新的图书复制技术，雕版印刷术的发明成为时代的要求和历史的必然。

另外，科举文化，特别是以诗文取士的考试制度，刺激了文学作品的大量创作，促使唐代文人辈出，诗、文、传奇日趋繁荣。李白、元稹、白居易的诗，更是脍炙人口，家喻户晓。唐代就有他们的出版物问世，在民间乃至国外都有广泛传播。从晚唐大量文学出版物的雕印问世，可以窥见这一时期科举考试、科举文化对于雕版技术发明的重要意义。

科举类图书是隋唐五代出版物中的一个新品种，它伴随着科举制度的产生而产生。社会上，大批知识分子对于该类图书的大量需求，在客观上刺激了图书复制技术的改革，是唐代雕版印刷术发明的重要内因之一。

科举制度促进图书贸易的发展

隋唐五代时期，图书贸易十分发达，尤其是唐代更为突出。这一时期的图书主要有手抄本和印刷本两种类型。进行贸易的图书品种较多，主要有历书、日用杂书和与科举文化有关的书籍等。当然，最富特色的图书贸易是科举考试类出版物的贸易。科举类图书贸易情况如下：

第一，字书、小学、韵书类图书贸易较为常见。晚唐中书舍人柳仳《柳氏家训序》载："又有字书、小学，率雕版印纸，浸染不可尽晓。"宋人王应麟《困学纪闻·经说篇》亦云："唐末益州始有墨版，多术数书、小学。"另据宋《宣和书谱·正书》记载，唐末女子吴彩鸾"以小楷书《唐韵》，一部市五千钱，为糊口计"。

字书、小学、韵书这类科举考试的初级读物，在当时的图书市场——书肆是常见的买卖品。它们是学习文化、写诗作文的基础读物，也是所有考进士的士人必备的工具书，是当时的畅销图书，否则吴彩鸾也不会选择这类图书来手抄出卖糊口的。

第二，文学类图书贸易十分发达。隋唐五代，文学图书市场十分繁荣。原因是多方面的，除了崇尚文学的时代风气之外，还与科举考试重视文词有直接关系。知识分子为了提高文学素养，写出第一流的诗文作品，以便行卷时被考官看中，尽快考中进士，自然去购买当时文坛久负盛名的文人墨客的作品，学习模仿。图书市场上文学图书贸易十分发达的局面逐渐形成。正如元稹为白居易的《长庆集》作序时说："二十年间，……（白居易的作品）缮写模勒，衒卖于市井，或持之以交酒茗者，处处皆是。"还说："扬、越间多作书模勒乐天及予杂诗，卖于市肆之中也。"由此可见当时优秀文学作品图书贸易盛况之一斑。

第三，儒家经书贸易渐趋繁荣。五代时期，冯道主持刻九经印卖。

儒家经书开始大规模刻印，官私印本儒家经典成为图书贸易的主要形制，尤其是国子监刻本的印卖，标志着儒家经典正式进入印本书贸易领域，使得大批参加科举考试的知识分子把购书的目光转移到印本书市场上来，从而进一步刺激了儒家经书贸易的繁荣和发展。

（本文首发于《出版发行研究》，2006 年第 12 期）

十八、试论中国古代图书的版权保护

严格意义上说，中国图书的版权保护始于近代。1908 年，清政府颁布一部重要的新闻出版法律《大清报律》，标志着中国的版权保护进入系统的法律实施阶段。版权保护作为一种法律现象，在中国有着悠久的历史。图书版权意识以模糊复杂的形态存在于古代图书史、出版史和法律史之中。它的模糊性和自发性给人们的研究总结带来了难度，以致到目前为止，尚没有一部全面系统的版权史论著问世。笔者试图从版权保护的产生背景、保护范围、保护方式和文化影响等方面，对古代的图书版权问题作一次系统梳理，以期带来版权史研究的深入开展。

版权意识产生背景

版权即著作权，它是法律授予作者对自己的作品在一定期限内所享有的特殊权利，具体包括发表权、署名权、修改权、保护作品完整权、使用权和获得报酬权。中国是世界上最早产生版权的国家。就署名权来看，先秦诸子已开古代著作署名权的先河。魏晋以降，私家著述蜂起，所著作品的卷端无不署名，署名权已经引起人们的普遍关注。但是，版权意识的真正觉醒还是隋唐以后的事。《旧唐书·文宗本纪》载："大和九年十二月丁丑，敕诸道府不得私置历日版。"这表明早在 9 世纪中叶，我国就有了版权保护的明确记载。后经两宋明清发展，直至形成近代的第一部版权法。版权意识的产生发展与不同历史时期的文化政策、图书印刷技术水平有直接关系，它是科学文化发展到一定阶段的产物。

（一）重视图书出版事业是版权意识产生的文化土壤

中国古代有“尚书”的传统，从出版史的角度看，历代统治者都不同程度重视图书出版事业（个别除外），隋唐以后尤为突出，表现为：

其一，加强图书管理机构建设。唐五代国家先后设立“三馆”（弘文馆、集贤院、史馆），宋代又设崇文院，明清时期再设翰林院，专司国家的图书编纂和图书管理。

其二，重视图书的征集和收藏。隋文帝就采纳秘书监牛弘的建议，广征图书，“勒之以天威，引之以微利”，下令“献书一卷，赉绢一匹”。采取精神鼓励和物质奖励两种办法搜集图书。唐朝更加重视图书搜集工作，有人甚至不惜“以千金购书一卷”。赵宋王朝是个重文轻武的朝代，各级官员醉心于学术文化，以官刻、私刻、坊刻、院刻、寺刻为轴心，形成一套全国性的出版网络，图书事业空前繁荣。明朝在开国之初就“诏除书籍税”，“命有司搏求古今书籍”，这一图书免税政策，终明不变。清政府虽没有明王朝那么开明，但也意识到图书的重要性，重视对图书的搜集整理和管理。

重视图书的文化政策，直接导致有利于图书发展的社会环境，形成制书为荣，藏书为贵的时代风尚。隋唐时期，图书数量急剧上升。统治者为稳定政权、显示尊严和权威，自然对官刻图书实施保护；私刻坊刻者，或出于名誉保护或出于商业利益，也纷纷考虑对图书版权进行保护，图书版权意识开始觉醒。当然，图书数量的急剧增加除了政策使然外，另一个重要原因则是图书制作技术的划时代变革。

（二）雕版印刷术的发明是版权意识觉醒的物质基础

我们知道，版权与侵权是一对矛盾，某种意义上说，是侵权导致版权保护。图书侵权的主要原因有二：

其一，图书需求空前扩大，图书数量上有相当规模，图书市场充分发育。书商射利，盗版盗印等侵权行为就可能发生。

其二，大规模制作图书的技术条件必须具备，即图书复制技术须相当先进，而且方便快捷。可以设想，如果图书仿冒复制费工费时，不法书商无利可图，侵权行为自然不会产生。侵权行为不会出现，版权保护也就失去意义。因此，侵权现象一般不会出现在图书相对贫乏的竹木简牍和抄本书时代，只能产生于图书大量出现的印本书时期。也就是说，版权保护活动肇始于雕版术发明以后的隋唐时期。雕版印刷是图书复制史上的伟大革命，雕版印刷技术发明后，图书复制周期大大缩短，复制方便快捷，图书数量急剧上升，图书版权保护有了现实的必要性。

（三）书禁构成版权保护的直接诱因

书禁是中国古代图书管制的重要措施，从秦始皇颁布古代第一道“焚书”令，到清政府大兴“文字狱”，历代政府，书禁不绝。书禁的目的非常明确：维护封建统治，严管出版印刷业，对图书发行和传播进行钳制。书禁的出发点有所不同。

其一，出于销毁而实施书禁。《唐律疏议》规定：“天文、图书、谶书、兵书、七曜历、太一、雷公式，私家不得有。”五代后周太祖广顺三年八月的皇帝敕令，内容近似：自今后玄象器物、条文图书谶记、七曜历、太乙雷公式法等，私家不得有及衷私传习，有者并须焚毁。明代法律明确规定：“凡造谶纬妖书妖言及传用惑众者皆斩。”① 历代统治者对于谶纬妖言惑众之书都实施禁毁政策。到了清代甚至波及小说、民歌等文学作品。如《大清律例》就规定：“凡坊肆市卖一应谣词小说，……务搜版书，尽行销毁。”以上书禁条文，意在将此类图书消灭之，与图书保护毫无关系，不属于版权保护的范围。

其二，出于版权保护而禁刻、禁印或禁传。历代政府都禁止私人雕

① 黄瑚．中国近代新闻法制史论［M］．上海：复旦大学出版社，1999：31.

印帝王诏书、政务法令、历书等。此类书禁当然不是为了禁毁，而是出于保护，这显然与图书的版权保护有密切关系。官方的这类书禁，不仅开官刻图书保护之先河，也为私刻坊刻图书的版权保护做了思想上和舆论上的准备。五代两宋以后，私刻坊刻者从官刻图书保护中获得启示，版权保护活动正式在民间兴起。

版权保护的范围

古代图书的版权保护，基本上处于零散状态，缺乏完整性和系统性。总体来看，版权保护的范围主要包括内容和形式两个方面。

（一）官刻图书内容的保护

1. 历书

雕版印刷发明后，历书以其社会需求量极大而被书商们视为盗版的重点，历代政府都特别注意历书的版权保护。早在中晚唐时期，就有民间私刻历书印卖于市，而且错误百出。宋朝王谠《唐语林》卷七载："僖宗入蜀，太史历本不及江东，而市有印货者，每差互朔晦，货者各争节候。"显然，商人们"各争节候""每差互朔晦"，造成对历书版权的侵害。冯宿在《禁版印时宪书奏》中说："剑南、两川及淮南道，皆以版印历日鬻于市。每岁司天台未奏颁下新历，其印历已满天下，有乖敬授之道。"从"印历已满天下"可知，当时历书盗版之猖獗。于是，唐文宗敕令"诸道府不得私置日历版"，以保护国家颁发的"新历"。南宋时，历书也禁止私印。元代法律规定："诸告获私造历日者，赏银一百两。如无太史院历日印信，便同私历，造者以违制论。"[①] 在明代，官刻历书封面上印有"伪造者依律处斩，告捕者官给赏银五十两。如无

① 黄瑚．中国近代新闻法制史论［M］．上海：复旦大学出版社，1999：30.

本监（钦天监）历日印信，即同私历"[1] 字样，在历书的封面以广告的形式进行版权保护。

2. 政务法令

政务法令象征皇权和政府尊严，历代统治者都予以保护，私自不得雕印。如北宋大理寺、崇文院等官方出版的 20 多种法令图书，就严禁私人雕印。

3. 历代御书、会要、实录、起居注等有关皇帝活动的史书

这类图书版权受到严格保护，不得私自刻印。如宋元祐五年七月二十五日诏曰："本朝《会要》《实录》不得雕印。"[2]《庆元条法事类》亦云："诸雕印御书、本朝《会要》及言时务边机文书者，杖八十。并许人告。"[3]

（二）私刻坊刻图书的内容保护

此类图书版权保护，情况比较复杂。私刻坊刻图书内容庞杂，范围亦广，经史子集都有。只要刻书者自认为，所刻图书内容精善，耗费心力，投资亦大，若被盗版，无论经济利益还是名誉形象，都会蒙受损失，就有可能"申请有司"，实施保护。

（三）古代图书的版式保护

五代时，冯道、李愚等雕刻九经，曾建议："敕令国子监集博士儒徒，将西京石经本，各以所业本经句度，抄写注出，仔细看读，然后顾召能雕字匠人，各部随秩刻印，广颁天下。如诸色人要写经书，并须依所印敕本，不得更便杂本交错。"[4] 意思是说，他们所刻的九经可以翻印，"广颁天下"，但在版式和内容上要求以敕本为准，不得随意改动。

---

① 黄瑚．中国近代新闻法制史论［M］．上海：复旦大学出版社，1999：30.
② 黄瑚．中国近代新闻法制史论［M］．上海：复旦大学出版社，1999：30.
③ 黄瑚．中国近代新闻法制史论［M］．上海：复旦大学出版社，1999：30.
④ 黄瑚．中国近代新闻法制史论［M］．上海：复旦大学出版社，1999：22.

这样，在保护版式的同时也确保了内容的原汁原味。

明代出版审查制度已被废弃，各类图书“皆可私刻”，但官刻书的版式受到严格保护，只准翻刻，不准另刻。“不许故违官式，另自改刊。如有违谬，拿问重罪，追版毁，决不轻贷。”[①]

版权保护的具体措施

古代图书版权保护措施呈现多样化和个性化特点。

官刻图书的版权保护主要依靠法律手段，包括毁版、杖责、罚款、充军入监、处死等具体内容，视情节轻重予以相应处罚。历代法律中对于违反书禁的行为都有具体的规定，如杖责有“杖六十”“杖八十”“杖一百”不等，充军入监有“徒二年”“徒三年”“流三千里”等处罚。

私刻图书的版权保护措施则多种多样，也最能体现古代图书的版权保护特色。

①牌记保护。牌记保护就是在图书的牌记上刊登保护告示，此种方法最为普遍。南宋刻本王称《东都事略》目录后有长方牌记云：“眉山程舍人宅刊行，已申上司，不许复版。”[②] 这段文字被认为是世界上最早的版权声明。元代陈实刊黄公绍《古今韵会举要》三十卷，申请保护，也是在书前的“长方木牌记”上进行的。明代书坊间竞争激烈，侵权行为越来越多，出版界为了维护自己的利益，常常在图书的牌记中刊登“翻刻必究”等声明，例如：

> 杭城丰东桥三官巷口李衙刊发，每部纹银捌钱。如有翻刻，千里究治。（明万历刊本《月露音》牌记）

---

① 叶德辉．书林清话 书林余话［M］．长沙：岳麓书社，1999：149.

② 叶德辉．书林清话 书林余话［M］．长沙：岳麓书社，1999：35.

闽城琅斋版，坊间不许重刻。（明万历三十一年刻《前唐十二家诗》牌记）

张衙藏版，不许翻刻。（明何敬塘刻《皇明三元考》牌记）

敢有翻刻，必究。（明陈氏刻《皇明文集》牌记）

武林李衙藏版，翻刻必究。（明王征刻《西儒耳目资》牌记）

虎林嘉树里张衙发行，翻刻千里必究。（明杭州横秋阁刻《鬼谷子》牌记）①

②榜示保护。这是将版权保护事宜张榜公布的一种方法。宋原刻本祝穆的《方舆胜览》等书的版权保护，就是运用此种方法："乞给榜下衢婺州雕书籍处张挂晓示。如有此色，容本宅陈告，乞追人毁版，断治施行。奉台判，备榜须至指挥。……嘉熙贰年（1238 年）拾贰月。"②它是以榜文的形式，到处张贴，重点张贴在书业兴旺的衢州、婺州一带的雕书铺。

③"公据"保护。刻书者以牒文的形式向官府提出申请，获准允后，政府颁发"公据"，作为版权保护的证明。宋人罗樾刻的宋段武昌《丛桂毛诗集解》（三十卷）有"国子监禁止翻版公据"③。具体保护内容，在"公据"中有明确规定。

④印记保护。明清以后，私刻图书的版权保护有了新的发展，出现了将书铺、书堂号或特制印记制入书中的新方法。明万历源泰堂刻《新刻皇明经世要略》书中就印有"买者须认源泰堂为记"④。明金陵兴贤堂刻《楚词集解》书前印有"认明兴贤堂书铺唐少村无误"⑤的字样。

---

① 曹之．中国古籍编撰史［M］．武汉：武汉大学出版社，1999：526－527.
② 叶德辉．书林清话 书林余话［M］．长沙：岳麓书社，1999：31.
③ 叶德辉．书林清话 书林余话［M］．长沙：岳麓书社，1999：32.
④ 肖东发．中国编辑出版史［M］．沈阳：辽宁教育出版社，1996：355.
⑤ 肖东发．中国编辑出版史［M］．沈阳：辽宁教育出版社，1996：355.

再如，“三峰精舍”“清森阁梓”“广勤堂”“万卷堂”等以铺堂号来保护版权的方式随处可见。后来，在书铺堂号的基础上，又出现将书商的自画像刻入书中的保护方式。如上文所提兴贤堂刻《楚词集解》中，就有书坊主人唐少村戴笠执书的半身画像。

一般认为，现代意义上的图书防伪，大约萌芽于明万历年间。明刻《宣和印史》书前印有：“宝印斋监制《宣和印史》……恐有赝本，用汉佩双印印记，慧眼辨记。”[①] 这副汉佩双印印记，图案复杂，印记精工，极难伪造，有点类似于今天的图书激光防伪了。由此可见，明清时期的图书版权保护，不仅范围不断扩大，而且防伪的技术含量也越来越高。

版权保护的社会影响

古代图书的版权保护，伴随着图书出版事业的发展而产生，虽然古代的版权保护活动还处于零星和不系统状态，具有较大的随意性，但其作用和影响是普遍而深远的。

官刻图书的版权保护是统治阶级维护政权的重要措施。他们对历书等日常大用量图书的版权保护，不仅有力打击了不法书商们的非法牟利，而且有利于百姓遵守农时、安排生产。对法律政务文书和帝王诏令实录的版权保护，体现了法律尊严和皇权的威仪。而对儒家经典的版权保护，则有利于树立儒家思想的正统地位和绝对权威。版权保护对古代的政治、经济和文化都产生了深远的影响。

私刻图书的版权保护意义更大。首先，它有效地维护了图书经营的正常秩序，大大提高了图书的出版质量，使得社会上善本图书的数量日益增多。其次，版权保护也培养了一大批具有广泛影响力的古代出版

① 肖东发．中国编辑出版史［M］．沈阳：辽宁教育出版社，1996：355.

家。自秦汉至明清，著名的版本家、目录家、校勘家、辑佚家、刻书家、典藏家数以千计，这一景象，不能不说与古代的版权保护活动有密切的关系。最后，更为重要的是，它强化了中国古代爱书、尚书、以书为贵的文化传统。

古人在图书版权的保护范围、保护方式和保护技术等方面进行了积极探索，为近代版权法的诞生奠定了基础。

（本文首发于《出版发行研究》，2003 年第 6 期）

十九、晚明的图书盗版及其社会影响初探

明朝开国以来，实行休养生息政策，经济逐步好转，社会日趋稳定，文化事业也渐趋稳定和繁荣，图书出版业在这一时期得到了充分的发展。明朝中叶以降，虽然国势由盛转衰，“但图书出版事业却沿着自身发展的规律迈进，向着近世化的方向发展”①，并且渐成繁荣之势。“宣德、正统间，书籍印版尚未广。今所在书版，日增月益，天下古文之象，愈隆于前已。”② 这段话极言晚明图书业之盛况。

图书市场的形成和成熟必然引发激烈的商业竞争。图书贸易活动推动作者和书坊编刊新的图书品类，改进印刷技术和发行方式。许多书商以射利为目的，印制了作伪低劣的图书，泛滥书坛。③ 顾炎武曾这样评价明人的著述：“若有明一代之人，其所著书无非窃盗而已。”又云：“吾读有明弘治以后经解之书，皆隐没古人名字将为己说者也。”④ 可见当时图书盗版之疯狂。

笔者从晚明时期图书盗版现象的社会背景出发，系统探究图书盗版的具体手段、类型及表现，最后评述盗版现象产生的广泛社会影响。

晚明图书盗版的社会背景

盗版，即盗印翻版，亦即未经著作者本人或著作权人许可而擅自盗

① 缪永禾．中国出版通史：明代卷［M］．北京：中国书籍出版社，2008：1.
② 陆容．菽园杂记：第 10 卷［M］．北京：中华书局，1985：128.
③ 缪永禾．中国出版通史：明代卷［M］．北京：中国书籍出版社，2008：318.
④ 顾炎武．日知录：第 18 卷［M］．上海：上海古籍出版社，2006：1074.

印翻刻之书。“印版”技术是盗版之必要条件。没有印刷技术，几乎不可能产生大规模的盗版现象。因此，盗版现象一般认为产生于雕版印刷术发明之后。在我国，盗版现象最早可追溯到印刷术初兴的中唐时期，如中唐大和年间，东川节度使冯宿就曾就禁印日历事宜上奏朝廷，并得到唐文宗“敕诸道府不得私置历日版”的批示。[①] 随着印刷技术的进步和图书的广泛需求，宋明时期的书贾们为了牟得私利，开始了盗版印书的营生。

自宋代以来，图书大量雕版生产，唯独明代晚期盗版现象异常突出。明代冯梦龙曾说：“吴中镂书多利，而甚苦翻版。”[②] 梁启超也曾说：“明中叶以后，学子渐厌空疏之习，有志复古而未得正路，徒以杂博相尚，于是杨慎、丰坊之流，利用社会心理，造许多远古之书以哗世取名。”[③] 可见当时盗版现象成风，盗版事件屡屡发生。究其原因，离不开明代中后期的社会环境和文化政策。

（一）出版的商业化和雕印技术的成熟

明代官私刻书的数量和品种都远超宋、元。明周弘祖《古今书刻》上编记载的明代官私出版的书籍约二千五百种。不难看出，明代刻书之风非常盛行。同时，明代的出版业基本上处于一个自由竞争的市场环境中，在这种环境下，商业出版逐渐走向繁荣。嘉靖《建阳县志》载：“书市在崇化里，比屋皆鬻书籍。天下客商贩者如织，每月以一六日集。”[④]

此外，明代的图书雕版工艺，达到了十分成熟的地步。如在明代普通雕版印刷的基础上还出现了套印技术，传世的《花史》及《程氏墨

---

① 刘昫．旧唐书·文宗本纪：第17卷［M］．北京：中华书局，1975：563.
② 冯梦龙．智囊补·杂智部小慧：第28卷［M］．哈尔滨：黑龙江人民出版社，1987：800.
③ 梁启超．中国近三百年学术史［M］．南京：江苏人民出版社，2015：245.
④ 转引自路善全．在盛衰的背后——明代建阳书坊传播生态研究［M］．北京：中国传媒大学出版社，2009：144.

苑》就是利用套印技术的杰作。在套版印术的启发和推动下，“饾版拱花”技术逐渐兴起，这一技术代表着当时雕版印刷术的最高成就，为商业出版的发展提供了良好的技术条件，也为图书盗版提供了充分的技术保证。

（二）市民阶层的兴起和阅读的“大众化”

明朝后期，随着手工业和商业的发展，大量中小城镇开始出现，市民阶层日益活跃。为了适应读者的需要，明代的通俗读物也得到了长足发展。明人刘若愚曾说：“《三国志通俗演义》《韵府群玉》皆乐看爱买者也。”① 叶盛也说：“今书坊相传射利之徒伪为小说杂书……农工商贩，抄写绘画，家畜而人有之；痴呆女妇，尤所酷好。”② 可见，当时通俗阅读已经深入人们的日常生活之中，人们对于图书的需求不断增加，出版业成为有利可图的盈利行业。

（三）明代宽松的文化政策和书籍管理制度

有明一代，图书出版管理一直相对宽松。明初，朱元璋不仅重视官刻，也重视私雕，并实行了特殊的税收政策，以鼓励和扶持民间出版。《明会要》载：“洪武元年八月，诏除书籍税。”③ 而且，这一图书免税政策，终明不变。这一免税政策对晚明的图书盗版活动无疑具有推波助澜的作用。

另外，明朝基本上废弃了宋元以来实行的图书出版审查制度，各类图书“皆可私刻”④。因此，“整个明代，无论是国史、官史、谏诤之辞，还是市井文字、小说艳曲，都可以由坊肆公然刊行”⑤。

总之，晚明时期，政府宽松的文化政策，对刻书的鼓励和提倡，刺

① 刘若愚．酌中志：第18卷［M］．北京：中华书局，1980：134.
② 叶盛．水东日记：第21卷［M］．北京：中华书局，1980：214.
③ 龙文彬．明会要：第26卷［M］．北京：中华书局，1956：418.
④ 叶德辉．书林清话：第7卷［M］．北京：中华书局，1957：185.
⑤ 李明杰．中国古代图书著作权研究［M］．北京：社会科学文献出版社，2013：389.

激了明代商业出版的快速发展，刻书规模和数量都达到了空前的程度。晚明印刷技术的进步成为盗版印书的技术保证。同时，阅读的大众化和图书社会需求量的激增，也间接导致明代盗版之风的盛行。

晚明图书盗版的诸种情形

晚明的图书盗版现象，不仅十分严重，而且花样众多。一是图书内容盗版，即对原作内容进行篡改、杜撰。此举多系文人所为。他们“或是为了宣扬某种观点和理论，或是为了寄寓某种思想和幽情，或是为了发泄私愤和攻击异己，或是为了使自己的著作得以推广和流行”[①]，也不排除为了借名人而扩大自身影响的。二是图书版式盗版。此举多系书贾所为。他们的动机很简单，主要是“嗜财营私，唯利是图”[②]。三是图书内容和版式结合的盗版行为。具体情形，胪列如次。

（一）涉及图书内容的盗版

内容盗版是晚明图书盗版的主要方面，主要表现为以下几点：

1. 原书盗印

原书盗印主要有两种情况，一种情况是一书已经印刷发行，在未征得原作者、雕版人、出版者允许的情况下，依照原书之样，重新印刷出售。这类盗印，多是畅销书或著名作家的作品集，也是古今盗版者常用的盗版手法。

还有一种情况是，原书尚未发行，盗版书便已出现在市场上。正如书种堂坊主袁无涯所说：“往见牟利之夫，原版未行，翻刻踵布。”[③] 原

---

① 李致忠．古书版本学概论［M］．北京：书目文献出版社，1990：223.

② 李致忠．古书版本学概论［M］．北京：书目文献出版社，1990：223.

③ 转引自袁逸．明后期我国私人刻书业资本主义因素的活跃与表现［J］．浙江学刊，1989（3）：125－129.

版图书尚未发行，市面上即有盗版书商“翻刻踵布”的图书盗版现象，在晚明就已经出现了，足见晚明图书盗版意识之超前。

2. 以残充全

晚明书贾之盗版，多为利所驱。古书残本与全本的价值相差极大，因此，书贾们常常以残充全，蒙混过关，欺骗读者，牟得暴利。如，明万历年间刊本《云间杂记》，原为八卷，残有三卷，书贾遂将卷一、卷二、卷三挖改成卷上、卷中、卷下，以充全书。

又如，明陈禹谟辑《人物概要》，全十五卷，现存十二卷，亦为以残充全。盗版者首先挖改目录，造成此书为全书的假象，再挖改著者，将陈禹谟辑改为“无锡秦禾原著”。

又如，明李东阳等撰的《历代通鉴纂要》，原九十二卷，现存二十八卷。盗版者首先挖改卷次，使读者误以为此书仅有二十八卷；其次在卷段下题之处加印“无锡秦夔著”的著者题名，以残充全，惑人眼目。

再如，明刊本李卓吾的《藏书》六十八卷，仅残存九至三十一卷，也有盗版者伪造书名，挖改卷次，更名为《经世大臣名臣传》。

这种以残充全的手法，在明代的盗版现象中，屡见不鲜，数不胜数。

3. 以丛充单

以丛书零种冒充单刻书，或者将丛书零种误认为是单刻书，也是晚明图书市场上常见的现象。如，明陆深撰明嘉靖二十四年（1545）陆楫刻印的《俨山外集》二十三种四十卷，现存卷十一至十七，盗版者曾将卷十一至十七的零种更名为《俨山笔记》，以单刻书的形式在市场上贩卖流通。

又如，明代著名学者胡应麟的《经籍会通》，本是其《少室山房笔丛》中的一种，盗版者将卷段和书口所题《少室山房笔丛》总名剜去，而以《经籍会通》之名独立出现，造成《经籍会通》为单刻本之假象，丛书变成了单刻书。

丛书和单刻本，就内容而言，差别不大，但是“某种书之单刻，与这种书收入丛书而成为丛刻，在校勘的精粗、注文的去留、序跋的去取等方面，是不完全相同的。讲究版本、注意校勘的人，视单刻与丛书零种在学术资料价值方面是不同的”①。

4. 以无充有

以无充有的盗版，即原无此书，或仅为传说有此书，事实上，并未见此书流传，忽然此书开始出现的盗版现象。梁启超曾论及以无充有的古书造伪现象：“古书中偶见此书名，其书曾否存在，渺无可考，而后人依名伪造者；……本有其书，但已经久佚。而后人窃名伪造者；……古并无其书，而后人嫁名伪造者……”②

顾炎武《日知录》亦云：“万历间人，多好改窜古书，人心之邪，风气之变，自此而始。”③ 纪昀《四库全书总目》也说：“盖明季士风浮伪，喜以藏蓄异本为名高。其不能真得古书者，往往赝作以炫俗；其不能自作者，则又往往窜乱旧本，被以新名。如是指不胜屈。”④ 此风自嘉靖年间便已盛行，其中最著名的例子便是丰坊伪造经传之行为。

丰坊，字存礼，鄞县人，嘉靖二年（1523 年）进士。丰氏本来是鄞县世家，藏书颇多，而丰坊本人也嗜书如命，曾伪作假书，借以炫名。《明史》载：“坊博学工文，兼通书法，而性狂诞……别为《十三经训诂》，类多穿凿语。或谓世所传《子贡诗传》，亦坊伪篡也。”⑤《十三经训诂》是指丰坊伪作的《古易世学》《古书世学》《鲁诗世学》等书。此外，他还伪作了《子贡诗传》和《申培诗说》等。

---

① 李致忠．古书版本学概论［M］．北京：书目文献出版社，1990：225.
② 梁启超．中国近三百年学术史［M］．南京：江苏人民出版社，2015：246.
③ 顾炎武．日知录：第 18 卷［M］．上海：上海古籍出版社，2006：28.
④ 永瑢．钦定四库全书总目：第 126 卷［M］．北京：中华书局，1997：1682.
⑤ 张廷玉．明史：第 191 卷［M］．北京：中华书局，1974：5072.

另外，晚明书画盗版现象也比较严重，如崇祯年间张泰阶，曾专门收集自晋唐以来的伪画200余幅，“刻为《宝绘录》，凡二十卷，自六朝至元、明，无家不备。宋以前诸图，皆杂缀赵松雪、俞紫芝、邓善之、柯丹邱、黄大痴、吴仲圭、王叔明、袁海叟十数人题识，终以文衡山，而不杂他人”①。他先假造这么一部画谱，并使之广为流传，等读者到达一定数量时，再出售盗版画作。此种盗版手段，可谓处心积虑，无所不用其极。

5. 改窜删并

这一方法也是盗版的常用之术。明嘉靖年间，郎瑛论及福建书坊时曾云：“我朝太平日久，旧书多出，此大幸也，惜为福建书坊所坏。盖闽专以货利计，但遇各省所刻好书，闻价高即便翻刻，卷数、目录相同而于篇中多所减去，使人不知，故一部止货半部之价，人争购之。”②《野客丛书》三十卷附《野老记闻》一卷，明陈继儒辑刻丛书《宝颜堂秘笈》时，将其削为十二卷收入，其精核部分已全无。

明代学者胡应麟曾痛心疾首描述《水浒传》在不断翻刻过程中的遭遇：“余二十年前所见《水浒传》本尚极足寻味，十数载来为闽中坊贾刊落，止录事实，中间游词余韵、神情寄寓处一概删之，遂几不堪复瓿，复数十年无原本印证，此书将永废矣。余因叹是编初出之日，不知当更何如也。”③

明徽州吴中珩在万历年间翻刻《广弘明集》时，也妄改得严重。顾广圻在吴刻本《跋》中指出：明中叶以后刻书，无不臆改，此吴中珩本，以梵夹勘之，乖错极多。可见，在盗版过程中对古书的目录、卷数随意进行增删的现象之多，不胜枚举。

---

① 梁章钜．浪迹丛谈续谈三谈：第9卷［M］．北京：中华书局，1981：170.

② 郎瑛．七修类稿：第45卷［M］．上海：上海书店出版社，2001：478.

③ 胡应麟．少室山房笔丛［M］．上海：上海书店出版社，2009：437.

6. 以真带假

晚明图书盗版中以真带假或杂拼内容的现象，并不那么常见，但时亦有之。明人常利用编辑前人诗集的机会，采用鱼目混珠的手法，将当代的作品混编其中。例如，戴叔伦为唐代大历至贞元间重要诗人，《全唐诗》编其诗为2卷，录诗300首，而可确定的伪作就有56首，其中有明人刘崧、汪广洋、刘绩、苏伯衡、苏平等人的诗作就窜入其中；《全唐诗》录唐人殷尧藩诗1卷共88首，是据明人胡正亨《唐音统签·丁签》补入，其中《过雍陶博士邸中饮》等16首诗为明人史谨的作品，《帝京二首》等三首诗则为明人吴伯宗的作品。

7. 改换序跋

序言，或作叙言、引言，是对全书的介绍，一般写在书的前面，旨在说明著述或出版旨意、编次体例或作者情况，也有写在书后的，写在后面的又称“跋”。

挖改序跋中的时间、地点、人物、事件，或撤换序跋，以冒充古刻旧刊，在晚明图书市场中常常出现，并多伴有其他的盗版手段。如《弇州史料》等，盗版者在篡改书名、作者的同时，为了消灭痕迹，对序文进行了修改或撤换。

明崇祯六年赵均刻本《玉台新咏》（十卷）有赵均的刻书跋文。此书翻刻极佳，颇有宋刻神韵，因而这篇翻刻此书的跋文，就常常被书贾撤掉，以充宋刻。

据称，《天禄琳琅书目》前后编所收录的宋版书，不少都是明翻宋刻。其重要原因是，盗版者撤换了明代翻刻时的序跋，或是挖改了序跋中的紧要之处，使人辨别不清。

（二）涉及图书版式的盗版

晚明时期，除了针对图书内容的盗版，还有针对图书版式的盗版，具体表现如下：

1. 增删刻书牌记

所谓牌记，也叫墨围、木记、碑牌、书牌等。它最早出现于宋代，通常是将刻书者的姓氏、堂号或字号、刻书地、刻书时间、出版事项及图书相关内容说明等信息刻印在一个形状固定的标记内，以长方形最为常见。①

古书中的刻书牌记，相当于现代书籍的版权页，是考证一书出版人、出版地、出版年的重要依据。书贾正是利用这一点，有时增加刻书牌记，有时撤去刻书牌记，目的都是为了制造版本假象，以提高书的价位。

北京图书馆藏有一部王国维亲手题跋的明嘉靖刻本《孔子家语》，刻印精良，书品极好。但书贾硬是在书前加了一叶刻书牌记：右上角竖行镌题“陈眉公先生重订”，中间竖镌大字题名《孔子家语》，左下角署“古吴杨敬泉梓”。陈眉公即陈继儒，主要活动在万历、天启年间，明嘉靖年间的书却增加一块万历时期的刻书牌记，其目的是想借陈继儒名气，抬高书的版本身份，易于销售。

2. 增删刻书年款

古书中的刻书年款，对于考据成书和版本年代，具有极重要的价值。因此，刻书年款也多成为盗版者造假的地方。

北京图书馆藏有一部唐孙樵撰的《孙可之文集》（十卷），明正德十二年（1517）王鏊、王谔刻本。盗版者在目录后的空白行处用活字加印了“大宋天圣元年戊辰秘阁校理仲淹家塾”字样，于是该刻本长期被误认为是宋刻本。

武汉大学图书馆所藏《增修附注资治通鉴节要续编》一书，其前有“大德甲寅朱氏尊德堂印记”11字，本是明宣德年间刻本，书贾将“宣德”改为“大德”年号，上面还加盖一藏章以掩其迹，冒充元本，殊不知大德间并无甲寅年。

---

① 李明杰．中国古代图书著作权研究［M］．北京：社会科学文献出版社，2013：407.

3. 假造藏书印鉴

藏书印记既表示书的递藏关系、流传程序，有时也表示书的身份价值。凡书一经名家收藏，钤上名家藏书印记，往往会身价上涨数倍。故盗版者也常常在藏书印记上做手脚。如明李贽《藏书》的天启年间陈仁锡刻本、明曹昭撰的《格古要论》都曾伪造过钤藏书印记。

4. 窃书易名

窃书易名的做法在书贾中十分常见，往往有两种情况：一是假托名人；二是挖改书名、作者，以充罕见之书。

明代很多书坊都非常看重名人效应，想方设法刊刻名人的作品。为了节约成本，有些书坊就假托名人进行盗版。假托名人的方法有很多，有假造序跋、评点、批注，也有直接改题盗印，将一本不知名的书假造成名人之书。

在明代图书市场中，很多前代名人基本上都曾被托名过。由于李贽是明中后期著名启蒙思想家，其著作非常畅销，很多书商就托名李贽出版了一大批盗版书。李贽的弟子汪本钶曾说："海以内无不读先生之书者，无不欲尽先生之书而读之者，读之不已或并其伪者而亦读矣。""渐至今日，坊间一切戏剧淫谑刻本批点，动曰卓吾先生"。[①] 明代大才子杨慎也曾被书贾借名。如《家礼仪节》一书，"旧本题明杨慎编。慎有《檀弓丛训》，已著录。是编前有慎序，词极鄙陋。核其书，即邱浚之本，改题慎名。其图尤为猥琐，《送葬图》中至画四僧前导，四乐工鼓吹而随之。真无知之坊贾所为矣。"[②]

书贾在盗版书时，还有一种做法是，使原书的内容不变，或改换书名，或改换著者，其目的多是为了迎合藏书家喜爱收藏罕见冷僻书的

① 转引自许苏民．李贽评传［M］．南京：南京大学出版社，2006：638.

② 永瑢．钦定四库全书总目：第25卷［M］．中华书局，1997：324.

心理。

明冯梦祯翻刻唐刘肃《大唐新语》时，改其名为《唐世说新语》；维浚刻丛书《稗海》时，将叶梦得《岩下放言》本改为郑景望《蒙斋笔谈》刻入；明代徐弘祖的《徐霞客游记》也曾被改为《游名山记》。

明万历刻本王世贞《弇州史料》，现仅存后集七十卷。盗版者首先将书名改为《皇明琬琰文录》，其次，将著者改为"梁溪高攀龙"。同时还挖去书口原有题名，消灭痕迹，并作了一篇伪造的后序，使人误以为此书是一部罕见的传世之书，根本不会将其与王世贞的《弇州史料》联系在一起。

5. 染纸仿古

明人高濂在《遵生八笺·燕间清赏笺》中记载了当时明人作假宋版书的种种手法：

> 近日作假宋版者，神秘莫测。将新刻模宋版书，特抄微黄厚实竹纸，或用川中茧纸，或用糊褙方帘绵纸，或用孩儿白鹿纸，筒卷用槌细细敲过，名之曰刮，以墨浸去嗅味印成。或将新刻版中残缺一二要处，或湿霉三五张，破碎重补。或改刻开卷一二序文年号，或贴过今人注刻名氏留空，另刻小印，将宋人姓名扣填。两头角处或妆茅损，用砂石磨去一角，或作一二缺痕。以灯火燎去纸毛，仍用草烟熏黄，俨状古人伤残旧迹。或置蛀米柜中，令虫蚀作漏透蛀孔，或以铁线烧红，锤书本子，委屈成眼。一二转折，种种与新不同。用纸装衬，绫锦套壳，入手重实，光腻可观，初非今书仿佛，以惑售者。①

可见，伪造古纸以充旧版也成为晚明图书盗版的重要手段。

① 转引自李明杰．中国古代图书著作权研究［M］．北京：社会科学文献出版社，2013：165.

晚明图书盗版的社会影响

晚明时期的图书盗版成为当时社会一种特有的文化现象。从经济利益和著作权角度，盗版无疑损害了当时的著者、雕印者的利益和著作权，但就客观效果来看，盗版也为晚明出版业的繁荣作出了独特的贡献，在文化普及、图书生产传播等方面起到了一定的积极作用。

（一）侵犯了著作者和雕印者的权益

图书盗版侵犯了著者和刻者的诸多权益。万历年间刻书家余象斗，在自编自印的《八仙出处东游记》里，咬牙切齿地大骂盗版书商：不吝斗自刊华光等传，皆出于予心之编集，其劳鞍掌矣！其费弘巨矣！乃多为射利者刊；亦有逐利之无耻与异方之浪棍、迁徙之逃奴，专欲翻人已成之刻者；袭人唾余，得无垂首而汗颜，无耻之甚乎？可见他面对盗版时的愤怒心情。图书盗版一旦猖獗，势必会影响原雕印者的市场销路，给雕印者、著作者在经济上、精神上、名誉上均带来巨大的损失。

（二）对图书内容的流传和古籍收藏研究提出了挑战

人们对明代的出版历来评价不高，作为商业出版主体的坊刻更是颇遭诟病。叶德辉在其《书林清话》中就说："然则昔人所谓刻一书而书亡者，明人固不得辞其咎矣。"① 晚明出版物精品不多，盗版泛滥是其中一个重要原因。

明朝李贽由于思想激进，屡屡遭到当权者的严酷打压。万历皇帝亲下手谕烧毁李贽的著作，但过不了几年，李贽的著作又盛传于世，"若揭日月而行"。书坊为迎合读者需要，纷纷编印李贽著作，甚至不惜弄虚作假以牟利，结果导致李卓吾的著作，真伪参半，至今令研究者不知

① 叶德辉．书林清话［M］．上海：上海古籍出版社，2012：149.

何为真本，何为伪本，真假难辨。版本都弄不清，何谈研究！图书盗版十分不利于图书内容的流传，对古籍的收藏、研究也提出了挑战。

（三）推动明代出版业的发展和大众文化的繁荣

晚明的盗版现象虽然流弊很多，但在特定的历史环境下，也多少促进了商业出版的发展。明代中后期，商业出版空前繁荣，出版的商业化运作使其很快成为一种大众传播的手段。商业出版无疑推动了大众文化的发展，加速了精英文化的世俗化、通俗化和平民化，也促进了市民阅读的蓬勃兴起。

明代中后期，很多小说、戏曲托名李贽、袁宏道等点评，虽然手段恶劣，但这种作伪盗版的手段客观上却促进了通俗文学的传播，特别是促进了士大夫精英阶层对通俗文学的接受，消解了精英文化和大众文化的二元对立。其更为深远的意义则在于，历史上第一次使高雅的庙堂文化进入大众传播领域，走入寻常百姓家，推动了晚明进步思潮的演进和大众文化的繁荣。

（四）刺激了著作权保护手段的发展和著作权法的诞生

有盗版必有护版。针对盗版成风的现象，许多著作者、雕印家纷纷采取各种措施保护自己的著作权。有的发布打击盗版的声明，如崇祯十四年刻本《麟旨明微》，书名页上刻有“本衙藏，翻刻必究”字样。[①]有的在刊刻书中加上特殊的标记，相当于现在的“防伪技术”，如双峰堂刊刻的《新版增补天下便用文林妙锦万宝全书》，卷末牌记就有一段长达百余字的文字保护说明：

> 万宝全书一册，本堂已经编刻，大行天下，近因版朦，仍恳名家删繁补新，命工重梓，佥阅是书，匪惟令观者醒心，亦且大有裨于便用耳。本堂因被棍徒翻刻，删削不便，假票包封，真伪难明，

① 李明杰．中国古代图书著作权研究［M］．北京：社会科学文献出版社，2013：407.

于是中刻真万宝全书名字，首用葫芦图书为记，海内君子亦留心鉴焉！

大明万历岁次壬子孟冬之吉

书林安正堂刘氏双松谨识

晚明图书版权保护意识的进步和保护措施的演进，为清代版权保护法规的出现打下了坚实的基础。换言之，盗版现象在客观上催生了著作权保护法的出现，我国历史上第一部著作权法——《大清著作权律》，就是在晚明以来图书盗版及保护的双重变奏曲中诞生的。

（本文首发于《现代出版》2017 年第 4 期）

二十、稿费制度与近代中国的图书出版业

稿费又称稿酬，是指出版机构在作品发表后支付给作者的报酬。在我国，稿费制度的形成是在清末民初时期，但就我国写文获取报酬的历史来说，自古有之。古人把因撰文、作画、著书等收受的财物称之为“润笔”。有人认为，先秦吕不韦门客著《吕氏春秋》，“一字千金”为我国稿费的滥觞。南宋洪迈《容斋随笔》记载：“作文受谢，自晋宋以来有之，至唐始盛。”同代的王懋则认为，汉武帝时陈皇后奉黄金百两请司马相如作赋是“润笔”的最早案例。顾炎武在阅读《蔡伯喈集》时，发现书中已有作碑受谢的情况，故又把“润笔”的历史后推至东汉末年。

关于“润笔”的起源，众说纷纭，莫衷一是。获取“润笔”的途径主要有以下两种：一是通过为朝廷官府著书获取；二是通过为达官显宦撰写碑志等获取。自古以来文人耻于卖文为生，加之获取“润笔”并不是读书人安身立命之根本，因而，稿费制度在我国古代出版业中不具备产生的条件。近代以降，随着西学东渐，我国的文化生态发生了质的变化，稿费制度应运而生。

我国近代稿费制度的诞生

1877 年，申报社出版《后水浒》小说。这部小说书稿是申报社在原稿主人要求出钱的情况下购买的。据称，这是中国近代最早的商业出

版案例。申报社购买《后水浒》小说书稿所付的钱，是近代最早的稿酬之一。[①] 但关于近代稿费制度产生的确切时间，学界有不同的说法。追本溯源，我们至少可以把《申报》在1878年3月7日的一则购稿启事视为近代稿费制度的起源。启事写道："启者，本馆以刷印各种书籍发售为常。如远近诸君子，有已成未刊之著作，拟将问世，本馆愿出价购稿，代为排印。抑或俟装订好后，送书数十或数百部，以申酬谢之意，亦无不可，总视书之易售与否而斟酌焉。"[②] 启事以出价购稿、送书酬谢等作为支付报酬的方式。这则启事被看作近代稿酬制度诞生的标志。

《申报》是近代中国创办较早、影响最大的一份报纸，故而它的购书广告一经刊登，便在社会上产生了很大的影响。在此之后，行业内争相效仿。如，1901年，东亚益智书局在《同文沪报》上刊登了一则寻找外文书籍译者的启事：凡是翻译著作，书局酌情送"润笔之资"或者每部书提两成作为稿费。这是明确的稿费案例。再如，《月月小说》在1908年第3期上发布了一则征文广告："本报除同人译著外，仍广收海内外名家。如有思想新奇之短篇说部，愿付本社刊行者，本社当报以相当之利益。……一经入选，润资从丰。"[③] 1909年的《小说月报》、1910年的《小说日报》、1914年的《小说丛报》等都实行了稿酬制度。1910年，清廷颁布《大清著作权律》，从法律上保障了作者的著作权益和获取稿费的合法权益。

根据以上材料，大致可以判定，我国的稿费制度产生于19世纪八九十年代。到了民国初年以后，出版行业内就已经普遍实行了稿酬制度。

---

① 汤林弟．中国图书版税制度研究．[D]．北京大学博士论文．2004：16

② 叶忠强．稿费、版权制度的建立与近代文人的生成[J]．上海大学学报．2006（5）：79-84.

③ 陈平原，夏晓虹．二十世纪中国小说理论资料：第1卷[M]．北京：北京大学出版社，1989：323.

（一）我国近代稿酬标准及影响因素

近代稿费制度产生以后，行业内关于稿酬没有统一的标准。《新小说》（1902 年）在创刊号刊登的《本社征文启》第一次明确制定了稿酬标准：稿酬分为自著和翻译两类，自著小说又分为甲乙丙丁四类，稿酬依等第每千字酬金四元、三元、两元、一元五角，译本则分为甲乙丙三等，稿酬依等第每千字酬金二元五角、一元六角、一元二角，不过一般诗文（包括杂记、笑话、游戏文章、杂歌谣、灯谜、酒令及楹联）不付稿酬。[①] 此后，《小说月报》也有类似的规定。行业内小说的稿酬普遍是千字二元至四元不等。

包天笑回忆："这时上海的小说市价，普通是每千字二元为标准。这一级的小说，已不需要修改了。也有每千字一元的，甚至有每千字仅五角的，这些稿子大概要加以删改。""我的小说，后来涨价到每千字三元，那是商务印书馆要我在他们的《教育杂志》上写教育小说而加价的，这算是特别优待。但在时报馆（有正书局）及小说林两个地方，仍作每千字二元算。其时林琴南先生已在商务印书馆及其他出版社译写小说，商务送他每千字五元……"[②] 翻译的外国书籍亦是如此。《周作人回忆录》记载："平常西文译稿只能得到两块钱一千字，而且这是实数，所有的标点空白都要除外计算。这种标准维持到民国十年以后，一直没有什么改变。"[③]

影响稿费标准的因素是多种多样的。主要包括：出版机构的名气、作品的畅销程度、作品的体裁类型以及作家的知名度等。

出版机构名头大小直接影响稿费的高低。名气大的出版社，财大气粗，稿费要比小的出版社高，如商务印书馆、中华书局以及一些大型书

① 刘德隆．晚清小说繁荣的两个重要条件［J］．（日）清末小说，1990（13）．
② 包天笑．钏影楼回忆录［M］．香港：香港大华出版社，1971：324－325．
③ 周作人．周作人回忆录［M］．长沙：湖南人民出版社，1982：45．

店的稿费比其他小型的出版机构略微高一些。

图书的畅销程度对于稿费的影响最直接，如，《巴黎茶花女遗事》《金粉世家》《倾城之恋》等作品，要比一般的图书稿费要高。畅销书不仅给出版社带来丰厚的利润，也给作者带来了丰厚的稿酬。越是受欢迎的作品，稿费自然越高。

一般来说，叙事类文学作品稿费较高。由于小说类作品故事性强、情节曲折，能够满足人们的猎奇心理，深受读者的青睐，受众很广，出版社愿意为这类作品付更高稿费。而像诗歌、笑话、杂记类作品，读者数量相对较少，作者的稿费也就相对较低。

此外，作家的知名度也是影响稿费的重要因素。大作家、著名作家、热门作家，稿费自然会高。当时的名作家，如包天笑、林琴南、梁启超、张恨水、严复等，都是炙手可热的一代名流，他们的稿费显然要高于同时代的其他作家。

（二）近代稿酬的支付方式

近代稿费制度创生以后，行业内的稿酬支付形式是多种多样的，总结起来大约有六种：

一是以千字为单位的稿费支付方式。如《新小说》在《本文征文启》上对于各类体裁的文章支付稿酬，就属于此种形式。

二是版税支付方式。如东亚益智译书局以每部书售价的百分之二十作为提成，支付作者稿酬，即属此类。

三是混合式，即千字稿酬支付方式和版税支付方式相结合。如，严复在翻译《原富》一书时，曾就译作的稿酬和时任译书院主任张元济达成协议：译书院以 2 000 银两买下《原富》译稿，并同意在该书售价中抽十之二成予译者。[①]

① 陈明远．文化人与钱［M］．天津：百花文艺出版社，2001：55.

四是以书相酬。上文《申报》的购稿启事中即提及此种稿酬形式。

五是稿费入股式，即作者以稿酬入股出版社企业。民国时期，很多出版机构资金周转不灵，出版社就劝服图书作者以稿费入股，成为出版社的股东，获取分红。如包天笑就曾入股商务印书馆。

六是雇佣式。近代以来，有部分被出版机构认可的作家，与出版机构签订协议，成为出版社的雇佣作家，定期领取报酬。这有点像一般商业行业的雇主与雇工的关系。如，向恺然、张恨水受雇于上海世纪书局，蔡东藩受雇于会文堂书局，出版机构向他们支付稿酬即属于此类稿费支付方式。

稿费制度催生了近代职业作家群体

中国古代的文人耻于卖文为生，因而鲜有人以文为生的。历史上文人作家的写作多是自发的、业余的。许多作家写作或基于兴趣爱好，或出于发愤著书、一吐为快，与挣钱养家糊口没多大关系。古人虽有“著书都为稻粱谋”之说，但此处的“稻粱谋”不能理解为依靠写作拿稿费，而是指依靠著书立说，考取功名，步入仕途，养家糊口。因而，在中国古代的文化氛围中是不可能出现职业作家的。

近代稿酬制度的形成是作家作品高度商品化、社会化的表现，也是我国新闻出版事业在西方文化影响下逐步进入近代化运作阶段的重要标志。[①] 清末民初，由于科举考试制度的废除，许多文人不能再通过科举入仕这条道路谋生，只得自谋职业，自谋生路，写稿谋生就是必然之选。

稿费制度的广泛实行，给了科举无望的大批文人依靠写作谋生的一线希望。他们可以通过写作获取稿酬，以此来养家糊口。稿酬制度吸引

① 郭浩帆．近代稿酬制度的形成及其意义［J］．山东大学学报．1993（3）：83-89.

了众多迫于生计的文人投身文学创作之路，进而催生了一大批职业文人和近代职业作家群体的出现。这一时期不仅出现像吴趼人、林纾、蔡东藩、张恨水、王小逸、苏青等一批以文为生的职业作家，还出现了以出版机构为中心的作家群。如，以小说林杂志社为中心的包天笑、黄摩西、曾朴等人，以广智书局为中心的梁启超、周桂笙等人，以商务印书馆为中心的李伯元、刘鹗等人。

自古以来，文人笃信“万般皆下品，唯有读书高”的理念。科举制度的废除，使得大批文人成了除“文字而外无他长”的“闲人”，这些“闲人”既无生存的一技之长，又“手无缚鸡之力”，只好走真正的“著书只为稻粱谋”之路。

就稿酬数量来看，当时的稿酬较之于平常人的收入，还是比较可观的。有文章记载：“辛亥革命以前物价很低，一块钱能买五六十个鸡蛋，四块钱能买一担（鲁湘元考证一担为一百斤，陈明远则认为当时应是一百六十斤）大米。让人艳羡的巡警道署科员，月薪不过十二元。即便迟至 1918 年，据清华大学外国教员狄登麦在北京西郊的抽样调查，五口之家要维持一年最低生活水准也仅需一百元，每人每月所需不到两块钱。一篇小说就可轻松斩获五块大洋，对身无长技的文人而言，再没有比这赚钱更轻松的了。”①

随着国家政治制度的变革、言论的放宽、西学东渐的影响及商品经济的冲击，这些文人迫于生计，逐步摒弃“卖文为耻”的观念，纷纷投笔鬻文，做起职业作家。如林纾在翻译《巴黎茶花女遗事》之后，尝到卖文为生的甜头，遂抛弃执着良久的科举念头，一心著书，以文谋生。林纾一生翻译 180 多种外国书籍，据说他每小时可翻译 1 500 字，每天大概翻译 4 小时。如果按商务印书馆千字六元稿酬标准计算的话，这是

① 冉思尧．清末民初的文人与稿费［J］．文史天地，2015（5）：50－53.

一笔高额收入，因而时人笑称其室为“造币厂”。再如，受雇于会文堂书局的蔡东藩，每月有六十元的稿费。

在职业作家群中，最具代表性的当属“鸳鸯蝴蝶派”作家，这些作家很有卖文为生的商品意识。如，周瘦鹃为了筹措婚费，大量翻译外国作品，获得四百元稿费来作结婚费用。张恨水更是以写作为生，他曾不止一次说稿费是他创作的动机，稿费的收入是他养活一家十六口人的保证。依靠充裕的稿费，他过上了优裕的生活。包天笑、徐枕亚、李涵秋、李定夷等人亦通过写作赚取了丰厚的报酬。除此之外，还有梁启超、王小逸、李伯元、孙玉声、吴趼人、鲁迅、巴金、郭沫若、胡适等作家，都是当时以文为生的代表。

在这一时期，除了有卖文为生的职业男作家，还出现了一些写文为生的职业女作家。苏青曾说：“我可绝不是生来就会写文章，而是中途离婚了，只好试卖稿过活。”[①] 离婚后的苏青，生活十分拮据，她曾直言不讳地说她投稿的目的纯粹为了钱。稿费成了刺激苏青写作的动力，她通过稿费来养活自己和孩子。张爱玲、萧红等女作家，无不如此。

稿费制度丰富了图书的种类

稿费制度的产生，促进了图书市场更加商业化。凭借写作才华向报刊、图书出版机构投稿获得经济收入，逐渐成为文人的创作动机之一。文学创作成为作家的职业选择或谋生手段。“市场的需要和不需要，以及需要多少，便成为作者能不能得到稿酬和能够得到多少稿酬的基本原则。”[②] 在商业利益的驱动下，文人墨客绞尽脑汁，搜肠刮肚，写出普

---

① 苏青．结婚十年［M］．北京：中国妇女出版社，2009：439

② 鲁湘元．稿酬怎样搅动文坛——市场经济与中国近现代文学［M］．北京：红旗出版社，1998：149.

通大众喜闻乐见的、迎合市场需要的文章。如苏青的《产女》、向恺然的《江湖奇侠传》、张恨水的《八十一梦》等。这一时期，图书的种类得到了极大的丰富，产生了许多新的图书类型，这与稿费制度不无关系。

中国古代的图书类型主要有经、史、子、集。近代稿费制度的产生丰富了图书的品种类型。出现了教科书、翻译书、工具书、学术著作等新的图书品类。

（一）教科书

这类图书包括儿童读物、中小学教科书、大学教科书、社会教育类图书。

①儿童读物。儿童是国家的未来和希望。晚清以后人们开始特别关注儿童的教育。儿童教育类图书应运而生。《童话》丛书、《中华童话》丛书、《世界童话》丛书、《小小说》丛书及《小朋友》《儿童世界》《儿童文学》等刊物，都是儿童读物的代表性书籍。

②中小学教科书。清末以降，尤其是民国初期以来，以商务印书局、中华书局、世界书局、开明书店为代表的出版机构，接连推出系列中小学教科书。王余光等在《民国出版史》中有详细的论述，此不赘叙。

③大学教科书。清末创立的西式大学到民国时期得到了很好的发展，为了高等教育和学术文化的发展，中国出版界开始编写和出版大学教科书。如，商务印书馆 1918 年出版《北京大学丛书》，1921 年出版《南京高等师范学校师范丛书》，1923 年出版《东南大学丛书》《燕京大学丛书》，1925 年出版《大同大学丛书》，1930 年出版《中央大学丛书》《武汉大学丛书》等。除此之外，中华书局和世界书局也相继推出大学用书。这些大学用书由于缺乏统一标准，流通不够广泛。20 世纪 30 年代，在王云五的号召下，商务印书馆组织大学丛书的编纂，陆续出版了

一套在国内具有权威性的大学丛书。这一套丛书涵盖了经济、法律、医学、化学、生物学等多个学科门类，极大地丰富了大学教科书的种类。

④社会教育类图书。社会教育是学校教育的补充，主要是指在学校教学系统之外的民间教育。如，晏阳初创办的平民教育，黄炎培等人创办的中华职业教育，中华书局和商务印书馆开办的函授教育。这些社会教育也有配套编写的教材，如晏阳初编辑的四册《平民千字课》。

（二）翻译类书籍

翻译图书主要是指西学东渐背景下引进的大量西学著作，包括人文社科类书籍和自然类书籍。西学著作的引入，要依赖大批翻译家的工作。这一时期出现了众多著名的翻译家，如，严复、林纾、林语堂、周瘦鹃、傅雷等。他们先后翻译了众多外国名著，如，《巴黎茶花女遗事》《娜拉》《欧美名家短篇小说丛刊》《海国图志》《天演论》……

这一时期翻译的图书内容丰富，种类繁多，几乎涵盖了政治、经济、文化、军事、宗教等所有西学学科。仅据《译书经眼录》统计，1900 年至 1904 年翻译书目就达 491 部。19 世纪 20 年代前后，我国先后翻译并出版了 30 多个国家 170 多位作家的作品。西方作品的大量翻译，促进了我国图书市场的繁荣。

（三）工具书

我国工具书的编纂自古就有，如，古代的词典《尔雅》，类书《皇览》《北堂书钞》《艺文类聚》等。随着西方知识的引入，工具书的品种开始增多，出现新的品类，包括字典、年鉴、索引、书目、百科全书等。内容涵盖了经济学、教育学、文学、医学、动物学、地质学等多个学科领域。如，《新中俄大字典》《植物学大辞典》《地学词典》《世界人名大辞典》《世界年鉴》《财政年鉴》《广东年鉴》《日用百科全书》《少年百科全书》《中国地理图籍丛考》等。年鉴、文摘等新型工具书的大量发行，使得人们获取知识信息更为方便。

（四）学术著作

晚清以降，随着西方人文社会科学知识的大量东传，人文社科和自然科学研究形成热潮，人文社科和自然科学学术著作大量涌现。《民国时期总数目》的统计数据见表 20－1。①

表 20－1　民国时期社会科学出版图书统计表

学科	政治	经济	法律	文学理论	语言文字	历史学	地理学	考古学	文化理论	教育学
著作种数	14 697	16 034	4 368	2 033	3 861	4 685	2 641	300	248	9 324
学科	哲学	逻辑学	美学	伦理学	心理学	社会学	新闻出版	图书馆学	统计学	
著作种数	1 909	113	25	937	365	2 854	423	499	326	

有机构统计："民国时期出版的科普图书，医药卫生类最多，有130 种；其他，生物科学 92 种，自然科学总论 77 种，天文学 55 种，科学文艺 50 种，工业技术 43 种，地球物理学 38 种，化学 35 种，物理学29 种，数学 27 种，气象学 26 种，交通运输 24 种，农业科学 11 种，地质学 6 种。"② 人文社科和自然类西学著作，汗牛充栋。

通过以上数据可知，民国时期学术著作较以往时代有一个井喷式的发展，这与稿费制度的产生不无关系。某种意义上说，学术型图书生产与稿费制度的内在驱动有关。换言之，稿费制度的出现是近代图书出版业繁荣发展的重要原因。

稿费制度促进了近代出版机构的增多

稿费制度不仅有利于作者的图书创作，也会刺激图书出版机构的创

---

① 王余光，吴永贵．民国出版史［M］．北京：中国书籍出版社，2008：432.

② 夏文华．民国时期科普图书出版史初探［J］．科普研究，2013（42）：54－59

生。应该说，我国近现代出版社与图书稿酬制是相伴而生、相辅相成、相得益彰的。“实行稿酬制度，首先受益的当然应该是报馆书局。它们可以借此组到更多更好的稿件，加强自身的市场竞争能力，从而赢得更大的受众队伍，获取可观的经济效益。”① 近代稿费制度的建立，激发了作家的创作热情，推动了文化市场的繁荣，带动了创办出版机构的热潮。许多文化人看到出版业的前景，纷纷办起出版机构。当时社会出现了政府、商人、文人及其他阶层的人们争相创办报馆书局的景象。

政府出于文化传播、文化管理和舆论管控的需要，率先办起出版机构，如晚清时期的淮南官书局、浙江官书局、陕西官书局、福州官书局等。这些官书局在传播文化、保存古代典籍等方面发挥了重要作用。同时，官书局也是政府管控的重要工具，如民国时期的正中书局就是政府加强文化统治的重要机构。

商人为了射利，亦创办出版机构。稿费制度的产生推动了文化市场的发展，商人在利益的驱使下也纷纷创办书局、报馆。商人办出版已经成为我国近代图书出版业的一大景观。沈知方独资创办世界书局，汪孟邹创办亚东图书馆，赵南公创办泰东书局，都是商人办出版的典型代表。

文人阶层也开始创办图书机构。一般来说，文人可以凭借生花妙笔，发挥自己的写作才华，参与图书生产，不必创办出版机构。但是，他们在长期的编辑写作过程中，感到创办出版机构有利可图，也不甘示弱，创办了文化出版机构。他们既是写手又是出版机构的编辑。1897年在南京创办大同译书局的梁启超，1920年创办新青年社的陈独秀，1926年创办开明书店的章锡琛，创办雨丝社的鲁迅，创办光华书局的张静庐、沈松泉等，创办文化出版社的巴金、吴冷西等，创办红黑出版

① 郭浩帆．近代稿酬制度的形成及其意义 [J]．山东大学学报，1993 (3)：83－89.

社的胡也频、沈从文、丁玲等，都是从一个作者逐步成为出版机构的参与者或主角的。

此外，还有外国人在中国创办的图书出版机构。早在晚清时期，外国商人和外国传教士就在中国陆续办起出版机构，如传教士麦都思创办墨海书馆，英商美查同伍华特、普莱亚、麦洛基合资创办申报馆等。据不完全统计，从 18 世纪初到 19 世纪末，外国人在中国创立了众多的出版社，创办近 200 种中外报刊。

稿费制度的诞生促进了近代出版机构的发展。上海是近代中国出版业发展的策源地，民营书店在上海更是形成一个独特的景观。在世界书局工作多年的朱联保回忆：新中国成立前的上海，四马路（今福州路）、河南路、五马路（今广东路）和交通路（今昭通路）一带都陆陆续续建立出版社，如商务印书馆、中华书局、世界书局、开明书店、广益书局，扫叶山房、小说书林等，故而在当时的上海形成了繁荣一时的文化街。根据上海书业公所档案材料记载，从晚清末年到辛亥革命前，上海地区的出版企业数量就达 116 家。加之北京、南京等地的出版机构，我们不难推测民国时期我国出版机构的数量。

稿费制度的诞生推动了近代出版机构如雨后春笋般纷纷建立，直至形成出版业的行业协会，这些出版机构的建立又反过来推动文化的繁荣，推动稿费制度的完善。概言之，稿费制度促进了我国近现代出版机构的急剧增加。

稿费制度推动了近代图书贸易的发展

近代中国的图书贸易十分发达，尤其是民国初期以来。稿费制度的诞生促进了近现代图书贸易的发展。这一时期文化市场涌现大量的图书，其中，小说类、教科书类以及翻译类书籍发行量较大。

(一) 小说类图书贸易发达

清末民初以来，稿费制度的产生，极大地刺激了作家的创作热情。相比其他的文学体裁，小说的经济效益最为显著，因而，小说类文学作品也最为丰富。清末民初，小说在整个出版物中占有相当大的比例。1902年至1910年间商务印书馆出版图书865种，其中文学类占220种639册；1911年至1920年间商务印书馆出版图书2 659种7 087册，其中文学类占626种1 755册。①

早期文人多创办文学小报，在其上刊登小说作品。小说具有故事性、曲折性、连贯性的特点，最受读者的青睐。据粗略统计，在民国时期以小说命名的刊物不下二三十种，单“鸳鸯蝴蝶派”主办的小说期刊就有《小说画报》《小说日报》《礼拜六》《小说时报》《小说海》《小说大观》等多种。小说类的书籍盛极一时。民国时期的小说不仅种类繁多，题材也十分丰富。这一时期出现了侦探、言情、黑幕、冒险、教育等题材的小说，如，包天笑的《童子侦探队》、徐枕亚的《玉梨魂》、李涵秋的《广陵散》等，广受追捧，热销一时。

(二) 教科书发行广泛

晚清以后，人们深刻意识到启蒙教育的重要性。科举制度的废除，新式学堂的兴起，促进新式教育的飞速发展。民国初期，一些先进知识分子对封建教育进行大刀阔斧的改革，引进西方的教育制度、教育理念和教育方法。

伴随着五四新文化运动的开展，教育界兴起了办西式学堂的热潮，学校的数量和学生的人数大规模增加。时任中华民国教育总长的蔡元培实施改革，废除传统教育制度，引用西方的壬子、癸丑、壬戌学制，鼓励学生德、智、体、美全面发展。这一时期出现了国民学校、职业学

① 费正清．剑桥中华民国史：第1部［M］．上海：上海人民出版社，1991：484.

校、平民学校、经正女学等一系列新式学堂。原有的书院式教育方式，随着西式学堂的引入而日渐式微，人们迫切需要新式的教科书。这一时期教科书的发行量迅速上升。据当时的学部统计，1907 年到 1914 年，全国的学堂数每年以近万所的速度增长，学生也由起初的一百多万增长到四百多万。现代教育的发展不仅推动学校和学生数量的增加，同时，也推动了教科书的生产和发行。为了适应不同阶段学生的需要，这时期出版了儿童读物、成人读物、教学书、外文读物等与教育相关的图书。

（三）翻译类书籍日渐繁荣

近代中国，国门大开，西学涌入，国人开始睁眼看世界。这一时期，中国人对于学习西方文化有着强烈的热情。西方文化译著颇受读书人追捧，如林纾的《巴黎茶花女遗事》一经发行，便在读者中引起阅读热潮。有研究者统计：商务印书馆自创立到新中国成立出版翻译作品 3 880 种，占商务印书馆同期出版物总种数的 25.63%。[①] 商务印书馆一家就有如此多的翻译图书，加上中华书局、世界书局等的出版种数，我国近现代翻译类图书的数量和种类可想而知。

概言之，我国近代以来开放的文化市场促进了稿费制度的产生。稿费制度催生了近现代职业作家群体，丰富了图书的种类，壮大了图书出版机构，推动了出版物的市场化、社会化。同时，稿费制度的产生也带来了近现代图书贸易的繁荣。

（本文首发于《中国编辑》2017 年第 6 期）

---

① 李家驹．商务印书馆与近代知识文化的传播［M］．北京：商务印书馆，2005：177.

参考书目

一、新闻学著作

1. 徐宝璜．新闻学［M］．北京：中国人民大学出版社，1994.

2. 邵飘萍，徐宝璜，休曼，等．新闻文存［M］．北京：中国新闻出版社，1987.

3. 戈公振．中国报学史［M］．北京：中国新闻出版社，1985.

4. 白瑞华．中国报纸（1800－1912）［M］．广州：暨南大学出版社，2011.

5. 方汉奇．中国新闻事业通史：第1卷［M］．北京：中国人民大学出版社，1992.

6. 方汉奇．方汉奇文集［M］．汕头：汕头大学出版社，2003.

7. 黄卓明．中国古代报纸探源［M］．北京：人民日报出版社，1983.

8. 曾虚白．中国新闻史［M］．台北：国立政治大学新闻研究所，1982.

9. 赖光临．中国近代报人与报业［M］．台北：台湾商务印书馆，1980.

10. 卓南生．中国近代报业发展史［M］．北京：中国社会科学出版社，2002.

11. 孙旭培．华夏传播论［M］．北京：人民出版社，1997.

12. 徐培汀．20世纪新闻学与传播学：新闻史学史卷［M］．上海：

复旦大学出版社，2001.

13. 尹韵公．中国明代新闻传播史［M］．重庆：重庆出版社，1990.

14. 李彬．唐代文明与新闻传播［M］．北京：新华出版社，1999.

15. 李彬．中国新闻社会史［M］．上海：上海交通大学出版社，2007.

16. 黄瑚．中国近代新闻法制史论［M］．上海：复旦大学出版社，1999.

17. 倪延年．中国古代报刊发展史［M］．南京：东南大学出版社，2001.

18. 程丽红．清代报人研究［M］．北京：社会科学文献出版社，2008.

19. 李秀云．中国新闻学术史（1834—1949）［M］．北京：新华出版社，2004.

20. 史媛媛．清代前中期新闻传播史［M］．福州：福建人民出版社，2008.

21. 李漫．元代传播考——概貌、问题及限度［M］．北京：北京大学出版社，2013.

22. 万历邸钞［M］．扬州：江苏广陵古籍刻印社，1991.

23. 佚名．邸抄［M］．北京：北京图书馆出版社，2004.

24. 佚名．京报（邸报）［M］．北京：全国图书馆文献缩微复制中心，2003.

二、出版学著作

25. 永瑢．四库全书总目［M］．北京：中华书局，1965.

26. 中国出版通史（九卷本）［M］．北京：中国书籍出版社，2008.

27. 叶德辉．书林清话 书林余话［M］．长沙：岳麓书社，1999.

28. 孙毓修．中国雕板源流考［M］．上海：商务印书馆，1918.

29. 钱存训．书于竹帛［M］．上海：上海书店出版社，2006.

30. 张秀民．中国印刷史［M］．杭州：浙江古籍出版社，2006.

31. 卡特．中国印刷术的发明和它的西传［M］．吴泽炎，译．上海：商务印书馆，1957.

32. 潘吉星．中国科学技术史：造纸与印刷卷［M］．北京：科学出版社，1998.

33. 肖东发．中国编辑出版史［M］．沈阳：辽宁教育出版社，1996.

34. 辛德勇．中国印刷史研究［M］．北京：生活·读书·新知三联书店，2016.

35. 李致忠．中国古代书籍史［M］．北京：文物出版社，1985.

36. 李明杰．中国古代图书著作权研究［M］．北京：社会科学文献出版社，2013.

37. 李家驹．商务印书馆与近代知识文化的传播［M］．北京：商务印书馆，2005.

三、其他著作

38. 贾谊．贾谊集［M］．上海：上海人民出版社，1976.

39. 范晔．后汉书［M］．上海：上海古籍出版社，1986.

40. 唐五代笔记小说大观［M］．上海：上海古籍出版社，2000.

41. 赵彦卫．云麓漫钞［M］．沈阳．辽宁教育出版社，1998.

42. 胡应麟．少室山房笔丛［M］．上海：上海书店出版社，2009.

43. 辛文房．唐才子传［M］．沈阳：辽宁教育出版社，1998.

44. 金圣叹．金圣叹全集［M］．南京：江苏古籍出版社，1985.

45. 顾炎武．顾亭林诗文集［M］．北京：中华书局，1983.

46. 王士禛．池北偶谈［M］．济南：齐鲁书社，2007.

47. 徐松．宋会要辑稿［M］．北京：中华书局，1965.

48. 永瑢．四库全书电子版［M/CD］．上海：上海人民出版社，迪志文化出版有限公司，1999.

49. 清史馆．清史稿［M］．北京：中华书局，1977.

50. 鲁迅全集［M］．北京：人民文学出版社，1980.

51. 齐如山．齐如山随笔［M］．沈阳：辽宁教育出版社，2007.

52. 程千帆．唐代进士行卷与文学［M］．上海：上海古籍出版社，1980.

53. 栾贵明．十三经逐字索引［M］．北京：群言出版社，2006.

54. 顾长声．传教士与近代中国［M］．上海：上海人民出版社，2004.

55. 陈平原，夏晓虹．二十世纪中国小说理论资料［G］．北京：北京大学出版社，1989.

56. 鲁湘元．稿酬怎样搅动文坛——市场经济与中国近现代文学［M］．北京：红旗出版社．1998.

57. 刘文鹏．清代驿传及其与疆域形成关系之研究［M］．北京：中国人民大学出版社，2004.

58. 费正清．剑桥中华民国史［M］．上海：上海人民出版社，1991.

后 记

中国新闻出版史是一门孤冷的学问，尤其是中国古代新闻出版史，研习者更是门可罗雀，冷之又冷！

这本册子终于要问世了！这是本人多年从事中国新闻出版史教学、思考的结晶，基本能够反映笔者近年来研究新闻出版史的点滴发现和心路历程。

就本人的学业经历而言，或由于情势所迫，或由于教学岗位的变动，或出于兴趣爱好，20 多年来，我的专业方向经历了不断跨界的过程。

大学期间，我学的是汉语言文学专业，毕业后分配到一所中学任教，讲授地理课达 4 年时间。20 世纪 90 年代考研，我报考的是中国人民大学文学院的文艺学专业，后被调剂到安徽大学古代文论专业，毕业留校，从事基础写作课的教学工作。1999 年，院系调整，我由中文系调到了新闻系，被分到编辑出版专业教研室，开始讲授中国编辑出版史。而自己偏又对中国新闻史颇感兴趣，就在教研中国编辑出版史的同时，研习中国新闻传播史，偶尔也撰写中国新闻传播史方面的学术论文。

2008 年，我到中国人民大学清史所攻读历史文献学博士学位。很多人感到诧异，我的导师黄爱平教授也有同样的感觉。复试时导师问我：你是新闻专业的，为何要报考历史文献学。我的回答是：新闻出版史不过是历史学的一个分支，或者说是一门专门史。深入系统学习历史文献学，会大大拓宽学术视野，有利于新闻出版史的教学和研究。换言之，如果想在新闻出版史研究方面有所突破，应从历史学，特别是历史学文献研究开始。

虽然，我的专业经历看上去“翻山越岭”，有点杂乱无章，但是，换个视角来看，不就是学科交叉、知识复合吗！事实上，这几年的多篇成果，也就是在学科复合交叉中产生出来的。其中，有历史学与新闻学、历史学与出版学、文学与传播学、文学与出版学等的复合与交叉。要能够把相关学科知识有机融合起来，寻找到它们之间的内在逻辑或融合点。这样，学科专业的“杂”，不仅不会是劣势，反而会成为你的优势。在研究中，常常会出现“蓦然回首，那人却在灯火阑珊处”的感觉。关于汉代邸报的有无、元代邸报新证、清代邸报的文献及版本问题等的研究成果，都是在历史文献学基础上产生的。唐代的士人行卷研究，则是将文学与传播学相结合；而古代图书的版权研究则是将文献学、法学、出版史学相结合。

教书多年，深悟教学相长的价值和意义。这本著作包含不少学生的汗水和辛劳。这里面有我的博士生、硕士生，甚至还有编辑出版专业的本科生。这里要特别感谢石慧同学，她将本科阶段“中国编辑出版史”的两篇课程论文经过充分修改，襄助其中。感谢我的研究生许梦雅、王曼芬同学，她们同意将合作的文章也纳入其中。还要感谢研究生刘燕同学，她花了不少时间，将注释格式一一调整统一。

最后，要特别感谢中国传媒大学出版社的司马老师和姜颖昳、魏征编辑，他们的辛苦工作使拙著的不妥和错误之处一再减少。当然，我想，文中的错误和问题，在所难免，欢迎方家同道，不吝赐教！

孔正毅

2017 年 7 月 9 日子夜完成初稿，10 月 8 日修改于安大无碍居